国家社会科学基金资助项目成果

经济学论丛

综合成本上涨对我国产业核心技术升级影响的研究

THE STUDY ON THE EFFECTS OF INCREASING COMPREHENSIVE COST ON CHINESE INDUSTRY'S CORE TECHNOLOGY UPGRADING

胡川 戴浩 胡威 ◎ 著

图书在版编目(CIP)数据

综合成本上涨对我国产业核心技术升级影响的研究/胡川等著.—北京:北京大学出版社,2020.4
(经济学论丛)
ISBN 978-7-301-31291-9

Ⅰ.①综⋯　Ⅱ.①胡⋯　Ⅲ.①生产成本—影响—产业结构升级—研究—中国　Ⅳ.①F269.24

中国版本图书馆CIP数据核字(2020)第043484号

书　　　名	综合成本上涨对我国产业核心技术升级影响的研究 ZONGHE CHENGBEN SHANGZHANG DUI WOGUO CHANYE HEXIN JISHU SHENGJI YINGXIANG DE YANJIU
著作责任者	胡　川　戴　浩　胡　威　著
责任编辑	孙　昕　周　莹
标准书号	ISBN 978-7-301-31291-9
出版发行	北京大学出版社
地　　　址	北京市海淀区成府路205号　100871
网　　　址	http://www.pup.cn
微信公众号	北京大学经管书苑(pupembook)
电子信箱	em@pup.cn
电　　　话	邮购部010-62752015　发行部010-62750672　编辑部010-62752926
印　刷　者	北京虎彩文化传播有限公司
经　销　者	新华书店
	730毫米×1020毫米　16开本　20.25印张　317千字 2020年4月第1版　2020年4月第1次印刷
定　　　价	65.00元

未经许可，不得以任何方式复制或抄袭本书之部分或全部内容。
版权所有，侵权必究
举报电话：010-62752024　电子信箱：fd@pup.pku.edu.cn
图书如有印装质量问题，请与出版部联系，电话：010-62756370

前　言

自改革开放以来,以资源要素驱动的发展模式使我国经济飞速发展,低成本的竞争策略为我国企业带来了相当大的竞争优势,以海尔、联想等为代表的一批企业迅速崛起,成为国际知名的跨国企业。然而,低成本的竞争方式难以长期存续,随着资源要素紧缺、城市土地供应不足、劳动力成本上涨等问题的出现,综合成本上涨已成为制约我国经济发展的重要瓶颈。为应对综合成本上涨带来的挑战,我国政府提出加快实施创新驱动的发展战略,推动以科技创新为核心的全面创新,增强科技进步对经济增长的贡献度,形成新的增长动力,推动经济持续健康发展。在综合成本上涨的背景下,作为市场主体的微观企业是否能够进行预期的升级,成为其现阶段面临的重要问题。

本书通过横向国际比较,发现我国企业综合成本优势明显削弱的事实;同时本书将综合成本按成本构成分为企业税费、劳动力成本、土地成本、原材料成本和其他成本,并分别通过纵向时间比较,得出各类成本在过去十年间均呈现快速上涨趋势的结论。当前,由于核心技术的研发和创新能力落后,各类制造业企业在全球产业链和价值链上处于相对弱势地位,较少涉足核心技术与关键零部件领域,缺乏自主知识产权和自主品牌,我国产业核心技术水平亟待提高。面对综合成本快速上涨与核心技术水平落后的矛盾,转变经济发展模式成为关键出路,即从过度依赖人口红利和土地红利转向依靠创新红利和深化改革来形成制度红利,从要素驱动、投资驱动转向通过技术进步来提高劳动生产率的创新驱动。

本书通过梳理国内外文献,发现虽然关于产业升级、产业链升级与产业技术

综合成本上涨对我国产业核心技术升级影响的研究

升级的定义、类型、方式、影响因素等研究的成果比较丰富,但研究产业核心技术升级的文献却很少。同时在研究视角上,现有研究缺乏对产业核心技术升级的探究,很少提及成本因素对产业核心技术升级的作用机制。本书通过系统回顾国内外技术升级理论,以比较优势理论作为理论基础,分析了综合成本上涨和产业技术创新之间的基本关系,并详细解释了综合成本上涨"倒逼"产业核心技术升级的内在原理。为进一步论证综合成本上涨对核心技术升级影响的传导机制,本书基于新结构经济学的分析框架,引入研发投入作为中介变量,并在相对要素价格优势理论、比较优势理论和内生增长理论基础上分析了三者之间的关系,论证了研发投入在综合成本上涨与核心技术升级之间的中介效应作用。

随后本书通过建立演化博弈模型来具体分析产业核心技术升级演变的过程。在构建演化博弈模型方面,本书按照博弈主体行为和市场环境分别构建两类演化博弈模型。按照博弈主体行为分类,即产业中企业之间涨价博弈、产业中企业之间核心技术升级博弈及企业与政府之间核心技术升级博弈,本书构筑了产业核心技术升级的三个演化博弈模型。按照市场环境分类,本书构建了两个演化博弈模型予以分析,即产业中企业群体对称博弈模型和非对称博弈模型。通过演化博弈模型分析,本书得出了在综合成本上涨"倒逼"背景下产业核心技术升级的演化稳定策略,揭示了综合成本上涨对产业核心技术升级的作用机理,厘清了转移效应、转产效应、转换效应、替换效应发生的前提条件,探寻了在综合成本上涨"倒逼"背景下产业核心技术升级的阻滞因素,最终构建出综合成本上涨推动产业核心技术升级的理论模型。

接下来,本书借鉴发达国家综合成本上涨推动核心技术升级的历史经验,深入研究美国、日本等发达国家综合成本上涨推动产业转型的经历,发现其产业核心技术水平得以持续升级的深层原因在于宏观、中观及微观层面对核心技术创新的有效促进机制。这些有效促进机制包括:以核心技术引领产业发展,提供技术创新引导和保护政策,完善技术人才培养及储备机制,推动"政产学研用"协同创新等。在综合成本上涨的背景下,就我国当前的情况而言,这些促进机制能否发挥有效作用以推动产业核心技术升级,需要进行比较研究。

为了对理论模型的有效性进行验证,本书共设计了三次使用不同类型样本和数据的实证研究。第一次实证研究使用我国各省市 2000—2012 年间工业层面的面板数据,验证了产业层面的要素成本对研发投入的影响关系。研究表明:土地要素价格的上涨会对研发投入造成一定的负面影响;劳动力要素价格的上涨、环境成本压力的上升和物价水平的提高与研发投入的增加成正相关关系。

为了将研究深入到微观企业层面,第二次实证研究则将样本定位于具体制造业上市企业,使用各类制造业上市公司中具有代表性的34家公司于2004—2013年的面板数据,验证劳动力成本、资本成本和销售成本对专利数量的影响关系。研究表明:这三类成本均对技术创新有显著影响,其中劳动力成本与技术创新之间在5%的显著性水平下存在负相关关系,即劳动力成本每上涨1%,技术创新数量下降4.24%;资本成本与技术创新之间在1%的显著性水平下存在正相关关系,即资本成本每上涨1%,技术创新数量上升10.53%;交易成本与技术创新之间在1%的显著性水平下存在负相关关系,即交易成本每上涨1%,技术创新数量下降0.1%。

上述两次实证研究分别验证了综合成本对技术创新投入和技术创新产出的影响。为进一步厘清综合成本、技术创新投入和技术创新产出三者之间的关系,本书设计了第三次实证研究,以我国制造业上市公司为样本,将制造业分为高技术制造业和中低技术制造业两类,分类研究了综合成本与研发投入之间的关系,并得到高技术制造业比中低技术制造业在面临成本上涨压力时更容易选择加大研发投入的结论;随后以高技术制造业作为样本验证了研发投入在综合成本与三种专利数量之间的中介作用。研究表明:高技术制造业的劳动力成本的上涨可以提高发明授权、实用新型和外观设计的专利数量,销售成本的上涨可以提高实用新型和外观设计的专利数量,城市建设维护税费和资本成本的上涨可以提高外观设计的专利数量,创新投入的上涨可以提高企业创新的产出;同时,研发投入是劳动力成本影响发明授权专利数量的完全中介变量,而研发投入是销售成本影响发明授权专利数量的部分中介变量;研发投入是劳动力成本影响实用新型专利数量的部分中介变量;研发投入是劳动力成本、销售成本、环境成本影响外观设计专利数量的部分中介变量,是资本成本影响外观设计专利数量的完全中介变量。中低技术制造业的销售成本与研发投入正相关,其他成本与研发投入相关性不显著,说明除销售成本外其他成本的上涨不能促进中低技术企业的技术创新。

基于此,本书有针对性地分别从政府层面和企业层面提出了相应的政策建议。政府应致力于通过行政手段降低综合成本的上涨速度,同时出台相关政策,用以支持并保护企业的技术创新行为和成果。企业则应树立正确的技术创新理念,结合自身产业特征和实际发展情况,制定合适的技术升级战略,选择恰当的升级发展道路,通过不断的人才储备与技术开发合作,提高技术创新能力和竞争力水平,最终成功实现转型发展。

目 录

第一章 导 论 / 1
第一节 研究背景 / 1
第二节 国内外研究现状述评 / 14
第三节 研究意义 / 50
第四节 本书概览 / 51

第二章 综合成本上涨对产业核心技术升级影响的理论分析 / 59
第一节 综合成本上涨倒逼产业核心技术升级理论分析 / 60
第二节 综合成本上涨对产业核心技术升级影响的演化博弈研究 / 70
第三节 基于成本视角的产业核心技术升级对称和非对称演化博弈研究 / 88

第三章 综合成本上涨对产业核心技术升级影响的国际比较分析 / 105
第一节 美国综合成本上涨对产业核心技术升级的影响 / 105
第二节 日本综合成本上涨对产业核心技术升级的影响 / 126

第四章 综合成本上涨对产业核心技术升级影响的实证研究 / 145
第一节 要素成本价格对研发投入的影响——省级面板数据实证研究 / 146

| 第二节 | 综合成本对专利数量的影响——制造业面板数据实证研究 | / 171 |
| 第三节 | 综合成本对产业中企业技术创新的影响
——制造业截面数据的实证研究 | / 190 |

第五章 我国综合成本现状及对产业核心技术升级影响的分析 / 236
- 第一节 引 论 / 236
- 第二节 我国综合成本上涨的现状分析 / 237
- 第三节 我国产业核心技术升级的现状分析 / 247
- 第四节 我国综合成本上涨对产业核心技术升级影响的状况分析 / 264
- 第五节 对策建议 / 286

附 录 / 299

后 记 / 315

第一章 导 论

第一节 研究背景

改革开放以来,我国的经济发展主要依靠低成本竞争优势,但近年来这一状况正在发生根本性的变化。由于综合成本的普遍上涨,以制造业为主的实体经济部门所依赖的低成本出口竞争优势逐步减弱。因此,中央在供给侧结构性改革的部署中,专门指出了"降成本",将其作为供给侧结构性改革重大战略部署中的五大任务之一,并在降低制度性交易成本、企业税费负担、社会保险费、财务成本、电力价格、物流成本等六个方面做出安排。可见综合成本上涨已成为我国经济能否实现可持续发展的重要制约因素,研究产业与企业的综合成本问题具有十分重要的意义。同时,经济全球化带来的产业竞争全球化,迫切要求我国加强产业核心技术的创新和升级,以保持和提升我国产业在世界经济中的综合实力和竞争优势。因此,研究综合成本上涨对我国产业核心技术升级的影响,正是响应了我国推进产业优化升级、提升产业国际竞争力的现实需求。

一、我国综合成本上涨形势不容乐观

(一)产业中企业面临的综合成本整体现状

第一,当前我国产业中企业的综合成本已经处于历史较高水平。我国企业

的平均主营业务成本率(主营业务成本/主营业务收入)在 2015 年达到 85.68%,比 2000 年上升近 5%。从企业性质角度分析(如图 1-1 所示),私营企业的主营业务成本率最高,为 87.16%,而国有企业最低,为 83.16%。从产业角度看,传统产业的成本增速比新兴产业高,其中煤炭行业和钢铁行业成为传统行业中成本上升最快的两个行业,2011—2014 年,煤炭行业的总成本费用占主营业务收入的比例上升了 10%,而钢铁行业上升了 8.5%。①

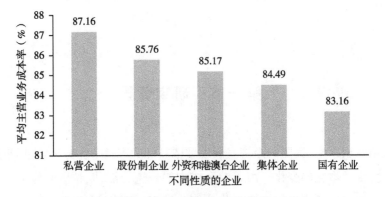

图 1-1 我国企业平均主营业务成本率(2015)

资料来源:Wind 资讯—经济数据库,http://www.wind.com.cn/NewSite/edb.html,访问时间 2018 年 12 月 17 日。

第二,与其他国家相比,中国制造业成本优势明显减弱。如图 1-2 所示,根据波士顿咨询公司(BCG)调查统计的全球制造业成本指数,2004 年中国制造业成本指数为 86.5,低于墨西哥、俄罗斯及印度;2014 年中国的制造业成本指数为 95.5,高于印度尼西亚并反超墨西哥、印度等国家;同时,在 2004—2014 年间,中国制造业成本指数上涨幅度明显大于上述国家。另外,BCG 还指出,造成中国制造业成本快速上涨的原因在于能源成本的快速上升、劳动力成本的持续上涨及人民币汇率升值,其中劳动力成本的上升速度快于生产力的增长速度是导致制造业成本快速上涨的主要原因。

---

① 任泽平:"中国企业成本居高不下,降成本大有可为",http://money.163.com/16/0407/07/BK1HUGME00254TFQ.html,访问时间 2018 年 12 月 17 日。

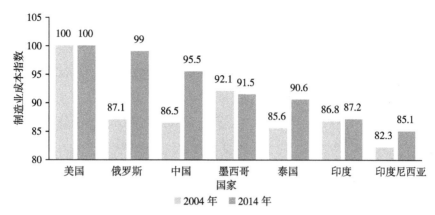

图 1-2 各国制造业成本指数比较

资料来源：波士顿咨询公司，"BCG 全球制造业成本竞争力指数"（The BCG Global Manufacturing Cost-Competitiveness Index），https://www.bcgperspectives.com/content/interactive/lean_manufacturing_globalization_bcg_global_manufacturing_cost_competitiveness_index/，访问时间 2018 年 12 月 17 日。

产业中企业面临的综合成本过高，导致我国产业中企业的利润空间缩小，利润增速急剧下滑，亏损企业增多，企业规模萎缩、企业兼并和破产重组增多，加剧了全国经济下行压力，经济面临的风险上升。例如，我国 2010 年的工业企业亏损总额为 2 375 亿元[①]，至 2014 年飙升到了 7 035 亿元；2010 年的规模以上工业企业个数为 452 872 家，至 2014 年锐减至 377 888 家，大约减少了 16.56%。同时，我国规模以上工业企业 2015 年的利润总额为 63 554 亿元，比 2014 年减少 2.3%，为这一指标近十年以来首次出现的负增长。[②]

（二）综合成本上涨的构成现状

2015 年，受国务院委托，中国中小企业发展促进中心、中国中小企业国际合作协会对全国 31 个省市的 5 000 多家企业开展网上问卷调查，对产业中企业的

---

① 本书若无特别说明，使用的货币均为人民币。
② 任泽平："中国企业成本居高不下，降成本大有可为" http://money.163.com/16/0407/07/BK1-HUGME00254TFQ.html，访问时间 2018 年 12 月 18 日。

负担进行调查和评价,其回收的 4 120 份有效样本数据显示①:企业家在经济下行压力背景下,对于经营困难的主观感受增强,要素成本上升、融资难和融资贵、税费负担偏重等是我国企业面临的主要困难。其中,79%的企业反映人工成本快速攀升是最突出的问题,该比例比 2014 年增加了 10%;2/3 的企业认为融资成本大,较 2014 年该比例增加近 6%;此外,反映生产要素价格上涨的企业比例达到 54%,反映税费负担重的企业达到 52%,反映市场增长乏力的企业比例达到 49%,反映招工难的企业比例达到 43%。产业中企业呼吁政府通过降低融资成本、加大税收优惠等手段减轻企业负担。同时,政府应当加强减负长效机制的建设,从制度上为企业减负提供长期保障。

具体而言,我国产业中企业综合成本上涨主要体现在以下几个方面:

1. 企业税负较重

我国税收的纳税主体是企业,2014 年由企业直接缴纳的部分占 85.5%;其中对企业与商品征收的流转税占了我国税收收入的 50%以上;而美国 80%的税收收入主要通过征收所得税和财产税。② 我国企业的所得税占总产出的比重从 2010 年的 1.3%上升到了 2012 年的 1.5%,企业可支配收入在总产出中的占比却从 8.9%降低至 7.9%;另外,中国人民银行对 5 000 户工业企业财务数据的调查结果显示,这些企业的所得税在其总产值中的占比在 2013 年 11 月为 6.35%,到 2015 年 11 月已上升至 7.42%,而同期企业净利润占比则从 4.49%降至 3.47%。一些国家的企业应缴纳的各项税费的税率之和如图 1-3 所示,2013 年我国企业各项应缴税款的税率之和为 67.8%,仅次于巴西,高于法国、日本,远高于德国、美国、英国、加拿大等国家,相比七国集团平均水平高出了 20%。

---

① 中国中小企业发展促进中心、中国中小企业国际合作协会:"2015 年全国企业负担调查评价报告",《中国中小企业》,2015 年第 11 期,第 24—26 页。

② 任泽平:"中国企业成本居高不下,降成本大有可为",http://money.163.com/16/0407/07/BK1HUGME00254TFQ.html,访问时间 2018 年 12 月 18 日。

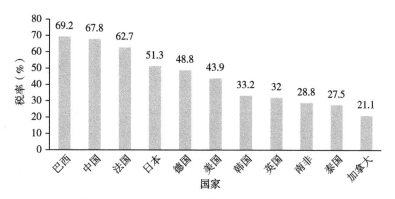

图 1-3 各国企业各项应缴税款税率之和的比较

资料来源:盛松成,"我国企业税负亟待降低",http://finance.sina.com.cn/roll/2016-03-01/doc-ifxpvzah8436432.shtml,访问时间2018年12月18日。

2. 劳动力成本上涨

我国企业员工的工资也不断提升。以农民工的收入为例,2000年农民工平均月工资为563元,到2014年农民工平均月工资上升至2 864元,2014年是2000年的5.08倍,年均增速约为12.3%;考虑通货膨胀的因素,实际工资年均增速也处于9.6%的较高水平。若用市场汇率折算美元来衡量,2014年农民工平均月工资是2000年的6.76倍,年均增速更是高达14.6%。[①] 可见我国劳动力成本的急剧上涨形势不容乐观。

同时,2012—2014年我国城镇人均工资增速为11.3%,而同期人均名义GDP增速为9%,名义工资增速比名义GDP增速平均高2.3%。[②] 图1-4显示的是1995—2014年我国城镇单位就业人员平均工资变化状况,可见21世纪以来,我国城镇单位的员工工资一直保持着持续增长的态势,而且拥有较高的增长速度,年均工资增长速度为13.2%。

[①] 卢锋:"中国经济怎么了:要素成本上升倒逼结构调整",http://finance.sina.com.cn/china/gncj/2015-12-28/doc-ifxmxxsp7160584.shtml,访问时间2018年12月18日。

[②] 任泽平:"中国企业成本居高不下,降成本大有可为",http://money.163.com/16/0407/07/BK1HUGME00254TFQ.html,访问时间2018年12月18日。

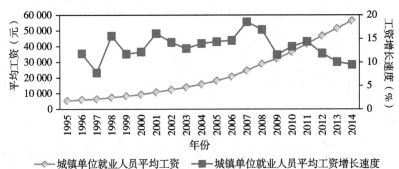

图 1-4　城镇单位就业人员平均工资变化

资料来源：EPS 全球统计数据/分析平台，http://www.epsnet.com.cn/Sys/Olap.aspx？ID = OLAP_CMED2_Y_S_WEB，访问时间 2018 年 12 月 18 日。

据中华人民共和国人力资源和社会保障部（人社部）统计资料显示，过去 5 年间，全国最低工资标准的年平均增幅也处于 13.1% 的高速增长水平。图 1-5 是各省份截至 2016 年 5 月 26 日的最低月工资标准，可以发现虽然随着经济增速放缓，各省份最低工资的调整幅度有所下降，但依然处于提升进程中，而且各省份最近一次最低工资调整的最高增幅高达 28%（贵州省），全国最低工资标准调整的平均增幅也较高，达 13.3%。2016 年上半年，海南省、重庆市、上海市、江苏省、天津市、山东省、辽宁省共 7 省市已明确上调最低工资标准，上调幅度从 5.4% 至 20.0% 不等。2015 年，全国至少有 28 个地区上调最低工资标准，地区数量大大超过 2014 年。① 截至 2016 年 5 月，全国最低工资标准整体的状况是：最高的为上海市，每月 2 190 元，比位居第二位的天津市高出 240 元，比位列第三位的广东省高出 295 元；最低的为青海省，月最低工资标准为 1 270 元。另外，企业用工各项社保提留比例的快速增长也是导致企业的劳动力成本增长过快的一大因素。

---

① 董丽玲：" 多省上调最低工资标准，快看看你家涨多少"，http://business.sohu.com/ 20160601/ n452337155.shtml，访问时间 2018 年 12 月 18 日。

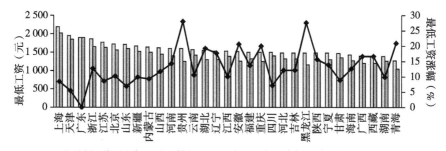

图 1-5 2016 年 5 月 26 日各省份(直辖市)最低月工资标准

资料来源:董丽玲,"多省上调最低工资标准,快看看你家涨多少",http://business.sohu.com/20160601/n452337155.shtml,访问时间 2018 年 12 月 18 日。

3. 土地成本上涨

房屋租金的急剧上涨尤其是商业用房租金的上涨,成为我国企业特别是中小微型企业的巨大负担。我国政府的土地出让收入由 2004 年的 6 412 亿元飙升至 2014 年的 42 940.3 亿元,10 年间年平均增长速度为 21%,增长最为集中的年份为 2008—2014 年,此期间年平均增长速度高达 26.7%,远远超过同期经济增长水平。① 同时,全国国有土地出售价格在 2003 年为每亩② 6.8 万元,2010 年已飙升至每亩 42.3 万元,7 年间亩均售价增加约 5 倍,年均地价上涨速度为 29.8%。③

图 1-6 显示了我国 2004—2014 年的商品房销售价格趋势,商品房的全国总体平均销售价格稳步快速攀升,2014 年为每平方米 6 324 元,是 2004 年的 2.27 倍;办公楼销售价格和商业营业用房的销售价格都大幅度高于商品房的总体均价,商业营业用房的销售价格增速较快,2014 年商业营业用房的销售价格约为 2004 年的 2.53 倍。

---

① 任泽平:"中国企业成本居高不下,降成本大有可为",http://money.163.com/16/0407/07/BK1HUGME00254TFQ.html,访问时间 2018 年 12 月 18 日。
② 1 亩=0.0667 公顷。
③ 卢锋:"中国经济怎么了:要素成本上升倒逼结构调整",http://finance.sina.com.cn/china/gncj/2015-12-28/doc-ifxmxxsp7160584.shtml,访问时间 2018 年 12 月 18 日。

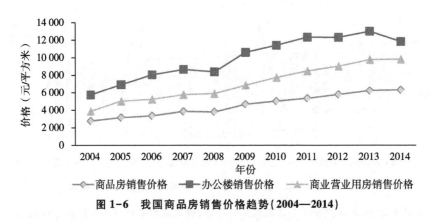

图1-6 我国商品房销售价格趋势(2004—2014)

4. 原材料成本上涨

由图1-7可看出1995—2014年原材料成本变化的情况,以1990年为基年计算的工业生产者购进价格指数,由1995年的222.9上升到了2014年的357.1,表示我国工业企业的原材料价格总体呈现持续上涨趋势;而从以上年为基期计算的工业生产者购进价格指数来看,1995—2014年间的原材料价格平均增速为3.29%,其中,2003—2011年的价格增加速度最为迅猛,最高增速为11.4%,平均增速约为6.24%。

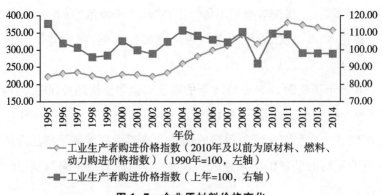

图1-7 企业原材料价格变化

资料来源:EPS全球统计数据/分析平台,http://www.epsnet.com.cn/Sys/Olap.aspx? ID = OLAP_CMED2_Y_S_WEB,访问时间2018年12月18日。

图1-8显示了2000—2014年分类别的工业企业原材料购进价格指数的变化状况,其中价格上涨速度最快的是燃料、动力类材料,价格年平均上涨速度为

6.37%；其次是有色金属材料类和黑色金属材料类，其价格年平均上涨速度依次为5.61%和2.87%。

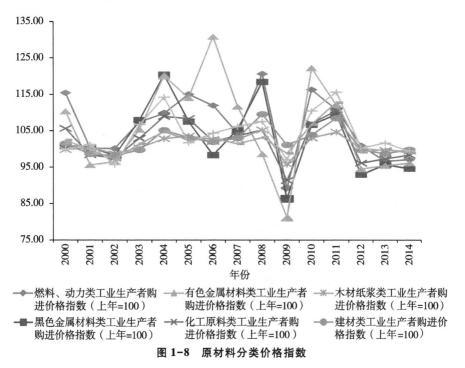

图1-8 原材料分类价格指数

资料来源：EPS全球统计数据/分析平台，http://www.epsnet.com.cn/Sys/Olap.aspx? ID = OLAP_CMED2_Y_S_WEB，访问时间2018年12月18日。

5. 其他成本

随着我国工业经济的不断发展，生态环境压力已逼近红线，因此我国越来越重视环境保护，环保监管力度逐年增强，与此同时，企业的环保成本也呈现上升趋势。[①]

我国目前的物流总费用极高，其中仓储保管费用、综合运输费用一直保持较高水平，例如我国的仓储费用占GDP的比例高达5.8%，是美国的两倍以上；而美国运输费用占GDP的比重仅为我国的60%。中国物流与采购联合会的报告

---

① 卢锋："中国经济怎么了：要素成本上升倒逼结构调整"，http://finance.sina.com.cn/china/gncj/2015-12-28/doc-ifxmxxsp7160584.shtml，访问时间2018年12月18日。

显示,我国2014年的物流总费用高达10.6万亿元,占GDP的比例为16.6%,虽然较1991年减少7.2%,但美国、德国、日本等国家的物流成本在GDP中的比重仅为8%左右,因此与世界发达国家相比,我国物流成本仍然十分高昂,甚至比全球平均水平还高5%左右。①

综上可知,近年来随着国家经济发展步伐的不断加快,由要素成本、交易成本和环境成本等构成的综合成本持续上升的趋势加剧。而综合成本是影响企业生产及投资决策的至关重要的因素,是进行企业选址、区域间产业转移必须考虑的内容,也是衡量一个国家或地区投资环境和综合竞争力的重要指标。同时,一个地区综合成本的高低对于其吸引外商投资、承接产业转移及区域经济发展均具有重要意义。因此,关注综合成本的变化及其影响,对于一个国家或地区的产业发展和经济建设都具有价值。

要素价格等综合成本的逐步上升,会带动产业和技术结构变迁,从而倒逼劳动密集型和低附加值产业进行产业调整、转型和升级。在企业综合成本上涨、国家经济发展全面进入转型期、产业亟待优化升级的背景下,研究综合成本上涨对产业核心技术升级的影响,正是解决目前国家经济发展瓶颈问题和推进供给侧结构性改革的现实要求,具有很强的现实指导意义。

二、我国产业核心技术发展水平亟待提升

核心技术是对技术成品的质量和绩效具有决定性和控制性作用的技术,具有技术的原创性、技术系统链接之间的复杂性、技术经验的累积性和技术设计的不可模仿与复制性。核心技术意味着产品的高质量,具有核心技术的产品在市场上占据着绝对的竞争优势,可以带来巨大的经济价值。②

2015年6月,中国科学院发布的《中国现代化报告2015:工业现代化研究》指出,我国目前处于工业初等发达阶段,工业劳动生产率较国际水平差距较大。该报告在对世界各国1970—2010年的工业现代化指标进行评价和分析后,最终

---

① 孙韶华、梁倩:"降物流成本政策将密集出台",http://www.jjckb.cn/2016-01/11/c_134995836.html,访问时间2018年12月18日。
② 叶路杨:"我国核心技术及其对策研究",华南理工大学硕士学位论文,2013年。

得出一个结论:中国的工业水平落后德国100年。①

可见,我国虽然是制造业大国(制造业产值位居世界第一),但并未充分掌握保障产业可持续发展和保持产业国际竞争优势的核心技术,仍处在有"制造"无"创造"和"大而不强"的尴尬状态。一直以来,全球产业转移看中的是我国的人口红利和低成本优势,我国制造业产业构成中劳动密集型制造业占据多数,而资本密集型及技术密集型制造业的发展程度与欧美等发达国家相差甚远。虽然我国已经跃升为世界第二大经济体并享有"世界工厂"之称,但总体而言,我国制造业一直处于"微笑曲线"的低端,在全球产业链和价值链上处于弱势地位,较少涉足核心技术与关键零部件领域,缺乏自主知识产权和自主品牌,核心技术很大程度上来自外国,附加值远低于发达国家。②

例如,在工业制造领域,全球产业价值链上游与核心环节大部分被拥有产业核心技术的国家和跨国企业所控制,我国制造业企业以加工、组装为主,在高端数控系统及高端制造装备等附加值高的技术上缺乏知识产权。我国自主生产的数控机床多为中低端产品,国内生产所必需的高端数控机床依赖国外进口的比例高达80%。在医疗设备领域,国内医疗设备厂商尚未掌握核心技术。2014年,我国90%的超声波仪器、磁共振设备、心电图机,85%的检验仪器,80%的CT、中高档监视仪等高端医疗器械都是外国品牌;同时,由于专利技术垄断,国内所有医疗单位必须依赖进口才能使用CT和DR管球技术。③ 在LED产业,国外巨头垄断了处于LED产业链上游的具备高技术、高利润特征的LED外延片、芯片、高亮度产品等的核心技术,使得国内产业发展所需的80%大功率芯片只能依赖进口。④ 提高自主研发水平、构建专利技术防御体系已成为我国LED产业发展的首要挑战。在高度垄断的打印机行业,惠普、佳能、爱普生等巨头占据了

---

① 王文竹:"中国制造业为何陷入低谷:与德日差距的根源分析",http://opinion.hexun.com/2015-10-29/180200213.html,访问时间2018年12月18日。

② 毛蕴诗:"以关键技术为突破口提升我国产业竞争力",http://news.hexun.com/2012-03-11/139189575.Html,访问时间2018年12月18日。

③ 太平洋电脑网:"核心技术缺乏? 手机再一次回到换壳时代",http://mobile.pconline.com.cn/718/7188217.html,访问时间2018年12月18日。

④ 中国LED网:"LED照明投资商机凸显核心技术亟待突破",http://www.cnledw.com/info/news-detail-27851_3.html,访问时间2018年12月18日。

综合成本上涨对我国产业核心技术升级影响的研究

世界打印机市场的约七成份额,由于缺乏打印机机芯研发生产的核心技术,全部机芯都依赖进口,国内打印机企业基本上只能从事组装和生产,处于针式打印机产业链末端。① 在家电产业,我国是世界最大的家电生产基地,我国生产销售的彩电、空调的数量早已达到全球第一的位置,但核心技术的缺乏严重限制了我国家电企业在制定国际标准过程中的主动权与话语权。例如,我国企业主导或参与制定的全球家电国际标准的程度只有3%②,线性变频压缩机、DD直驱变频电机、智能灰尘压缩和光波技术等核心技术基本被外国家电生产商所掌握;同时,虽然国内空调零部件企业已经取得了较大的技术进步,但关键零部件领域的核心技术仍然被欧洲、日本等国的跨国企业控制,我国企业仍然不具备例如高效率直流风扇电机、变频高效旋转式压缩机、新型制冷剂、半导体器件、涡旋式压缩机等核心技术专利。这极大地制约了我国相关产业的发展空间,束缚了产业发展速度,并对我国产业发展的独立性和安全性构成严重威胁。在核心技术和关键零部件方面能力的缺失,不仅会直接挤压企业的利润空间,阻碍企业的可持续发展,而且会使得我国企业陷入价值链低端环节,产业发展一直受制于人。而掌握核心技术的企业则能获取全球产业链的绝大部分利润,在国际竞争市场中处于绝对的优势地位。以电脑产业为例,微软和英特尔公司各自拥有Windows操作系统和CPU核心技术,它们在计算机领域的核心技术与关键零部件研发能力和成果使其每年利润率都保持在20%以上。而我国企业从事电脑设备组装加工,在零部件自主配套率高达95%的情况下,仅能获得不到5%的利润。③

在我国汽车产业中,由于发动机技术壁垒难以逾越,使得我国仅能充当汽车产业的制造者而非研发设计者。德国博世公司、美国德尔福公司、丰田旗下的日本电装公司几乎垄断了我国所有电喷系统的市场。其中,德国博世公司的市场份额已经超过了60%,发动机最核心的技术,例如高压共轨直喷技术,只能向德国博世公司进行购买。跨国公司垄断或控制了90%的变速箱、电子电控等关键

---

① 毛蕴诗:"以关键技术为突破口提升我国产业竞争力",http://news.hexun.com/2012-03-11/139189575.html,访问时间2018年12月18日。
② 冯秋瑜:"欧盟新环保指令逼中国家电脱胎换骨",http://news.cheaa.com/2006/1018/70371.shtml,访问时间2018年12月18日。
③ 毛蕴诗、徐向龙、陈涛:"基于核心技术与关键零部件的产业竞争力分析——以中国制造业为例",《经济与管理研究》,2014年第1期,第64—69页。

零部件技术。业内人士指出,从自主品牌到外资品牌、从汽油车到柴油车、从轿车到卡车,我国消费者每购买一辆车都需要向上述3家外企贡献上千元的利润。① 由于技术、专利、知识产权的约束,我国自主品牌汽车企业在占据1/3市场份额的同时却只能获取1/10的产业利润。② 导致我国汽车产业缺乏核心技术的一个重要原因是自主创新能力较弱,汽车产业研发资金投入不足,虽然近年来汽车产业研发投入资金数额呈快速增长趋势,但其占汽车产业营业收入的比例依然不足2%,远低于发达国家4%的水平。③

在智能手机行业,安卓和IOS两大手机操作系统核心技术的所有权都属于国外,其他核心技术也大都被行业领先者控制着,例如三星掌握着ISOCELL影像传感器、UFS闪存、LPDDR4运存、AMOLED屏幕、10nm制造工艺等一大堆核心技术,苹果公司拥有A9处理器、蓝宝石玻璃、压感触控技术等,凭借核心技术获取的竞争优势无法被其他企业轻易复制和赶超。在iPhone手机的利润分配方面,我国的组装工厂所获利润仅占成本的1.8%,而掌握核心技术和专利的苹果公司得到了绝大部分产品利润,据估算每部iPhone手机为美国GDP贡献达400美元。④

由于核心技术研发和创新能力落后,我国不仅面临上述核心技术缺失和供应不足的严峻问题,还存在着先进技术的引进与并购的困难,这说明我国核心技术的发展面临内忧外患。⑤ 而一个国家掌握和运用核心技术的能力,对一个国家的经济、社会、文化、生态建设及国际政治地位等方面具有重要影响。对于我国国民经济的支柱性产业,掌握产业关键技术、先进技术和核心技术是改变我国产业落后现状、提升产业国际竞争力的重中之重。产业核心技术升级是我国面

---

① 张扬:"除了圆珠笔头,有哪些核心技术我们还没掌握",http://finance.sina.com.cn/chanjing/cyxw/2016-01-19/doc-ifxnqrkc6618626.shtml,访问时间2018年12月18日。
② 中国行业研究网:"2013年中国自主品牌汽车只占1/3市场",http://www.chinairn.com/news/20130615/141653982.html,访问时间2018年12月18日。
③ 张越:"产业技术轨道跃升与产业技术体系严谨的互动机理及耦合模型研究",吉林大学博士学位论文,2015年。
④ 凤凰网:"中国制造缺乏核心技术,核心竞争力不强",http://news.ifeng.com/gundong/detail_2012_12/04/19808850_0.shtml,访问时间2018年12月18日。
⑤ 张越:"产业技术轨道跃升与产业技术体系严谨的互动机理及耦合模型研究",吉林大学博士学位论文,2015年。

综合成本上涨对我国产业核心技术升级影响的研究

临内部经济发展新常态、应对全球产业竞争巨大压力的必然途径。在现阶段,如何使我国的核心技术发展走出内忧外患的困境,推进产业核心技术升级,是我国政府和企业面临的紧迫问题之一。因此,研究我国综合成本上涨对核心技术升级的影响对于产业发展政策的制定具有一定的现实意义。

在贯彻对外开放经济政策的 40 年间,较低的成本暂时掩盖了我国制造业缺乏核心技术的尴尬。伴随着人口红利的逐渐消失,产业中企业综合成本持续攀升,大批看中"中国制造"低成本优势的厂商正在离开我国,使得我国制造业面临陷入低谷和被边缘化的困境。如何摆脱这种尴尬、避免危机,实现我国产业核心技术升级,是我国产业当前发展急需思考的问题,对我国成为工业强国意义重大。我国政府已经意识到核心技术对于一个国家产业发展的战略性意义,提出了创新驱动发展战略,即要从过度依赖人口红利和土地红利转向依靠创新红利和深化改革形成的制度红利,从要素驱动、投资驱动转向通过技术进步来提高劳动生产率的创新驱动。

第二节 国内外研究现状述评

从全球范围来看,为了应对美国金融危机和欧债危机,诸多国家及经济体都采取了定量宽松的货币政策。然而,全球范围内货币资金流动性过剩与实体经济增长乏力之间的矛盾并未得到有效解决,通货膨胀的压力依然存在。从国内来看,近年来,随着劳动力成本、原材料成本、土地使用成本、环境成本、交易成本等节节攀升,我国诸多产业都承担着前所未有的压力,许多产业被迫由依赖低成本的发展模式转向掌控核心技术的发展模式。因此,深入研究综合成本上涨对我国产业核心技术升级的影响具有理论价值和现实意义。下面将简要述评国内外学者的相关研究。

一、产业升级

现有文献中关于产业升级的研究成果数量众多,因角度不同而结论各异。

不过,国内外学者普遍认同产业升级的内涵是产业由低技术和低附加值向高技术和高附加值转变①)。另外,Ernst 将产业升级的表现形式分为产业内升级与产业间升级,其中产业内升级包括要素间升级、功能升级、需求升级和产业链升级。② 国内外学者对产业升级进行深入研究时,主要包括三种研究视角:一是产业结构升级,二是产业价值链升级,三是产业技术升级。本节将依据这三种研究视角,回顾和分析产业升级的相关文献,在此基础上明确本书的研究方向和重点。

(一) 关于产业结构升级的研究

学术界对产业升级的早期研究主要侧重于产业结构升级。17 世纪的经济学家威廉·配第(William Petty)在其《政治算术》(*Political Arithmetick*)一书中率先开始关注产业间资源流动现象。1935 年,经济学家 A. G. 费希尔(A. G. Fisher)确立了三次产业分类法,科林·克拉克(Colin Clark)利用此方法提出了著名的"配第-克拉克"定理。此后,W. G. 霍夫曼(W. G. Hoffmann)的工业法则、西蒙·库兹涅茨(Simon Kuznets)的综合分析理论、霍利斯·钱纳里(Hollis Chennery)的标准结构理论、W. W. 罗斯托(W. W. Rostow)的主导产业理论、艾伯特·赫希曼(Albert Hischman)的产业关联理论、筱原三代平的结构基准理论等,都成为产业结构理论的重要组成部分。20 世纪 90 年代以来,学术界对产业结构升级的方向和程度进行了进一步的量化研究③,并对产业结构升级的经济、

---

① 刘志彪:"产业升级的发展效应及其动因分析",《南京师范大学学报》(社会科学版),2002 年第 2 期,第 3—10 页;聂建中、王敏:"比较优势战略与产业结构升级",《当代经济》,2009 年第 1 期,第 21—22 页;夏飞龙:"产业升级研究综述及展望",《科技和产业》,2016 年第 3 期,第 11—18 页。

② Ernst, D., "Global Production Network and Industrial Upgrading-Knowledge-Centered Approach", East-west Center Working Papers, 2001.

③ 周振华:"增长轴心转移:中国进入城市化推动型经济增长阶段",《经济研究》,1995 年第 1 期,第 3—10 页;吕政:"《中国产业结构变动趋势及政策研究》评价",《中国工业经济》,2000 年第 6 期,第 79—80 页;刘伟、张辉:"中国经济增长中的产业结构变迁和技术进步",《经济研究》,2008 年第 11 期,第 4—15 页;Gambardella, A., and McGahan, A. M., "Business Model Innovation: General Purpose Technologies and Their Implications for Industry Structure", *Long Range Planning*, 2010, 43(2-3), 262—271.

人口、环境、制度等影响因素进行了分析[1]。其中,有些学者探讨了要素成本、交易成本变动对产业结构变动的影响,并提出了产业结构升级的政策建议。[2]

国外学者从产业结构升级的内涵、分类、影响因素等方面进行了研究。如 Humphrey and Schmitz 认为产业结构升级包括工艺升级、功能升级、产品升级与跨产业升级。[3] Arndt 指出参与国际分工是发展中国家获得技术溢出效应和利益分配的一种有效方式,可以推进产业结构升级的步伐。[4] Abegaz 通过实证研究,指出发展中国家与发达国家间的产业结构存在弱收敛性。[5] 在此基础上,Nicole and Schmiedeberg 指出欧洲各国产业结构趋同现象是各国由工业向服务业演进导致的。[6] 在影响因素方面,一部分学者关注了创新因素,如 Arthur 认为在产业结构升级中,技术创新在诱导规模报酬递增时扮演着重要的角色[7]。Anronelli 指出一国要素市场价格的扭曲引致技术创新,创新方向和速率会随着要素价格发生改变,这一过程最终会影响经济产业结构。[8] 而另一些学者,如

---

[1] Levine, R., "Financial Development and Economic Growth: Views and Agenda", *Journal of Economic Literature*, 1997, 35(2), 688—726; Greunz. L., "Industrial Structure and Innovation Evidence from European Regions", *Journal of Evolutionary Economics*, 2004, 14(5), 553—592; Kamasak, R., "Firm-Specific versus Industry Structure Factors in Explaining Performance Variation Empirical Evidence from Turkey", *Management Research Review*, 2011, 34(10), 1125—1146.

[2] 何慧爽:"产业结构与 FDI、要素成本关系的实证研究",《河南工业大学学报》(社会科学版),2009 年第 2 期,第 48—51,79 页。

[3] Humphrey, J., and Schmitz, H., "How Does Insertion in Global Value Chains Affect Upgrading in Industrial Clusters", *Regional Studies*, 2002, 36(9), 1017—1027.

[4] Arndt, K., *Fragmentation: New Production Patterns in the World Economy*, Oxford University Press, 2001.

[5] Abegaz, B., "Structural Convergence in Manufacturing Industries between Leaders and Latecomers", *The Journal of Development Studies*, 2002, 38(4), 69—99.

[6] Nicole, P., and Schmiedeberg, C., "Structural Convergence of European Countrie", *Structural Change & Economic Dynamics*, 2010, 21(2), 85—100.

[7] Arthur, W. B., "Competing Technologies, Increasing Returns, and Lock-In by Historical Events", *Economic Journal*, 1989, 99(394), 116—131.

[8] Anronelli, C., "Localized Technological Changeand Factor Markets: Constraints and Inducements to Innovation", Working Paper, 2005, 116—131.

McKinnon①、Shaw②、Stiglitz③、Levine④ 等人则关注金融因素,其研究成果表明,金融发展显著影响着经济资源配置以及产业结构变动。Wurgle 认为发达国家较完全的金融市场信息、较高的资本配置效率有助于优化产业结构。⑤ Acemoglu and Guerrieri 构建模型进行更进一步的分析,表明产业结构升级的根本原因是资本积累。⑥ 之后,又有学者关注了城镇化步伐对产业升级的影响,例如 Kolko 认为城镇化通过科技创新、推进现代服务业协同发展和集聚,间接引发了产业结构升级。⑦ Michaels 等认为城市化进程有利于产业分工和重组,并推动现代产业要素的集聚,最终实现产业结构优化。⑧

对产业结构升级的研究,国内学者主要从产业结构升级的定义、测度、评价体系、影响因素等角度展开,对产业结构升级进行问题与对策分析的文献也较多。本部分将国内近期的相关研究分三个角度整理如下。

1. 产业结构升级的定义、测度与评价

近年来国内学者对产业结构升级定义、测度与评价的研究成果较为丰富。在定义方面,各个学者有不同的侧重点。如周振华认为产业结构从低级向高级形态发展的过程就是产业结构升级。⑨ 刘志彪等认为可以通过高附加值产业替代低附加值产业来实现产业结构升级,但这一过程中要注意生产率的提高和技

---

① McKinnon, R. I., "Money and Capital in Economic Development", The Brookings Institution, 1973, 1—23.

② Shaw, E., *Financial Deeping in Economic Development*, Oxford University Press, 1973, 30—32.

③ Stiglitz, J. E., "Credit Markets and the Control of Capital", *Journal of Money Credit and Banking*, 1985, 2, 133—152.

④ Levine, R., "Financial Development and Economic Growth: Views and Agenda", *Journal of Economic Literature*, 1997, 35(2), 688—726.

⑤ Wurgle, J., "Financial Market and the Allocation of Capital", *Journal of Financial Economics*, 2000, 58, 187—214.

⑥ Acemoglu, D., and Guerrieri, V., "Capital Deepening and Non-Balanced Economic Growth", *Journal of Political Economy*, 2008, 116, 467—498.

⑦ Kolko, J., *Urbanization, Agglomeration, and Coagglomeration of Service Industries*, University of Chicago Press, 2010, 151—180.

⑧ Michaels, G., Rauch, F., and Redding, S. J., "Urbanization and Structural Transformation", *The Quarterly Journal of Economics*, 2012, 127(2), 535—586.

⑨ 周振华:《现代经济增长中的结构效应》,上海人民出版社,1995 年,第 98—101 页。

术的升级。① 姜泽华和白艳强调产业结构升级应当包含的具体内容,其一是产业数量和交易活动容量增加所引起的产业结构规模扩大,其二是技术、设备、工业、材料、劳动力素质、管理水平等质量提高所带来的产业结构水平提高,其三是不同产业之间的要素互通程度与关联程度增大所表现出的产业结构联系变紧密。② 张晓宏认为结构升级的外在表现是经济的良性发展和国际贸易条件的改善,而产业结构升级的主要动力在于生产率提升、需求升级与技术创新。③ 李子伦强调科技创新、资源利用率、人力资本水平和国际分工地位的升级,并将产业结构升级的定义与产业结构的演替和产业结构的合理化区分开来,指出产业结构升级的内在机理是要素生产函数的高效化。④ 根据上述介绍,不难看出虽然不同学者对于产业结构升级内涵的看法并不统一,但都承认技术创新、要素利用效率、产品附加值等的重要性。本书基于前人的研究,认为产业结构升级可以定义为产业结构的高级化过程,即产业结构从低级形态向高级形态的变迁过程,其内在机理是要素利用效率的提高,外在表现是某个国家产业体系产品附加值的增加、国际竞争力及国际分工地位的提高。

关于产业结构升级的测度与评价的研究起步较晚。姚志毅和张亚斌构建了全球生产网络下的产业结构升级测度指标体系,指出判断我国的产业结构升级与否,需要考虑五个方面的因素:产业生产能力、产业市场拓展、产业发展环境、产业价值链和高附加值产业创造力。⑤ 李子伦基于科技创新能力、资源利用效率和人力资本水平及其细分指标构建了产业结构升级测度指数。⑥ 杨青龙和刘启超梳理了历年来研究产业结构升级测度的文献,总结了四种评价产业结构升

---

① 刘志彪:"产业升级的发展效应及其动因分析",《南京师范大学学报》(社会科学版),2000年第2期,第3—10页。
② 姜泽华、白艳:"产业结构升级的内涵与影响因素分析",《当代经济研究》,2006年第10期,第53—56页。
③ 张晓宏:"产业结构升级理论综述",《山西日报》,2012年9月25日,第2版。
④ 李子伦:"产业结构升级含义及指数构建研究——基于因子分析法的国际比较",《当代经济科学》,2014年第1期,第90—98页。
⑤ 姚志毅、张亚斌:"全球生产网络下对产业结构升级的测度",《南开经济研究》,2011年第6期,第55—64页。
⑥ 李子伦:"产业结构升级含义及指数构建研究——基于因子分析法的国际比较",《当代经济科学》,2014年第1期,第90—98页。

级的方法:从产业规模变动速率出发对产业升级进行评价的产业结构变动幅度指数、Michaeli 指数及产业结构年均变动值,侧重产业升级规模和效率的产业结构高度化指数,关注产业升级方向的产业结构超前系数,以及反映产业升级进程和产业结构调整路径与先进经济体的相似度的产业结构相似度指数。[1]

2. 产业结构升级的影响因素

21 世纪初,我国学者主要关注技术创新、社会需求、资源禀赋等因素对产业结构升级的影响。例如,刘芳和倪浩强调了知识创新和技术进步在产业结构升级中的关键作用,认为知识创新和技术进步所形成的比较生产率差异是推进产业结构升级的主要动力。[2] 姜泽华和白艳指出社会总需求、科技进步、制度安排和资源享赋是影响产业升级的因素。[3] 黄茂兴和李军军则以 1991—2007 年的数据为例,研究了经济增长、技术选择和产业结构升级的内在关系,指出产业结构升级可以通过适当的技术选择和合理的资本深化来实现。[4] 钟陆文等认为需求结构失衡导致我国产业结构失衡,而消费是调整产业结构的重要手段,因此可以通过促进消费结构升级、提升第三产业比重来引领产业结构优化。[5] 随后,部分学者开始探索政府在产业结构升级中的作用。例如,孙军指出政府的政策因素对产业升级有至关重要的作用。[6] 安苑和王珺的实证研究表明我国地方政府的财政行为特征对产业结构升级产生不同影响,研究发现地方政府财政行为的波动对产业结构升级存在显著的抑制作用,行政管理支出的波动性与科教文卫支出和基本建设支出相比,对产业结构升级具有更大的负面作用,提高市场化水平

---

[1] 杨青龙、刘启超:"综合成本上涨对产业升级的影响:文献综述",《江淮论坛》,2015 年第 5 期,第 58—64 页。

[2] 刘芳、倪浩:"我国产业结构调整的影响因素分析及相应措施",《技术与创新管理》,2009 年第 3 期,第 321—324 页。

[3] 姜泽华、白艳:"产业结构升级的内涵与影响因素分析",《当代经济研究》,2006 年第 10 期,第 53—56 页。

[4] 黄茂兴、李军军:"技术选择、产业结构升级与经济增长",《经济研究》,2009 年第 7 期,第 143—151 页。

[5] 钟陆文、孙得将、龙树国:"双重结构失衡、消费增长与产业结构升级",《经济数学》,2013 年第 6 期,第 77—81 页。

[6] 孙军:"需求因素、技术创新与产业结构演变",《南开经济研究》,2008 年第 6 期,第 58—71 页。

综合成本上涨对我国产业核心技术升级影响的研究

有助于缓解财政行为波动给产业结构升级带来的负面影响。① 褚敏和靳涛研究了我国转型期背景下产业结构升级缓慢的原因,发现国有企业垄断行为对产业结构升级没有产生显著的负面影响,地方性政府主导的发展模式阻碍了产业结构升级,而作为上述二者结合体的行政垄断对于产业结构升级有着重要的阻碍作用。②

近几年来,部分学者对影响因素的探讨不断深化,开始关注区域和异质性对产业结构的影响。例如,梁树广基于我国 2000—2011 年的省级面板数据对产业结构升级的影响因素做了实证分析,结果发现:从国家角度看,各影响因素的重要性排序从小到大依次为人力资本、固定资产投资、外商直接投资、技术创新、交通基础设施;从区域角度看,东中西部地区的各影响因素对产业结构升级的作用程度存在差异,故政府可通过完善交通基础设施、扶持技术创新、鼓励外商直接投资和采取差异化政策推动产业结构升级。③ 武晓霞利用我国 1998—2010 年的省级面板数据,研究了省际产业结构升级的异质性和影响因素,结果表明:技术水平的提高和对外直接投资(FDI)的增加是促进产业结构升级的重要因素;个人消费需求、人力资本、对外贸易规模在一定程度上推动了产业结构升级,但贡献较小;投资需求、政府消费需求对产业结构升级的影响不显著。④ 之后,武晓霞和金素以其中的人力资本为切入点,利用 2002—2012 年的数据,从省级和区域两个层面研究人力资本异质性、知识外溢等因素对产业结构升级的影响,结果表明:从省级层面看,人力资本异质性对产业结构升级有显著的推进作用,知识外溢的影响依据其衡量指标的不同而有所差异,其中产业集聚或研发存量与人力资本相结合显著推动了产业结构升级,而单独的研发存量和技术市场成交额则产生抑制作用;从区域层面看,各影响因素对产业结构升级的影响呈现出较大

---

① 安苑、王珺:"财政行为波动影响产业结构升级了吗?——基于产业技术复杂度的考察",《管理世界》,2012 年第 9 期,第 19—34 页。
② 褚敏、靳涛:"为什么中国产业结构升级步履迟缓——基于地方政府行为与国有企业垄断双重影响的探究",《财贸经济》,2013 年第 3 期,第 112—122 页。
③ 梁树广:"产业结构升级影响因素作用机理研究",《商业研究》,2014 年第 7 期,第 26—33 页。
④ 武晓霞:"省际产业结构升级的异质性及影响因素——基于 1998—2010 年 28 个省区的空间面板计量分析",《经济经纬》,2014 年第 1 期,第 90—95 页。

的区域差异性,其中人力资本异质性有利于东部地区和西部地区,但不利于中部地区。[①] 此外,汪伟等创新性地分析了人口老龄化影响产业结构的理论机制,同时运用我国1993—2013年的省级面板数据进行实证研究,结果表明:总体而言人口老龄化促进了我国产业结构升级,且我国人口老龄化的产业结构升级效应表现为中西部地区较强而东部地区较弱。[②]

3. 产业结构升级的问题、对策与路径研究

国内的早期研究主要主张依赖比较优势进行产业结构升级。张其仔[③]、林毅夫[④]等都认为经济发展应与各个地区固有的资本和劳动禀赋结构相符,一个国家的产业升级路径必须依赖其比较优势。蔡昉等也认为依赖比较优势的产业升级路径是可持续的,通过产业承接可帮助我国内部地区实现产业雁行转移和结构升级。[⑤] 随着研究的不断深入,学者们渐渐意识到依靠比较优势进行产业结构升级也有其局限性。例如,张其仔受蔡昉等人思路的启发,运用能力比较优势理论进一步分析,指出我国雁阵式产业升级可能面临"比较优势陷阱"或"比较优势断档"的风险。[⑥]

之后,学者们的研究视角不断拓宽。一些学者开始关注我国产业结构升级的现状、问题和方向。例如,汪海波考察我国近代社会产业结构升级的一般规律,指出我国的产业结构正在迈向工业化中后期和现代化,但仍存在产业结构层次较低、结构不协调,产业结构升级面临着农业物质技术等基础不稳、工业自主创新能力亟待加强、服务业较弱等诸多问题,并且认为我国产业结构升级的方向

---

① 武晓霞、金素:"人力资本异质性和知识外溢对产业结构升级的影响研究——基于省级和区域面板数据的空间计量",《南京审计学院学报》,2015第5期,第45—54页。
② 汪伟、刘玉飞、彭冬冬:"人口老龄化的产业结构升级效应研究",《中国工业经济》,2015年第11期,第47—61页。
③ 张其仔:"比较优势的演化与中国产业升级路径的选择",《中国工业经济》,2008年第9期,第58—68页。
④ 林毅夫:"新结构经济学——重构发展经济学的框架",《经济学》(季刊),2010年第1期,第1—32页。
⑤ 蔡昉、王德文、曲玥:"中国产业升级的大国雁阵模型分析",《经济研究》,2009年第9期,第4—14页。
⑥ 张其仔:"中国能否成功地实现雁阵式产业升级",《中国工业经济》,2014年第6期,第18—30页。

是:基于自主创新能力的提升,推动农业迈向现代化、制造业由大到强,大力保障和支持生产性服务业、信息产业、文化产业、高技术产业、环保产业、海洋产业的发展。① 沈坤荣和徐礼伯认为,体制障碍、思维僵化、路径依赖是我国产业结构升级困难的内在原因。② 余永泽和刘冉研究我国产业结构升级的阶段特征,指出我国产业结构存在的问题来源于外部与内部两个方面:外部干预影响因素有政府的干预和僵化的体制制度,内部自然影响因素有生产要素流动的障碍、需求结构的扭曲、技术创新水平的落后、开放模式的固化等。③ 陈德胜和李洪侠指出,现代农业、科技创新及高端制造业、节能环保业、现代服务业是我国产业结构升级的方向,提出了促进我国产业结构升级的政策建议,例如为充分发挥市场机制的决定作用而创造良好的宏观环境,改革财税体制、发展现代金融体系以更好地服务产业升级。④ 郭宁指出,通货膨胀对第一产业和第三产业的升级进程存在阻碍作用,认为可以通过加强反通货膨胀的力度,推动农业规模化经营、完善农产品储备制度,建设城乡统一的建设用地市场、加快市场化进程来为产业结构升级清除障碍。⑤

另一些学者则尝试在其研究中构建我国产业结构的升级路径。例如,余永泽和刘冉分别从技术驱动、制度环境、需求机制、供给机制、开放模式五个角度提出促进产业结构优化的机制与路径(例如通过加强自主技术研发创造强大的推动机制;通过完善制度体系创造公平的竞争环境;通过提升需求结构创造有力的拉动机制;通过灵活要素流动创造高效的供给机制;通过转型开放模式创造协调的连带机制)。⑥ 陈松洲以广东沿海经济带的产业结构为研究对象,提出的产业结构升级路径包括:制定合理的产业政策;提升第二产业发展层次;促进生产性

---

① 汪海波:"中外产业结构升级的历史考察与启示——经济史和思想史相结合的视角",《经济学动态》,2014 年第 6 期,第 4—15 页。
② 沈坤荣、徐礼伯:"中国产业结构升级:进展、阻力与对策",《学海》,2014 年第 1 期,第 91—99 页。
③ 余永泽、刘冉:"我国产业结构升级中的问题、机制与路径——一个综述",《产业经济评论》,2014 年第 3 期,79—97 页
④ 陈德胜、李洪侠:"我国产业结构升级的方向和建议",《中国财政》,2014 年第 22 期,第 68—70 页。
⑤ 郭宁:"通货膨胀对中国产业结构升级的影响",《财经研究》,2014 年第 4 期,第 132—143 页。
⑥ 余永泽、刘冉:"我国产业结构升级中的问题、机制与路径——一个综述",《产业经济评论》,2014 年第 3 期,第 79—97 页。

服务业的集聚发展,大力发展第三产业,以信息化推动产业结构升级等。[①] 张银银和黄彬基于价值链和产业链的相关理论,提出基于市场轨道、技术轨道、全产业链的三条创新驱动产业结构升级路径及其适用条件。[②]

4. 简要述评

回顾文献可知,国内对产业结构升级的研究从20世纪末逐步展开。20世纪末,基于当时我国经济发展结构失衡问题亟待解决的背景,国内学者主要借鉴国外产业结构理论,从产业结构比例调整的视角,研究我国的产业结构现状、特点和发展方向等,并且集中分析农业、轻工业、重工业之间的比重,较少关注服务业;同时侧重宏观、中观层面的研究,较少有微观层面的研究。进入21世纪,随着我国制造业和服务业的高速增长,国内对产业结构升级的研究范围和对象进一步扩大,研究成果也不断增多。这个时期学者们开始关注产业内部的细分并进行微观层面的研究。加入WTO后,学者们纷纷开始研究在经济开放条件下的产业结构升级问题。而随着研究的不断深化,学者们也在不断完善产业结构升级的定义,根据我国产业发展的新情况构建更加科学合理的产业结构升级的测度指标与评价体系。目前对国内产业结构升级进行测度的指标体系各自为政,尚未形成具有高度权威的评价标准,也较少有基于地区差异的测度研究。

关于我国产业结构升级的影响因素有着丰富的研究成果,多数学者认为经济增长、技术创新、政府行为与政策、消费与需求结构、对外贸易、FDI、人力资本、人口老龄化等因素对产业结构升级具有显著的影响。近年来,不同学者开始从不同角度对产业结构升级的影响因素进行研究,例如区分全国与地方产业结构升级、对东中西部各个区域进行差异化研究、进行分省份比较研究等,研究视角不断开阔,研究深度逐步提升,同时兼具理论研究与实证研究。但理论研究的创新性和突破性依然有待提高,而且仍然缺乏综合成本变化对产业结构变迁的专门研究。

产业结构升级作为我国经济发展的一大重点和难点问题,其现状、问题、对

[①] 陈松洲:"后危机时代广东沿海经济带产业结构升级的路径选择",《当代经济管理》,2014年第6期,第76—82页。

[②] 张银银、黄彬:"创新驱动产业结构升级的路径研究",《经济问题探索》,2015年第3期,第107—112页。

策及路径分析一直以来都是学者们的研究重点。多数学者提出加强自主创新,发展现代服务业,支持高新技术产业,推进信息化,加速市场化,创造优良的金融、政策环境等产业结构升级对策。现有文献中关于产业结构升级的对策研究成果较多,但主要从宏观层面进行分析,从微观层面出发的结构升级路径研究成果不多;同时,对于将这些对策落到实处的具体分析仍然缺乏较为实用的路径指导。

(二) 关于产业价值链升级的研究

20世纪80年代以后,学术界将价值链的研究扩展到全球范围。1985年,迈克尔·波特(Michael Porter)提出了价值链的概念,并认为产业升级是指资源由价值链低端向高端转换的过程。此后,对产业价值链升级的研究逐步兴起。20世纪90年代,Gereffi认为产业升级是从全球价值链(GVC)的低附加值位置向高附加值位置演变的过程①,并且提出了特定地域的产业嵌入全球价值链的形式及在全球价值链背景下产业升级的方式②。同时,国内外学者也进一步剖析了产业价值链升级的影响因素,如租金、进入壁垒、技术、组织能力、要素成本、交易成本等③。

国外对价值链的研究开始较早。Gereffi 从企业层面拓展到产业层面,对全球化背景下的产业升级进行研究,提出了全球价值链的概念,认为全球价值链体现着全球价值链的价值创造与价值分配的动态过程。④ Kaplinsky and Morris 认

---

① Gereffi, G., "International Trade and Industrial Up-Grading in the Apparel Commodity Chain", *Journal of International Economics*, 1999, 48(1), 37—70.

② 文嫮、曾刚:"嵌入全球价值链的地方产业集群发展——地方建筑陶瓷产业集群研究",《中国工业经济》,2004年第6期,第36—42页;Oro, K., and Pritchard, B., "The Evolution of Global Value Chains: Displacement of Captive Upstream Investment in the Australia-Japan Beef Trade", *Journal of Economic Geography*, 2011, 11(4), 709—729.

③ Jacobides, M. G., and Winter, S. G. "The Co-Evolution of Capabilities and Transaction Costs: Explaining the Institutional Structure of Production", 2005, 25(5), 395—413;张少军:"全球价值链与国内价值链——基于投入产出表的新方法",《国际贸易问题》,2009年第4期,第108—113页;涂颖清:"全球价值链下我国制造业升级的影响因素分析",《重庆科技学院学报》(社会科学版),2011年第13期,第72—73、83页。

④ Gereffi, G., "Shifting Governance Structures in Global Commodity Chains, with Special Reference to the Internet", *American Behavior Scientist*, 2001, 44(10), 1616—1637.

为,全球价值链是产品从研发设计、生产销售直至售后服务的整个过程,并指出只有全球价值链上的战略环节才能创造价值,占据战略价值环节可以在价值分配上得到更多利益。[1] 此外,国外文献关于全球价值链的测算已经形成较为成熟的方法,例如 Hausmann 等研究一个国家的价值链攀升幅度,指出国家在全球价值链上的位置可以用行业出口复杂度指标来衡量。[2]

近年来,国内学者从内涵、影响因素、升级途径等角度对产业价值链进行了许多研究,主要有以下一些成果。

1. 产业价值链升级的含义

蒋兴明认为价值链升级具有两层含义:一是企业从产业链边缘延伸至核心环节,二是一个国家对产业链的掌控能力得以增强。[3] 陆斌[4]、盛斌和陈帅[5]等则把价值链定义为产业升级的一种特定方式,指出全球价值链改变了传统的产业升级方式,认为全球价值链背景下产业升级的途径包括工艺流程升级、产品升级、功能升级和价值链升级四种形态。大多数学者认可价值链升级对产业升级的积极作用,不过,也有学者指出价值链升级的劣势,如刘仕国等认为依靠全球价值链升级可能带来一些风险,例如加剧产业升级的波动性、导致某些企业面临"低端锁定"的风险。[6]

2. 产业价值链升级的影响因素

关于产业价值链升级影响因素的早期研究主要集中于技术创新、对外贸易、组织资源等方面。例如,于明超等通过调研我国代工制造企业,发现企业技术能力和生产规模是制约企业升级的根本因素,指出企业应该不断地从各类生产经

---

[1] Kaplinsky, R., and Morris, M., "A Handbook for Value Chain Research", Research Prepared for the IDRC, 2001, 38—40.
[2] Hausmann, D., Hwang, J., and Rodrik, D., "What You Export Matters", *Journal of Economic Growth*, 2007, 12(1), 1—25.
[3] 蒋兴明:"产业转型升级内涵路径研究",《经济问题探索》,2014 年第 12 期,第 43—49 页。
[4] 陆斌:"转型经济中的产业价值链升级",《科技进步与对策》,2012 年第 12 期,第 63—69 页。
[5] 盛斌、陈帅:"全球价值链如何改变了贸易政策:对产业升级的影响和启示",《国际经济评论》,2015 年第 1 期,第 6,85—97 页。
[6] 刘仕国、吴海英、马涛:"利用全球价值链促进产业升级",《国际经济评论》,2015 年第 1 期,第 64—84 页。

营活动中提升技术能力,为企业实现价值链升级做技术保障。[①] 汪建成等通过分析格兰仕集团技术升级的案例,指出长远的技术战略思想、上游产业供应链中核心零部件的供应、升级与渐进式国际化进程的有效结合等因素是决定企业价值链升级的关键因素。[②] 毛蕴诗等表明,组织资源与企业能力是 OEM(Original Equipment Manufacturing,原始设备制造)企业升级的重要因素。[③]

随着研究的不断深入,国内学者开始探索一些新的影响因素,如人力资本、制度环境、FDI 等。如韩红丽等利用产业价值链理论,构建了一个中观层面的产业升级研究框架,认为产业价值链在产业价值的延伸效应、竞争效应、整合效应与集群效应的互相作用下,带来产业价值链的横向规模效应和纵向关联效应,并在此基础上推动产业价值链升级。[④] 李静对我国制造业的初始人力资本选择匹配、垂直专业化、产业价值链升级三者之间的关系进行了实证检验,结果表明:垂直专业化与产业价值链升级之间呈现倒 U 形关系,而通过准确选择与垂直专业化阶段相匹配的初始人力资本、优化人力资本结构,有助于推进产业价值链的持续升级。[⑤] 曲泽静和张慧君发现在新常态背景下,创新驱动对经济发展的作用不断提升,协同创新驱动系统(包含创新主体、创新制度、创新科技、创新环境等)是推进产业价值链升级的关键载体。[⑥] 郝凤霞等研究外商直接投资对高技术产业价值链升级的影响,发现外商直接投资与价值链位置的变动直接存在显著的倒 U 形关系。[⑦]

[①] 于明超、刘志彪、江静:"外来资本主导代工生产模式下当地企业升级困境与突破——以中国台湾笔记本电脑内地封闭式生产网络为例",《中国工业经济》,2006 年第 11 期,第 108—116 页。

[②] 汪建成、毛蕴诗、邱楠:"OEM 到 ODM 再到 OBM 的自主创新与国际化路径——格兰仕技术能力构建与企业升级案例研究",《管理世界》,2008 年第 6 期,第 148—155,160 页。

[③] 毛蕴诗、姜岳新、莫伟杰:"制度环境、企业能力与 OEM 企业升级战略——东菱凯琴与佳士科技的比较案例研究",《管理世界》,2009 年第 6 期,第 135—157 页。

[④] 韩红丽、刘晓君、李玲燕:"基于产业价值链的产业升级机制解剖",《技术经济与管理研究》,2012 年第 2 期,第 97—101 页。

[⑤] 李静:"初始人力资本匹配、垂直专业化与产业全球价值链跃迁",《世界经济研究》,2015 年第 1 期,第 65—73 页。

[⑥] 曲泽静、张慧君:"新常态下价值链升级的创新驱动系统研究",《技术经济与管理研究》,2016 年第 1 期,第 45—49 页。

[⑦] 郝凤霞、周冰洁、杨玉红:"FDI 流入对我国产业所处全球价值链位置的作用研究",《工业工程与管理》,2016 年第 1 期,第 126—131 页。

此外,较多的学者将研究对象集中于我国的制造业。例如,吕剑亮研究了全球价值链视角下我国加工贸易产业升级的影响因素,发现地区研发能力、产业基础(生产经验、产业规模化水平、技术积累等)、劳动力投入、劳动力禀赋等因素对我国加工贸易产业价值链升级具有显著的正向影响,而经济开放程度存在不利影响,外商投资水平的作用不明显。① 余姗和樊秀峰基于制造业 2002—2012 年的数据,以产品内分工视角为出发点研究价值链升级的影响因素,发现环境规制与制造业总体及低技术制造业的价值链长度之间呈现 U 形关系,与中高技术制造业之间呈现倒 U 形关系;外资进入强度的影响具有行业差异,对产业价值链升级的作用根据不同行业的特征而进行变化;研发投入有助于推进价值链升级。② 刘圣香和刘芳芳从全球价值链视角出发,运用联合脉冲响应函数和 VAR 动态系统模型,研究了浙江省制造业升级的主要影响因素,发现高级人力资本要素、制度创新、技术创新、制造业规模、生产性服务业程度对浙江省制造业升级的解释程度高达 99.98%。③

3. 产业价值链升级的途径

陆斌认为,价值链层级的形成模式除了生产者驱动、购买者驱动和混合驱动,还有成本推动、竞争带动、技术推动等,并提出了基于价值链的三类产业升级路径——产品族内升级、产业功能链升级和产业价值链升级。④ 不过,国内学者在探索产业价值链升级的途径时,通常从两个方向出发。

第一个方向是分区域或地区的探索。例如,张向阳等基于全球价值链理论,对比分析了苏州市和温州市在嵌入全球价值链背景下产业发展面临的困境和挑战,建议苏州市应通过引进高质量的外资企业设立外资研发机构,同时加强企业研发力度,打造自有品牌;而温州市则可以以组建集团化大公司的方式继续向全

---

① 吕剑亮:"全球价值链视角下中国加工贸易升级影响因素探讨",《商业时代》,2014 年第 35 期,第 32—34 页。
② 余姗、樊秀峰:"环境规制与价值链升级——基于产品内分工视角",《经济问题探索》,2015 年第 10 期,第 48—54 页。
③ 刘圣香、刘芳芳:"浙江省制造业升级的影响因素分析与对策建议——基于全球价值链视角",《经营与管理》,2015 年第 2 期,第 84—87 页。
④ 陆斌:"转型经济中的产业价值链升级",《科技进步与对策》,2012 年第 12 期,第 63—69 页。

球价值链两端延伸。① 刘辉研究我国长三角地区的产业价值链升级策略,认为应充分利用该地区中心城市的比较聚集优势,通过政府的宏观协调形成有利于发挥电子商务 B2B 平台优势的产业环境,从而激活高级要素,实现全球产业价值链与国内产业价值链的并建。② 陈雅静提出了以价值链升级促进京津冀地区的区域经济合作与产业整合的对策思路,如内生拓展型升级、嵌入全球产业价值链升级过程中、创新合作模式等。③ 胡国恒研究本土企业的价值链升级和能力构建问题,通过全球价值链的利益博弈模型分析发现,本土企业借助全球价值链进行的低端升级是不可持续的,本土企业实现高端升级的可行途径是取得具有制度性优势的知识资本,并指出我国本土企业的能力构建有三个子策略,即静态重构、动态迁移、本土杠杆,而实现价值链持续升级的先决条件是释放制度红利、构建交易效率优势和要素质量优势。④ 刘川发现,地区制造业的升级能力直接受到该地区产业资源投入水平的影响,而价值链升级的绩效主要受到资源利用效率及产业结构的影响,因此我国制造业想要实现其在全球价值链嵌入环节的改变与升级,可尝试原有价值链深度嵌入、价值链上下游嵌入和新价值链嵌入这三种途径。⑤ 蔡勇志基于欧美发达国家实施"再工业化"战略的国际形势,研究并提出了我国产业向全球价值链高端攀升的路径:在充分发挥"中国制造"比较优势的同时,向"中国智造"转变;依靠功能升级、链条转换推动产业价值链升级;融合发展制造业与服务业。⑥

第二个方向是细分行业的探索。例如,黄永明等以我国纺织服装行业作为研究对象,深入分析了该行业在嵌入全球价值链过程中的升级路径选择问题,研

---

① 张向阳、朱有为、孙津:"嵌入全球价值链与产业升级——以苏州和温州两地为例",《国际贸易问题》,2005 年第 4 期,第 63—68 页。

② 刘辉:"基于 B2B 平台的长三角产业价值链升级研究",《技术经济与管理研究》,2013 年第 11 期,第 97—101 页。

③ 陈雅静:"基于价值链的区域经济合作与产业升级策略探析",《商业时代》,2013 年第 20 期,第 114—115 页。

④ 胡国恒:"利益博弈视角下本土企业的价值链升级与能力构建",《世界经济研究》,2013 年第 9 期,第 10—16 页。

⑤ 刘川:"基于全球价值链的区域制造业升级评价研究:机制、能力与绩效",《当代财经》,2015 年第 5 期,第 97—105 页。

⑥ 蔡勇志:"'再工业化'背景下中国产业向全球价值链升级的路径思考",《求实》,2015 年第 5 期,第 37—44 页。

究并归纳出了我国纺织服装业实现全球价值链升级的三种升级路径,即提高技术能力、市场扩张能力、市场和技术相结合的能力。① 马涛将我国与印度、德国、美国、日本等国的汽车产业升级进行国际比较分析,认为对于全球价值链背景下的汽车产业升级,需要在制度创新、知识资本、人力资本及价值链重构等方面做出变革和提升。②

4. 简要述评

价值链升级理论为产业升级问题开辟了一种微观层面的研究思路,这种研究思路侧重于对产业内部的深度分析,将产业升级落实到企业行为这一微观层面,将企业创新与产业价值链升级作为区域产业发展研究的主要内容,对于区域产业发展具有很强的现实指导意义。回顾文献可知,国外率先在20世纪80年代至90年代研究了价值链、生产链、产业链、供应链等概念,这些概念较为类似,但其范畴也有一定的差别。国外学者对于全球价值链的研究较为丰富,研究内容聚焦于全球价值链分工及其对产业升级的影响,价值链升级的测算方法也较为成熟。

国内学者从内涵、影响因素、升级途径等角度对产业价值链进行了许多研究。国内学者在定义价值链升级的时候强调价值的提升,认为价值链升级是产业升级的一种重要路径和形态,指出技术、产品、功能升级都可以是价值链升级的不同方式。我国对外贸易的快速发展引发学者们在开放条件下对产业价值链升级路径进行探索,并开始关注我国产业在全球价值链上的位置。在分析影响产业价值链升级的因素时,国内文献普遍认为研发投入、技术创新、制度创新、人力资本、产业基础等因素有利于产业价值链攀升,而环境规制、外商投资等因素则依据所研究的地区和行业对象不同而呈现出不同的研究结论。同时,也有学者指出其中某些因素与产业价值链升级之间并非简单的线性关系,而是U形或倒U形关系。在对我国产业价值链升级路径的研究成果中,推进区域经济合作与产业整合,提升知识、人力、技术等要素质量,改善制度环境,以及价值链嵌入

---

① 黄永明、何伟、聂鸣:"全球价值链视角下中国纺织服装企业的升级路径选择",《中国工业经济》,2006年第5期,第56—63页。

② 马涛:"全球价值链下的产业升级:基于汽车产业的国际比较",《国际经济评论》,2015年第1期,第98—111页。

综合成本上涨对我国产业核心技术升级影响的研究

等对策思路被广泛采纳。

国内学者在研究产业的价值链升级时,大都从某一具体行业或地区出发,研究时大都考虑国内特殊的经济和产业环境,因而实用性较强。近年来,国内外学者逐渐开始重视基于企业微观层面的价值链研究,关注企业内部变革对产业链升级的带动作用。这种研究趋势极大地拓展了产业价值链的广度和深度,但也容易忽视产业链不同环节间的相互作用,因此需要注意把握宏观与微观层面分析的平衡与衔接。

(三) 关于产业技术升级的研究

国内外学者对产业技术升级也进行了有益的探索。有些学者敏锐地观察到了发达国家的企业定位于研发、营销等环节与产业技术水平提升的关系,并指明了前者对后者的促进作用。[1] 此后,学者们对产业技术升级的内涵进行了界定[2],研究了产业技术升级对产业的发展、更替、融合及产业结构的影响,并提出了产业技术升级的对策。同时,学者们对产业技术升级与人力资源之间的关系进行了分析,认为产业向高技术水平方向的升级,将增加产业内对科技人员和专业劳动力的相对需求[3],而张昌彩认为人力资源的落后状况会制约产业技术升级[4]。柳卸林和何郁冰研究了基础研究对产业核心技术升级的影响及资源的配置机制。[5]

---

[1] Feenstra, R. C., and Hanson, G. H., "Foreign Direct Investment and Relative Wages", *Journal of International Economics*, 1995, 42(3-4), 371—393.

[2] 王云平:"产业技术升级对产业结构调整的影响",《经济研究参考》,2005 年第 40 期,第 2—6 页;王岳平、王亚平、王云平、李淑华:"产业技术升级与产业结构调整关系研究",《宏观经济研究》,2005 年第 5 期,第 32—37 页。

[3] Head, K., and Ries, J., "Offshore Production and Skill Upgrading by Japanese Manufacturing Firms", 2002, 58(1), 81—105; Chang, Y., and Hong, J. H., "Do Technological Improvements in the Manufacturing Sector Raise or Lower Employment?", *American Economic Review*, 2006, 28(9), 352—368; Michelacci, C., and Salido, D. L., "Technology Shocks and Job Flows", *Reviews of Economic Studies*, 2008, 41(11), 1195—1227.

[4] 张昌彩:"产业技术升级与充分利用人力资源的关系研究",《经济研究参考》,2006 年第 11 期,第 17—30 页。

[5] 柳卸林、何郁冰:"基础研究是中国产业核心技术创新的源泉",《中国软科学》,2011 年第 4 期,第 104—117 页。

国外学者例如 Kaplinsky and Morris 研究制造企业的技术升级问题，认为存在生产工艺升级、产品功能升级、产品技术升级、产业链升级共四种技术升级方式。[1] Sturgeon 认为技术经济范式对产业更替存在影响。[2] 最先关注产业技术测度的是国外学者，Hausmann and Rodrik 创新性地指出，可以使用产品技术复杂度指标对一个国家某种出口产品的技术含量进行测算。[3] Hausmann 等进一步提出衡量产业技术水平的出口复杂度指标，指出产业层面的出口复杂度是某个产业的结构和层次的衡量指标，也可以反映其在全球国际分工中的位置。[4] 之后，Hausmann 等研究跨国截面数据时发现，国家规模、人力资本积累、人均 GDP 对技术出口复杂度存在显著的正向影响。[5] Rodrik 在 Hausmann 的基础上完善了行业出口复杂度指标，同时也发现人均 GDP 的增加会促使技术出口复杂度的提升。[6] Schott 发现经济增长有助于技术含量高的产品出口。[7] 也就是说，国家规模、人力资本、人均 GDP 和经济增长都会影响国家的产业技术水平。另外，在技术升级的影响因素方面，Mattoo 等认为金融和电信服务行业的自由化发展，对国家的整体产业技术水平具有正向影响。[8] Pipkin 分析了南美洲的装备制造企业，发现企业的生产能力、经营状况、品牌都是技术升级的重要制约因素，提出了发

---

[1] Kaplinsky, R., and Morris, M., "A Handbook for Value Chain Research", *Research Prepared for the IDRC*, 2001, 38—40.

[2] Sturgeon, T. J., "Modular Production Networks: A New American Model of Industrial Organization", *Industrial and Corporate Change*, 2002, 11, 1—58.

[3] Hausmann, R., and Rodrik, D., "Economic Development as Self-Discovery", *Journal of Development Economics*, 2003, 72(2), 603—633.

[4] Hausmann, R., Pritchett, L., and Rodrik, D., "Growth Accelerations", *Journal of Economic Growth*, 2005, 10(4), 303—329.

[5] Hausmann, R., Hwang, J, and Rodrik, D., "What You Export Matters", *Journal of Economic Growth*, 2007, 12(1), 1—25.

[6] Rodrik, D., "What's so Special about China's Exports?", *China & World Economy*, 2006, 14(5), 1—19.

[7] Schott, P. K., "The Relative Sophistication of Chinese Exports", *Economic Policy*, 2008, 23(53), 5—49.

[8] Mattoo, A., Rathindran, R., and Subramanian, A., "Measuring Services Trade Liberalization and Its Impact on Economic Growth: An Illustration", *Journal of Economic Integration*, 2006, 21(1), 64—98.

展中国家制造业技术升级的模式。①

在分析产业技术升级时,国内学者主要关注产业技术升级的概念及其与产业升级的关系、影响产业技术升级的因素、产业技术的升级模式和升级路径等,近期的主要研究成果如下。

1. 产业技术升级的内涵及其与产业升级的关系

王岳平等认为生产率的提高是产业技术升级的核心所在,产业技术升级的概念类似于狭义的技术进步,包括新产品的出现,新型材料、新能源的使用,新工艺、新装备的启用,人员素质的提高,劳动强度的减轻和工作环境的改善,以及管理水平的提高等。②崔焕金认为产业链与技术链相对应,产业升级实质上是产业技术升级,实现地方产业升级,关键之一是与发达国家进行先进技术体系对接并沿着全球技术链实现渐进升级,关键之二是进行技术范式的根本性变革以实现技术的跨越升级。③徐康宁和冯伟认为,国际先进技术对我国产业的技术升级能起到至关重要的作用,借助跨国企业的技术溢出,我国产业通过消化吸收来转化成自我创新能力是我国产业升级的一种战略选择。④薛光明和韩江波从技术创新与产业升级相互促进的角度出发,深入探讨了不同类型产业在模仿性技术创新、原发性技术创新与产业升级之间的关系与战略选择:对于一般产业,在保持必要的模仿性技术创新条件下,充分实现模仿性技术创新与产业升级的互促效应;对于主导产业,在保持必要的原发性技术创新条件下,充分实现原发性技术创新与产业升级的互促效应;同时,针对整体产业技术,我国应加速缩小与发达国家在原发性技术创新方面的巨大差距。⑤

---

① Pipkin, S., "The 'Institutional Switchmen' of Industrial Upgrading L: Observations from Apparel Manufacturing in Guatemala and Columbia", BPS Seminars (Fall 2008) Special Lunchtime Presentation, MIT Sloan School of Management, 2008, 7(3), 53—77.

② 王岳平、王亚平、王云平、李淑华:"产业技术升级与产业结构调整关系研究",《宏观经济研究》,2005 年第 5 期,第 32—37 页。

③ 崔焕金:"基于全球技术链的产业升级分析",《技术经济与管理研究》,2010 年第 3 期,第 120—123 页。

④ 徐康宁、冯伟:"基于本土市场规模的内生化产业升级:技术创新的第三条道路",《中国工业经济》,2010 年第 11 期,第 58—67 页。

⑤ 薛光明、韩江波:"模仿性技术创新、原发性技术创新与产业升级",《经济师》,2009 年第 2 期,第 46—47 页。

近年来,学术界更加关注细分领域或细分行业的产业技术升级与产业升级的关系研究。例如方斌等研究现代煤化工产业,探讨如何利用先进技术探索兼顾环境保护与经济效益的产业升级新模式,其结论认为通过技术驱动产业升级是可行的。① 邱国栋等从价值链视角分析汽车企业的技术创新与汽车产业升级,发现技术创新是实现产业在企业层面上升级的根本影响因素,合资企业通过技术创新,可以实现向更高价值量节点的升级,自主创新企业通过技术创新,可以向价值量更高的价值链跃迁。② 徐赞和李善同认为在高端技术产业相对不发达的地区和国家,充分利用生产技术的溢出效应可以促进主导产业技术升级,有效推动产业结构升级;而且,该文运用DPG模型和拓展后的列昂惕夫天际图进行分析,发现我国主导产业由本国技术升级所带动的增加值上升的效应还没有充分显现出来。③

2. 产业技术升级的影响因素

国内学者较多关注关键技术、创新、人力资本等因素对产业技术升级的影响。现阶段,我国产业缺乏技术创新能力,部分学者认为产业核心技术的缺失已经成为制约我国产业技术升级的主要障碍。例如朱瑞博指出,技术创新链整合者的缺失是阻碍产业升级的关键。④ 吴晓波和吴东也指出,龙头企业创新带动能力弱直接导致了本土企业的群体创新惰性,严重地阻碍了产业的升级转型。⑤ 赵醒村认为科研型重点实验室的基础研究对产业技术升级有重要的推动作用,包括提供技术创新服务平台、储备优秀人才、解决关键技术瓶颈问题等,并基于对科研重点实验室的优势和局限的深入分析,从实验室的人才培养、自身定位、

---

① 方斌、冯大任、胡凯:"通过技术升级实现现代煤化工的产业升级探讨",《中国能源》,2014年第5期,第40—44页。

② 邱国栋、田杨、巩庆波:"基于价值链视角的汽车产业链升级研究——以本土企业与全球产业链的协同与隔离为例",《辽宁工程技术大学学报》(社会科学版),2015年第2期,第142—154页。

③ 徐赞、李善同:"中国主导产业的变化与技术升级——基于列昂惕夫天际图分析的拓展",《数量经济技术经济研究》,2015年第7期,第21—38页。

④ 朱瑞博:"'十二五'时期上海高技术产业发展:创新链与产业链融合战略研究",《上海经济研究》,2010年第7期,第94—106页。

⑤ 吴晓波、吴东:"全球制造网络与中国大中型企业的自主创新——现状、瓶颈与出路",《科技管理研究》,2010年第4期,第3—5页。

合作机制、研究方向、评价机制等方面给出了有利于产业技术升级的建议。① 赵红岩和田夏分析了跨国资本技术溢出、创新环境、企业内生创新能力三者对长三角地区的高技术产业升级的影响效应,发现内生创新能力是决定性因素,而跨国资本技术溢出是主导性因素。②

另外,有的学者关注人力资本或人才相关因素的影响。例如,蒙丹从收入与需求角度出发,指出抑制创新的可能原因在于收入分配的差距。中间收入阶层比例的下降导致对创新产品需求的减少,进而不利于企业的创新活动,从而导致整个产业技术升级滞后。同时,劳动力报酬过低会诱使企业进行劳动密集型活动的生产,不利于产业资本从劳动密集型产业向资本和技术密集型产业升级。③ 陶文依美研究了江西省的战略性新兴产业技术升级,认为技术变动及人力资本流动有利于传统产业的技术升级,技术驱动机制有助于实现促进传统产业技术升级的目标。④ 另外,张萃从企业层面对产业集聚区的技术升级问题进行了实证研究,结果表明,产业集聚对企业技术升级存在水平效应(对所有企业)和结构效应(对异质性企业);落后企业可通过产业集聚获取先进企业的技术溢出效应从而带动技术升级,但对先进企业而言,集聚带来的技术创新升级边际贡献不太明显;该研究还发现,产业集聚进行优化升级的内生源动力是区域创新系统与该系统内部企业的技术升级之间所存在着的收益递增的正反馈效应。⑤

3. 产业技术升级的模式与路径

早期的文献主张通过技术引进或吸收进行产业技术升级。例如,孙鳌主张以研发联盟推动企业集群和产业技术升级。⑥ 赵果庆则认为将先进的国外技术

---

① 赵醒村:"科研型重点实验室对推动产业技术升级的途径研究",《改革与战略》,2010年第7期,第157—139页。
② 赵红岩、田夏:"本土创新能力、跨国资本技术溢出与长三角高技术产业升级",《上海经济研究》,2013年第7期,第81—90页。
③ 蒙丹:"探析我国产业结构调整的两大制约因素",《发展研究》,2010年第5期,第31—34页。
④ 陶文依美:"江西省战略性新兴产业促进传统产业升级的技术驱动机制",《南昌工程学院学报》,2014年第12期,第50—53,59页。
⑤ 张萃:"异质性企业构成与产业集聚技术升级效应分解",《当代财经》,2014年第3期,第89—98页。
⑥ 孙鳌:"以研发联盟推动企业集群的产业升级",《当代经济研究》,2009年第2期,第39—43页。

与国内最新自主创新成果相结合才能真正实现核心技术与关键技术的突破。①傅元海等基于前人的研究思路,利用1999—2012年的动态面板数据做进一步探索,发现自主创新和外资不能直接带来技术溢出并促进制造业的产业结构升级,还需要对外资技术进行消化和吸收,通过提高本地产业技术能力、利用外资引进先进技术以寻求高端产业核心技术创新能力的突破,最终促使外资转移其先进技术,促进制造业的产业技术升级。②

同时,一些学者依据技术链的思路来探索产业技术升级的路径。如崔焕金认为地方产业技术升级主要包括三种模式:全球技术链的链内升级,全球技术链的链间升级,以及全球技术链的跨链升级。③ 朱瑞博认为区域产业升级可通过构建因地制宜的核心产业链、发展核心技术链,来引导本土企业积极通过自主创新或利用外资引进优势产业的基础技术、关键技术、高新技术和主导技术得以实现。④

近几年,越来越多的学者关注不同产业或地区的产业技术升级路径的特殊性。例如,郭晓丹和何文韬基于新旧产业间的技术升级理论,探讨从传统产业到战略性新兴产业的技术升级路径,包括突变式新旧产业间的技术跨越与渐进式新旧产业间的技术融合,并在此基础上提出了基于新旧产业转型的技术创新发展思路。⑤ 席艳玲对我国制造业的产业集聚技术进步效应进行检验,发现制造业的产业集聚程度每提高1%,会导致技术进步指数提升0.55%,并给出了通过引导各地区不同产业合理集聚来促进地区技术升级的建议。例如,中西部地区应侧重加强基础设施建设,东部地区则应根据城市的发展状况和比较优势,有针对性地采取提升产业集聚程度、利用研发创新与人力资本积累突破瓶颈、发展现

---

① 赵果庆:"FDI溢出效应、技术缺口与工业发展——基于我国汽车产业的实证分析",《中国软科学》,2010年第3期,第27—39页。
② 傅元海、叶祥松、王展祥:"制造业结构优化的技术进步路径选择——基于动态面板的经验分析",《中国工业经济》,2014年第9期,第78—90页。
③ 崔焕金:"基于全球技术链的产业升级分析",《技术经济与管理研究》,2010年第3期,第120—123页。
④ 朱瑞博:"核心技术链、核心产业链及其区域产业跃迁式升级路径",《经济管理》,2011年第4期,第43—52页。
⑤ 郭晓丹、何文韬:"融合与跨越:新旧产业间技术升级路径研究",《东北财经大学学报》,2012年第1期,第27—34页。

代服务业等途径促进产业技术升级。① 蔡庆丰和绳友波总结美国和日本产业升级的创新经验,考察中国的温州市、西安市和京津冀三个地区的产业技术升级模式,发现中国不同地区的产业技术升级受到各自历史因素、现实条件、金融发展状况的约束,指出各地区应当在新兴技术驱动的、政府引导的、区域协同的升级模式中选择符合自己地区特色的途径。② 另外,刘冰和周绍东提出了一条由微观行为转化为宏观话语的产业技术升级路径,即本土企业可通过持续的技术突破和品牌提升,利用分工深化和广化实现市场扩张拉力和技术创新推力的良性互动,按照"产品价值节点——产品价值片段——行业价值链条——产业价值网络——国家价值空间"的途径实现升级。③

4. 简要述评

国外学者对产业技术升级的定义、类型、方式、影响因素等方面的研究成果较为丰富,具有较强的权威性;而关于产业技术水平的测量指标(例如产品技术复杂度等)已成体系,较为成熟。国内学者早期从生产率提高的角度研究产业技术升级,一些文献主张产业升级的实质就是产业技术升级,强调技术进步对产业升级的重要驱动作用。普遍的研究成果认为基础研究、创新环境、创新能力、技术溢出、人力资本对我国产业技术升级具有显著影响,应当重视这些因素。近年来,随着国内产业升级研究成果的不断丰富和成熟,大家意识到了技术创新对于一国产业的重要性,为了适应我国各个产业部门发展中的技术升级需要,学者们在研究产业技术升级时开始分领域和分行业研究,研究视角得到拓展。同时,近几年的研究开始关注企业内在因素对于整个产业技术创新的重要性,已出现一些对于企业自主创新能力因素与产业升级关系进行探讨的文章。现有的对我国产业技术升级路径的研究主要集中于全球技术链、核心技术链、技术突破、技术引进与吸收、产业集聚等方式,同时强调政府的重要引导作用。但是国内学者

---

① 席艳玲:"产业集聚、区域转移与技术升级——理论探讨与基于中国制造业发展的经验证据",南开大学博士学位论文,2014年。
② 蔡庆丰、绳友波:"金融发展视角下产业技术升级模式:比较与选择",《北方金融》,2014年第11期,第6—9页。
③ 刘冰、周绍东:"基于技术和市场内生互动的中国产业升级路径研究",《管理世界》,2014年第2期,第180—181页。

在评价产业技术升级时,通常借鉴国外学者的测量指标,且多从技术创新的投入与产出数量上进行评价,忽视了技术升级的层次和质量评价;而且,对于各个地区的差异化研究仍然较少,也缺乏不同行业之间的产业技术升级特征、路径及影响因素的比较分析。在研究视角上,现有研究缺乏对产业核心技术升级的探究,很少提及成本因素对于产业技术升级的作用机制。

二、综合成本

本节从两个角度梳理和总结与综合成本相关的研究成果,第一是关于综合成本的概念、测算、影响因素等方面的国内外研究;第二是关于综合成本与产业升级之间的关系的研究成果。并且,本节对现有文献进行简要的评价,在此基础上进一步明确本书的突破点和创新点。

(一)关于综合成本的研究

学术界对要素成本、环境成本、交易成本等进行了系列研究,界定了其内涵与外延,并将上述成本引入对经济主体行为的分析,取得了丰硕的成果。此后,安礼伟等界定了商务成本的内涵。[①] 在此基础上,学者们进行了归纳和梳理,提出了综合成本的概念,有些文献也将综合成本与商务成本作为同义词混用。目前,学者们一般认为综合成本是企业经营活动所发生的各种费用的总和,应包含要素成本和交易成本。随着研究的深入,时慧娜等将环境成本等纳入综合成本范畴。[②] 本书中的综合成本主要指要素成本、环境成本和交易成本,等等。

1. 国外文献

在20世纪60年代,国际直接投资区位理论曾用"一揽子成本"来描述综合成本。美国会计学会(The American Accounting Association)提出"完全成本"的概念,曾用以描述与产品生产有关的包括固定成本与其他费用在内的所

[①] 安礼伟、李锋、赵曙东:"长三角5城市商务成本比较研究",《管理世界》,2004年第8期,第28—36页。

[②] 时慧娜、魏后凯、吴利学:"地区产业发展综合成本评价与改进政策——以北京市高端制造业为例的研究",《经济管理》,2010年第6期,第29—38页。

有应从产品收入中得到补偿的耗费。罗纳德·科斯(Ronald Coase)在其论文《企业的性质》(The Nature of the Firm)及《社会成本问题》(The Problem of Social Cost)中提出并创立了交易成本理论,他指出交易成本就是"利用价格机制的成本",企业采取一种不同于市场的交易制度,企业通过替代市场进行资源配置,有助于降低交易成本。① Arrow 认为交易成本是"经济制度的运行成本"。② Williamson 则认为交易成本是"经济系统运转所要付出的代价和费用",并基于交易成本视角,指出节省交易成本是资本主义经济制度的主要目标和作用。③ 诺斯从组织生产的角度,提出交易成本是规定和实施构成交易基础的契约的成本,生产成本由转化成本和交易成本组成。④ Bevan 等从成本出发对国外直接投资的影响因素进行研究,发现这些成本因素包括制度法律成本、交通通信成本、国外设立人事部门的成本和文化语言差异引起的成本。⑤

2. 国内文献

国内对综合成本的定义尚未形成统一的描述,在文献研究中存在"综合成本""全成本""完全成本""商务成本"等多个类似概念。已有不少学者尝试对综合成本进行概念界定和测算。例如,蔡翼飞等认为综合成本可分解为显性成本与隐性成本,综合成本是它们的有机耦合而非简单相加,其中显性成本主要体现为要素投入、直接支出等容易度量的成本,而隐性成本则体现为科教及创新环境、生态环境、投融资环境、服务业发展环境、市场发育程度、政府保障能力、政府工作效率等带来的环境成本和交易成本,且难以度量;同时,该文献构建指标体系对我国沿海 26 个城市的高端制造业进行综合成本测算和敏感度分析,发现显性成本与城市经济发达程度呈正相关关系,而隐性成本与经济发达程度呈负相

---

① Coase, R. H., "The Nature of the Firm", *Economica*, 1937, 4(16), 386—405.
② Arrow, K. J., "The Organization of Economic Activity: Issues Pertinent to the Choice of Market Versus Non-Market Allocation", in The Analysis and Evaluation of Public Expenditure: The PPB System US Joint Economic Committee, 91st Congress, 1969, 1, 59—73.
③ Williamson, O. E., *The Economic Institutions of Capitalism*, Free Press, 1985.
④ 〔美〕道格拉斯·C.诺斯著,杜润华、凌华译:"交易成本、制度和经济史",《经济译文》,1994 年第 2 期,第 23—28 页。
⑤ Bevan, A., Estrin, S. and Meyer, K., "Foreign Investment Location and Institutional Development in Transition Economies", *International Business Review*, 2004, 13(1), 43—64.

关关系,且高端制造业发展对要素成本及总显性成本不具敏感性,而对隐性成本较为敏感并与之负相关。① 时慧娜等将综合成本划分为显性成本(要素成本、生产服务成本)和隐性成本(制度成本、环境成本)两种类型,指出其中显性成本的主要影响因素有土地使用成本、劳动力使用成本、水务成本、电力成本、公共交通价格成本、通信成本、企业税负等并以北京市的高端制造行业为例,测算其综合成本,分析其相对领先和落后环节,明确其关键成本制约并有针对性地给出了降低综合成本的政策建议。② 王蕊以辽宁省装备制造业为例,构建了装备制造业的综合成本指标体系,该体系涵盖土地成本、原材料成本、基础设施成本、劳动力成本、资金成本、税收成本、交通和通信成本、科技创新成本和市场化成本 9 类成本共 12 个具体指标。③

同时,部分学者探讨了商务成本、环境成本及综合成本的上涨对我国产业发展的影响。例如,苏云霞和孙明贵认为商务成本指企业与投资者为完成各种交易活动而需要支出的、与所在地区(行政区域)有关的所有成本,主要由交易成本和要素成本构成,是企业无法控制的外生性成本。④ 高云虹等构建了商务成本的评估指标体系,基于对中西部地区的交易成本、要素成本和商务总成本的综合评估,分析相关转移行业对不同地区商务成本的敏感度,并据此提出针对中西部各省市的产业承接行业选择建议。⑤ 方巧云认为环境成本指的是商品在研发、生产、运输、使用、回收等过程中为解决和补偿生态破坏、环境污染及资源流失所需的费用之和,一般不包含在产品成本中;而环境成本内在化是指对环境成本进行估价从而使其成为产品成本的一部分,这在一定程度上会削弱产业的国

---

① 蔡翼飞、魏后凯、吴利学:"我国城市高端制造业综合成本测算及敏感度分析",《中国工业经济》,2010 年第 1 期,第 34—44 页。
② 时慧娜、魏后凯、吴利学:"地区产业发展综合成本评价与改进政策——以北京市高端制造业为例的研究",《经济管理》,2010 年第 6 期,第 29—38 页。
③ 王蕊:"综合成本上升对辽宁装备制造业竞争力影响研究",大连海事大学硕士学位论文,2014 年。
④ 苏云霞、孙明贵:"上海市商务成本构成趋势对产业转移的影响",《当代经济管理》,2012 年第 2 期,第 55—62 页。
⑤ 高云虹、任建辉、周岩:"中西部地区产业承接的重点行业选择——基于商务成本的视角",《财经科学》,2013 年第 11 期,第 84—92 页。

际竞争力。① 许召元和胡翠基于投入产出模型,对工业品的价格变化和我国工业综合成本进行分解研究和定量分析,表明在 2001—2011 年间,要素价格的上升使我国的工业品综合成本每年提高约 7%,而生产效率的提高在很大程度上抵消了要素成本上升对产业竞争力的消极影响;同时,要素密集程度不同的行业,消化成本上涨压力的能力存在很大的差异,成本上升对我国制造业的国际竞争力没有产生显著的影响,但如果成本继续上升,必然会对我国的产业竞争力产生十分不利的影响,因此我国应通过进一步出口升级、开放市场准入、注重创新发展,通过降低企业运营成本和综合成本来维持我国企业的国际竞争力。②

另外,国内学者还探讨了影响综合成本的因素和降低综合成本的路径。例如,马建会和施卫华研究了降低广东省出口导向型产业集群企业综合成本的路径,发现人力资本成本和物流成本上升、生活性服务业和生产性服务业欠缺是推动企业综合成本上升的重要因素,而产业配套的完善程度是降低企业综合成本的关键;降低企业综合成本可从以下方面进行努力:实施人力资源保障工程,提升技术创新能力,构建物流支撑体系,完善出口导向型产业集群产业链,合理规划和布局企业生产性服务和生活性服务配套。③ 唐羽分析辽宁省地区的经济综合成本上涨影响因素,认为社会关系网络、社会规范、信任资源的缺失会破坏社会主体的合作积极性,从而导致经济综合成本的上涨。④

(二)关于综合成本与产业升级的关系研究

1. 国际研究

学术界普遍认为成本变化对产业升级具有重要的影响。现有文献对美国和英国成本上涨的研究较早。David 对美国工业发展的研究结论表明,当劳动力成

---

① 方巧云:"环境成本内在化对产业国际竞争力影响的理论分析",《浙江万里学院学报》,2013 年第 3 期,第 24—28 页。

② 许召元、胡翠:"成本上升的产业竞争力效应研究",《数量经济技术经济研究》,2014 年第 8 期,第 39—55 页。

③ 马建会、施卫华:"广东出口导向型产业集群企业综合成本降低研究",《市场经济与转型升级——2011 年广东经济学会年会论文集》,2011 年第 11 期,第 191—197 页。

④ 唐羽:"社会资本对辽宁经济综合成本上涨的影响分析",《经济研究导刊》,2013 年第 15 期,第 116 页。

本快速上涨时,美国企业倾向于进行技术创新,以此规避巨大的成本压力。[1] Kumbhakar and Bhattaeharyya 研究美国的航空行业,发现在要素价格被不合理因素扭曲的状态之下,企业会减少科技要素投入,而对资本和劳动力进行过多投入,从而使得全要素生产率的增长放缓,企业技术进步速度也降低。[2] Katz and Murphy[3]、Katz and Autor[4] 研究美国 1963—1987 年间的技术员工和非技术员工的相对工资上升现状,认为这种现象表明了美国产业的内部要素密集度有所变动,也体现了美国产业的技能性技术进步。Broadberry and Gupta 探讨英国及美国于 19 世纪时期的工业发展进程,发现劳动力工资的上涨对这两个国家的工业技术进步和创新具有极大的正向作用。[5] Van Reenen 对英国企业的研究表明,工资水平和企业技术创新二者具有替代关系。[6] 宗永建和阎恬冬指出美国制造业劳动力成本的降低、页岩气开发带来能源价格的下降、与中国成本差距不断缩小,是美国制造业回流美国本土的原因之一。[7]

日本在 20 世纪 70 年代也经历了经济高速发展、汇率变动和石油危机等因素带来的企业成本飞速上涨的危机。Charles 从国家制度结构、交易成本节约及竞争优势角度对日本企业与西方企业进行比较研究,指出日本企业的文化价值体系有助于降低其实现合作和专业化的成本,从而促进工作团队的自我管理和长期稳定供应商关系的形成;认为日本企业在全球市场中的竞争优势,部分来源

---

[1] David, P. A., *Technical Choice Innovation and Economic Growth*: *Essays on American and British Experience in the Nineteenth Century*, Cambridge University Press, 1975, 364—367.

[2] Kumbhakar, S. C., and Bhattaeharyya, A., "Price Distortion and Resource-Use Efficiency in Indian Agriculture: A Restricted Profit Function Approach", *Review of Economic and Statistics*, 1992, 74(2), 231—239.

[3] Katz, L. F., and Murphy, K. M., "Changes in Relative Wages, 1963—1987: Supply and Demand Factors", *Quarterly Journal of Economics*, 1992, 107(1), 35—78.

[4] Katz, L. F., and Autor, D. H., "Changes in the Wage Structure and Earnings Inequality", *Handbook of Labor Economics*, 1999, 3A, 1463—1555.

[5] Broadberry, S., and Gupta, B., "The Early Modern Great Divergence: Wages, Prices and Economic Development in Europe and Asia, 1500—1800", *The Economic History Review*, 2006, 59(1), 2—31.

[6] Van Reenen, J., The Creation and Capture of Rents: Wages and Innovation in a Panel of UK Companies, *The Quarterly Journal of Economics*, 1996, 111(1), 195—226.

[7] 宗永建、阎恬冬:"美国制造业回流的影响因素分析",《国际经济合作》,2014 年第 1 期,第 53—55 页。

于其制度结构带来的较低的获取合作和投资的交易成本。① 陈建军和邵捷分析20世纪日本的产业升级,认为日本企业加快技术进步和进行产业结构调整的根本动力来自劳动力成本的上升。② 陆静丽通过研究日本丰田汽车公司的案例,发现环境成本有助于提高日本汽车企业的创新节能环保技术并增强其国际竞争力。③ 平力群研究日本政府通过降低企业研发成本以支持新兴产业发展的政策措施,指出日本政府分别从降低企业的技术获取成本、技术转化成本(通过设立促进创新实用化的直接补贴制度、发放节能环保设备投资辅助金、低息融资支持等降低资金成本,通过政府实施的人才培养计划降低人才成本,通过完善法律、法规降低制度成本)及市场推广成本(环保积分制度、节能补贴及税收优惠制度)三个方面来帮助新兴产业降低产业成本,从而促进日本的产业升级。④

关于世界其他国家和地区综合成本与产业升级之间关系的研究也支持综合成本上涨对产业升级具有重要影响的结论。部分学者关注单一国家的综合成本变化与产业升级的关系。如 Kleinknecht 研究荷兰的低工资政策,认为长期而言,低工资会阻碍企业进行创新投入,不利于企业的生产工艺创新,且较低的工资增长率使企业的生产率提升缓慢。⑤ Vergeer and Kleinknecht 通过进一步研究,指出劳动力成本上涨会促使企业用资本代替劳动力,而更多的资本会推动企业投入研发并进行技术创新。⑥ 汪灏指出中国台湾地区在20世纪后期劳动力成本急剧上升,致使该地区企业面临发展瓶颈,进而促使企业进行 FDI 或者技术升级。⑦ 周劲研究韩国产业结构升级过程中比较优势的变化,指出工资上涨、贸

---

① Charles, W. L. H., "National Institutional Structures, Transaction Cost Economizing and Competitive Advantage: The Case of Japan", *Organization Science*, 1995, 6(1), 119—131.
② 陈建军、邵捷:"产业升级的日本'镜像'",《浙江日报》,2004年10月28日。
③ 陆静丽:"环境成本对企业创新的激励作用——以日本丰田汽车公司为例",《现代经济信息》,2011年第7期,第29—30页。
④ 平力群:"日本政府支持新兴产业发展的政策措施——以降低企业技术创新成本为视角",《东北亚学刊》,2015年第5期,第31—36页。
⑤ Kleinknecht, A., "Is Labour Market Flexibility Harmful to Innovation?", *Cambridge Journal of Economics*, 1998, 22(3), 387—396.
⑥ Vergeer, R., and Kleinknecht, A., "Jobs Versus Productivity? The Causal Link from Wages to Labor Productivity Growth", EAEPE Conference Paper, 2007.
⑦ 汪灏:"技术升级还是FDI?——台湾企业案例研究",《台湾研究·经济》,2008年第4期,第29—33页。

易保护加强、国际价格竞争等因素导致各产业在整个韩国经济中的地位发生了变化,劳动密集型产业从优势部门变为劣势部门,而重化工业则获得了比较优势并逐渐成为韩国的出口主导部门。① 同样,黄娅娜也研究了韩国产业升级的经验,发现在亚洲金融危机中,由于韩元贬值、银行利率上升、劳动力等生产要素价格上涨等因素,韩国产业升级受到重创,韩国通过发展高科技产业,扶持中小型风险企业,对大企业集团进行改组,完善其公司治理结构,加快金融改革,建立国家创新体系、实施知识保护战略,放松政府管制并实施国有企业私有化等措施,有效推进韩国产业升级。② 丁纯和李君扬关注德国的产业发展,指出德国制造业虽为世界翘楚,但目前也面临着劳动力成本上升及竞争力下降的双重压力。德国自2011年起劳动力成本增速已超过欧元区的平均增速,这给德国制造业的国际竞争力带来了较大威胁。德国需要通过进一步推进技术进步来强化其制造业的全球竞争力,而德国政府已提出了"工业4.0"计划,加入了再工业化浪潮。③ 此外,还有一部分学者致力于探讨世界范围内综合成本与产业升级的关系。例如,Kaplinsky and Morris 基于全球价值链的产业升级业绩评价体系,将"成本下降"作为衡量产业过程升级的重要指标。④ 祖强总结世界产业结构调整的规律,指出20世纪60年代到70年代,由于劳动力、矿产、能源价格的上涨,在世界范围内产业结构调整的一个突出特点是,发达国家纷纷将劳动密集型和资源密集型产业转移到发展中国家,而发达国家国内产业则向资本和技术密集型升级转移。⑤ Jung and Mercenier 以发达国家企业的国际外包为对象,研究其对母国技术升级的影响,结果表明,只有采用高固定成本、低边际成本技术的企业才有能力实施对外投资与外包行为,而采用低固定成本、高边际成本技术的企业只能在

---

① 周劲:"日本、韩国产业结构升级过程中比较优势的变化及启示",《经济纵横》,2013年第1期,第108—112页。
② 黄娅娜:"韩国促进产业转型升级的经验及其启示",《经济研究参考》,2015年第20期,第83—92页。
③ 丁纯、李君扬:"德国'工业4.0':内容、动因与前景及其启示",《德国研究》,2014年第4期,第49—66页。
④ Kaplinsky, R., and Morris, M., "A Handbook for Value Chain Research", Research Prepared for the IDRC, 2001, 38—40.
⑤ 祖强:"世界产业结构调整和发展中国家主导产业的演替",《湖北行政学院学报》,2002年第3期,第35—39页。

国内生产,市场竞争会迫使后者通过改革技术和提升员工知识技能,促使企业参与到高端生产环节,最终促使国家层面的技术升级。① 史世伟较为系统地梳理了发达国家的产业发展状况,指出 20 世纪 90 年代全球范围的成本竞争压力促使美国、日本等国家将制造业向低工资国家和地区转移,并将产业重心调整到金融业及服务产业;而德国制造业则通过对其生产体系和产业结构进行调整和创新来应对成本压力。②

此外,有些学者在描述成本与产业升级的关系时,从产业升级动力机制的传统观点(如制度经济学等)出发进行拓展,而没有区分国别和地区因素。刘志彪认为仅从生产率和需求收入弹性两个方面来分析产业升级动因的传统观点是片面的,还应当考虑由劳动分工的复杂化、扩大化带来的交易成本,交易费用的快速上涨会增加生产者对于降低交易成本的需求,诱导金融服务业、政府服务业、公共服务业、企业咨询及法律服务等服务行业的增长,从而加速产业结构调整。③ 马健认为制度经济学中生产率、收入需求弹性等观点可以解释工业时代的产业结构演变动因,但信息时代的产业升级则要从信息技术融合角度来进行动因分析,并指出信息技术融合可以通过节约交易费用、降低生产成本、提供增值服务等方式推动产业升级。④ 吴进红和王丽萍将技术创新作为产业结构升级的一种动力机制,认为技术创新会导致各产业间的相对劳动生产率发生变化,从而促使生产要素在不同部门间的转移,推进产业结构演替;而当成本的降低速度和生产率的提高速度由于产业逐渐发展成熟而放缓时,又会引发新一轮技术创新和主导产业更替。⑤ 冯梅认为要素相对价格的变化会改变产业的要素禀赋条件,继而影响产品结构、技术结构、产业结构和产业升级,而市场化程度和制度环

---

① Jung, J., and Mercenier, J., "A Simple Model of Offshore Outsourcing, Technology Upgrading and Welfare", University of Cergy Pontoise Working Paper, 2008.
② 史世伟:"德国制造为何胜出日本制造?",《解放日报》,2014 年 10 月 20 日,第 W06 版。
③ 刘志彪:"产业升级的发展效应及其动因分析",《南京师大学报》(社会科学版),2000 年第 2 期,第 3—10 页。
④ 马健:"信息技术融合推动产业升级的动因分析",《科学管理研究》,2005 年第 1 期,第 30—32 页。
⑤ 吴进红、王丽萍:"开放条件下产业结构升级的动力机制分析",《生产力研究》,2006 年第 2 期,第 185—237 页。

境改善带来的交易成本、配置成本及要素流动成本也是促进产业升级的动力之一。① 汪伟等分析了人口老龄化影响产业结构的理论机制,认为人口老龄化可通过促进人力资本积累、增加消费需求,以及迫使企业用资本和技术替代劳动来应对劳动力成本上升,这一方面能够促进产业结构升级,但另一方面也会由于劳动生产率的降低给产业结构升级带来一定的负面作用。②

2. 国内研究

国内现有的关于综合成本上升与产业升级的关系的研究结论并不一致。关于综合成本与产业升级关系的主要研究结论可归纳为如下几类观点。

(1) 不确定影响与不利影响

一些学者认为综合成本增加可能对产业升级产生不确定的影响。例如,郭万达和冯月秋指出,综合成本上涨带来的冲击具有"双刃剑"的特性,既可能加快产业升级,也可能使其受阻,这一结果应取决于产业转移和新产业的建立能否实现良好的协调,即对"腾笼"与"换鸟"节奏的掌控。③ 何祎男认为,综合成本上涨推动的产业升级往往是被动形成的,不具有主动的预见性,因此这种升级路径的成果具有一定的不确定性。④

有些学者认为综合成本上涨会阻碍产业结构升级。有学者提出综合成本上涨会导致产业"空心化"或者产业消亡(例如郭万达和冯月秋,2008),此外,也可能通过产业转移黏性阻碍产业升级。⑤ 例如,毕子明认为,产业资本向低成本地区的流动,会造成本地区内产业进行产业转移,同一时期若本地区没有形成新的

---

① 冯梅:"比较优势动态演化视角下的产业升级研究:内涵、动力和路径",《经济问题探索》,2014年第5期,第50—56页。

② 汪伟、刘玉飞、彭冬冬:"人口老龄化的产业结构升级效应研究",《中国工业经济》,2015年第11期,第47—61页。

③ 郭万达、冯月秋:"成本冲击与珠江三角洲产业升级——以深圳、东莞为例",《开放导报》,2008年第3期,第38—44页。

④ 何祎男:"产业升级大潮再起——成本'倒逼'产业升级",《浙江经济》,2008年第17期,第30—32页。

⑤ 郭丽:"产业区域转移粘性分析",《经济地理》,2009年第3期,第54—55页;贺胜兵、刘友金、周华蓉:"沿海产业为何难以向中西部地区转移——基于企业网络招聘工资地区差异的解析",《中国软科学》,2012年第1期,第160—169页。

产业,会导致本地区出现产业"空心化"现象,不利于本地区的产业升级。① 郭丽等认为,"路径依赖"使产业发展具有一定的惯性,其不断扩大形成的极化效应和锁定效应会弱化扩散效应,进而形成产业转移黏性并阻碍产业升级。贺胜兵等指出,我国劳动力价格在各地区间的差异不大,使得我国中西部地区在产业竞争中难以取得劳动力成本优势,无法大规模吸引东部沿海地区产业进行产业转移。此外,刘哲明认为,技术模仿成本的下降在一定程度上会妨碍企业树立创新意识,削弱企业进行研发投入的积极性,形成低成本模仿对创新及产业优化升级的阻碍机制,最终导致产业结构趋同,制约产业优化升级。②

(2) 有利影响

近几年来,越来越多的学者认为综合成本上涨对产业升级起促进作用。

许多学者探讨了劳动力成本上涨对产业升级的有利影响。如郑延智等的实证研究结果认为,劳动力成本上升对第一产业比重产生负向影响,但对第二产业和第三产业比重具有显著的有利影响。③ 刘新争从比较优势理论出发,认为某地区的劳动成本上涨会使其比较优势丧失,使得劳动密集型产业向劳动力成本较低的地区转移,同时推动产业升级。④ 罗来军等认为对技术进步和产业升级而言,低工资水平和低劳动力成本具有负面影响,依赖劳动力成本控制策略而取得赢利的产业存在研发投入不足与创新成果不足等问题,处于全球产业链分工的低端,因此适度提升我国工资水平(综合成本也会上升),将有利于促进我国产业升级。⑤

另一些学者则直接关注交易成本、要素成本或综合成本的变化对产业升级的作用。苏云霞和孙明贵考察上海市的企业商务成本结构变化对产业转移的影响,发现交易成本和要素成本的关系是此增彼减的,商务成本的总体上升趋势及

---

① 毕子明:"商务成本增加对区域经济发展的影响",《长江论坛》,2003年第4期,第40—42页。
② 刘哲明:"产业集聚过度、技术创新与产业升级——基于珠三角产业集群的研究",《特区经济》,2010年第8期,第30—32页。
③ 郑延智、黄顺春、黄靓:"劳动力成本上升对产业结构升级转型的影响研究",《华东交通大学学报》,2012年第4期,第113—117页。
④ 刘新争:"比较优势、劳动力流动与产业转移",《经济学家》,2012年第2期,第45—50页。
⑤ 罗来军、史蕊、陈衍泰:"工资水平、劳动力成本与我国产业升级",《当代经济研究》,2012年第5期,第36—42页。

其构成变化会改变产业转移方式,即由基于产品间分工的产业转移模式转变为基于产品内分工的产业转移模式,最终促进产业升级优化。[①] 周正柱和孙明贵发现,对于我国东部地区,交易成本的下降水平远低于要素成本的上涨水平,制造业会在利润的驱使下向要素成本相对较低的中西部地区转移。[②] 杨亚平和周泳宏认为要素成本快速上涨导致的区域间或行业间成本差距加大,会形成一种动态变化的比较优势,继而引发资本的跨区域和跨产业流动,最终引导不同区域间的产业进行转移、诱发区域内的产业结构升级,从而实现全国层面的产业升级。[③] 陈明鑫认为各产业可以充分发挥要素替代效应、人力资本效应和需求引致效应,通过人力资本提升、技术进步、产品结构升级等方式将综合成本上升的外部压力内部化,从而形成成本上涨对产业升级的"倒逼"机制。[④] 原小能和唐成伟研究劳动力成本、交易成本与产业结构升级的关系,在劳动力要素成本上升的情形下,企业会投入更多资源用于资本和技术,从而推动区域产业结构升级;而交易成本的降低则会吸引知识密集型产业,从而诱导区域产业结构升级。[⑤] 此外,国内文献也分析了不同行业综合成本上涨的影响。例如,王蕊以辽宁省装备制造业为例,研究了综合成本上涨对产业竞争力的影响,发现综合成本对工业增加值的影响作用正在逐年增大,但综合成本上升并未削弱辽宁省装备制造业的竞争力,这是因为综合成本上涨在给企业带来更大成本负担的同时,也在一定程度上促进了产业结构的升级。[⑥] 成本上涨会给处在价值链低端的企业或产业带来难以承受的打击,迫使其向外迁移到成本较低的地区,从而为高端装备制造业的发展保留了更多的资源,最终使其产业竞争力得以保持。

---

① 苏云霞、孙明贵:"上海市商务成本构成趋势对产业转移的影响",《当代经济管理》,2012年第2期,第55—62页。
② 周正柱、孙明贵:"商务成本变动对企业迁移决策影响的实证研究",《上海经济研究》,2013年第6期,第82—93页。
③ 杨亚平、周泳宏:"成本上升、产业转移与结构升级——基于全国大中城市的实证研究",《中国工业经济》,2013年第7期,第147—159页。
④ 陈明鑫:"以用工瓶颈倒逼产业升级研究",《特区经济》,2013年第8期,第78—81页。
⑤ 原小能、唐成伟:"劳动力成本、交易成本与产业结构升级",《浙江大学学报》(人文社会科学版),2015年第9期,第133—143页。
⑥ 王蕊:"综合成本上升对辽宁装备制造业竞争力影响研究",大连海事大学硕士学位论文,2014年。

综合成本上涨对我国产业核心技术升级影响的研究

(三) 研究述评

现有文献对综合成本的研究主要集中在综合成本的定义、分类、影响因素,综合成本的测算,综合成本上涨对我国经济和产业竞争力的影响,以及降低综合成本的对策建议等方面,既有定性分析也有定量分析和实证研究,为本书的研究提供了一个较好的基础。但现有文献在描述综合成本的定义时,大多从综合成本的外延进行介绍,例如学术界普遍使用要素成本、环境成本、交易成本、商务成本等外延来解释综合成本,或者将综合成本划分为显性成本和隐性成本,然后将上述细分外延成本分别归入这两种类型中;这些研究的不足之处在于,对综合成本的内涵定义较为模糊,缺乏对综合成本的边界划分的研究。边界模糊导致对综合成本测算的研究虽然众多,但尚未形成一种能够广泛应用的全面且系统的测算体系。

国际研究中从综合成本角度研究产业升级的文献比较少,研究要素成本、环境成本、交易成本、劳动力成本与产业升级关系的文献较多。其中,与本书关系较为紧密的是关于产业演替规律、产业升级的动因分析及产业结构优化升级的动力机制或驱动因素的研究。整理相关文献发现,学者们大都从消费需求升级、制度经济学、需求收入弹性、生产率差异、技术进步、产业政策等角度分析产业升级的驱动力,而在剖析制度经济学、需求收入弹性、生产率差异等动力机制时常涉及与成本相关的分析。从上述文献观点中可以看出,相关国际研究中对成本与产业升级的关系研究结论基本一致,主要观点是认为成本上涨会促进产业升级。同时,这些观点也存在细微差别,例如有少数学者认为成本降低是产业升级的一个重要表现,产业升级通过提高生产效率、改进生产组织形式等方式带来成本节约,如 Kaplinsky and Morris 的研究[1];但更多的学者认为成本因素是产业升级和结构调整的重要动力,成本上涨促使企业采取应对措施或通过技术创新寻

---

[1] Kaplinsky, R., and Morris, M., "A Handbook for Value Chain", Prepare for the IDRC, 2001, 38—40.

求改进,带动产业升级,如冯梅等的观点①。这些研究结论给本书的研究提供了较好的指引。但是,现有的国际研究多从定性角度描述成本变化对产业升级的影响,而对二者间的逻辑关系和影响路径分析不够清晰,且对其相互影响关系缺乏定量数据的支撑和精确的实证分析。同时,这些文献大都从单一成本出发进行探讨,并且集中于对劳动力成本等要素成本的探讨,缺乏从综合成本上涨与产业升级的关系角度对世界各国进行研究的文献,更罕见对综合成本与技术升级之间的关系所进行的研究。

从以上文献可以看出,我国学者对综合成本与产业升级关系的研究从21世纪之初就已经开始。目前,对于不同地区、不同类型的成本对产业升级的影响方向和影响机制的研究不少,但不够细致和深入,且存在较多争议。早期研究主要认为综合成本的上涨对产业升级的影响方向是不确定或存在阻碍作用的;近年来,学者们普遍认为综合成本上涨有助于推动产业升级。与相关的国际研究类似,我国现有文献在分析综合成本对产业升级的影响时,多从综合成本包含的子概念出发进行研究,例如研究单一的劳动力成本、交易成本对产业升级的影响,而很少研究整体综合成本对产业升级的影响程度及其作用机理,也很少分析综合成本发生的结构性变化是如何影响产业升级的;同时,关于成本上涨对产业结构升级的探讨较多,但缺乏对影响产业技术升级的成本因素的关注。

综合分析上述文献可知:第一,以产业结构升级、产业价值链升级、产业技术升级为研究对象的文献居多,探讨产业核心技术升级的文献却很少,而且现有文献尚未将综合成本上涨与产业核心技术升级两个重大现实经济问题结合起来研究。第二,在综合成本上涨的背景下,对产业中微观企业核心技术创新行为的探讨未能引入数理模型分析、实证分析和国家间比较分析等分析方法。本书将运用定性和定量方法着力探讨综合成本上涨对产业核心技术升级的影响效应。

---

① 冯梅:"比较优势动态演化视角下的产业升级研究:内涵、动力和路径",《经济问题探索》,2014年第5期,第50—56页。

第三节 研究意义

一、理论意义

国内关于产业技术升级的现有研究成果虽然丰富,但依然缺乏对产业核心技术升级的探讨,尚未将综合成本上涨与产业核心技术升级两个重大现实经济问题结合起来研究。本书在综合成本上涨的背景下,以产业中企业核心技术创新行为为研究对象,探明要素成本、环境成本、交易成本等综合成本上涨对产业核心技术升级的作用机理,发掘实现这一升级过程的阻滞因素,寻求其内在规律。同时,本书考察美国、德国、日本等国家产业转型升级的模式,汲取合理内核、摒弃不宜因素,提出符合中国国情的综合成本上涨推动产业核心技术升级的理论体系。在研究方法上,本书将文献整理与国际现实比较分析相结合,综合数理分析和计量分析方法,在丰富国内对产业核心技术和综合成本研究成果的同时,对于补充和发展社会主义经济理论,具有重要意义。

二、现实意义

我国制造业在全球产业链和价值链上处于弱势地位,产业核心技术对外依存度高。这极大地制约了我国相关产业的发展空间和发展速度。而全球的产业竞争越来越激烈,迫切要求我国加强产业核心技术创新和升级,以保持和提升我国产业在世界经济中的综合实力和竞争优势。现阶段,如何使我国的核心技术发展走出内忧外患的困境,如何推进产业核心技术升级,已成为我国政府和企业面临的紧迫问题。同时,综合成本上涨已成为我国经济发展过程中所面临的重大挑战,关注综合成本的变化及其影响对于一个国家或地区的产业发展和经济建设都具有重要价值。而在企业综合成本上涨、国家经济发展全面进入转型期、产业亟待优化升级的背景下,研究综合成本上涨对产业核心技术升级的影响,正是解决目前国家经济发展瓶颈问题的现实要求,同时也考虑了我国推进产业优化升级、提升产业国际竞争力的现实需求,响应了国家提出的从要素驱动、投资驱动转向通过技术进步来提高劳动生产率的创新驱动发展战略号召。本书致力于解决我国综合成本上涨和产业核心技术水平偏低等重大现实问题,通过将两者结合提出具有针对性的对策,促进我国诸多产业从依赖低成本的发展模式向掌控核心技术的发展模式转型,有利于我国经济发展跨入新的水平,实现经济持续健康发展,并对于制定相关的产业发展政策具有一定的现实指导意义。

第四节 本书概览

一、主要内容

本书主要包括以下几个方面的内容。

(一)综合成本上涨对产业核心技术升级影响的理论分析

1. 构建综合成本上涨倒逼产业核心技术升级的理论模型

首先,本书论述了综合成本上涨和技术创新之间的关系,以及综合成本上涨对产业中企业可能产生的影响。随后,本书详细解释了综合成本上涨倒逼产业核心技术升级的基本原理,发现综合成本上涨对产业转型有四种影响效应,即转移效应、转产效应、转换效应和替换效应。另外,本书以制造业为例,分析了中低技术制造业的产业升级方向,尤其是产业转移和产业转产;高技术制造业的产业升级方向主要是向价值链高端转换和创造新产业。同时,本书提出了研发投入在综合成本上涨与产业核心技术升级之间的中介作用,并从比较优势理论、内生增长理论和相对要素价格优势理论分析了三者之间的关系。以此为基础,本书引入企业治理结构及激励机制设计、企业技术积累水平、产业的异质性、专利制度设计及其实施机制、技术创新引导政策等参变量,厘清转移效应、转产效应、转换效应、替换效应发生的前提条件,探寻综合成本上涨倒逼背景下产业核心技术升级的阻滞因素,构建综合成本上涨推动产业核心技术升级的理论模型,如图1-9所示。

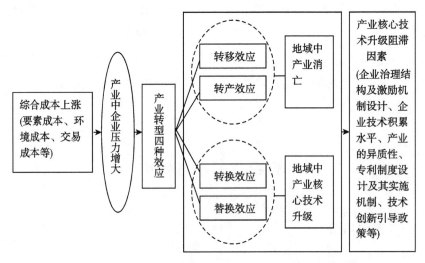

图1-9 综合成本上涨推动产业核心技术升级的理论模型

其次,本书用实证方法验证综合成本、研发投入与产业核心技术升级之间的关系,对变量进行了维度界定。在综合成本构成方面,本书选取了劳动力成本、土地成本、资本成本、交易成本与环境成本五维变量作为综合成本的测度变量。研发投入用研发支出作为表征变量。考虑到专利的不同类型,本书分别选择了发明授权专利、实用新型专利和外观设计专利作为产业核心技术升级的表征变量。最后,本书在前文分析的基础上提出概念模型,以此作为后面章节实证研究的依据。

2. 综合成本上涨对产业核心技术升级的演化博弈研究

产业中企业实现核心技术升级涉及的相关因素较为复杂,为了全面反映产业中企业核心技术升级演变的过程,本书按照产业中企业之间涨价博弈、产业中企业之间核心技术升级博弈、企业与政府之间核心技术升级博弈的脉络构筑产业核心技术升级的演化博弈模型。由博弈模型分析可知,在综合成本上涨压力背景下,产业中企业是否采取核心技术升级策略,不仅取决于产业中垄断竞争的程度、核心技术升级的成本及产业中竞争对手的策略选择,还受到政府的影响。

考虑到产业核心技术升级是企业间竞争博弈的过程,本书运用演化博弈理论来研究产业中企业核心技术升级的动态变化,通过建立动态均衡下的收益函数,讨论产业中企业升级策略选择的各种影响因素,剖析在不同市场环境下,企业成本状态及其变化对升级策略选择的影响效应,探究在综合成本上涨"倒逼"的背景下产业核心技术升级的演化稳定策略和复制子动态,力图揭示综合成本上涨对产业核心技术升级的作用机理。研究表明,产业中企业群体选择核心技术升级策略,不仅受到综合成本上涨幅度、升级投入成本、企业群体在市场中产品销量、知识产权保护力度和自身技术积累的影响,还受到产业中企业群体间垄断与竞争关系的影响。因此,企业应客观分析转型收益与成本,力争通过核心技术升级减少对低端生产要素的依赖,重构竞争优势。其间,政府也应制定相应政策予以引导和推动。

(二) 综合成本上涨对产业核心技术升级影响的国际比较分析

本书分别从劳动力成本、土地成本、环境成本等方面介绍美国、日本等发达国家的综合成本现状,以产业转型阶段和产业转型效应为切入点剖析其产业核心技术升级现状,并分阶段论述各国综合成本上涨对产业核心技术升级的影响,从中总结值得借鉴的规律和启示。通过国际比较分析得知,美国、日本等发达国家都曾有过综合成本上涨推动产业转型的经历,其产业核心技术水平得以持续升级,完成这一升级的深层次原因就在于宏观、中观及微观层面对核心技术创新的有效促进机制。这些有效促进机制包括:专利制度设计及其实施机制、人才培养与发展机制、技术创新引导政策、产业核心技术战略储备机制、企业治理结构及激励机制设计等。在综合成本上涨的背景下,就我国当前情况而言,这些促进机制能否发挥有效作用以推动产业核心技术升级,需要进行对比研究。

(三) 关于我国综合成本上涨与产业核心技术升级的实证研究

本书共设计了三次不同类型样本和数据的实证研究。第一次实证研究使用我国各省份2000—2012年间工业层面的面板数据,验证了产业层面的土地成本要素、劳动力成本要素、环境成本要素和基本商品成本要素等对研发投入的影响,继而探索它们对工业核心技术升级的影响。第二次实证研究则将样本定位于具体的制造业上市企业,使用各类制造业上市公司中具有代表性的 34 家公司 2004—2013 年的面板数据,使用面板回归分析中的固定效应模型验证劳动力成本、资本成本和销售成本对专利数量的影响关系。上述两次实证研究分别验证了综合成本对技术创新投入和技术创新产出的影响。为进一步厘清综合成本、技术创新投入和技术创新产出三者之间的关系,本书设计了第三次实证研究,以我国制造业上市公司为样本,将制造业分为高技术制造业和中低技术制造业两类,分类研究了综合成本与研发投入之间的关系,并得到高技术制造业比中低技术制造业在面临成本上涨压力时更容易选择加大研发投入的结论;随后,以高技术制造业作为样本验证了研发投入在综合成本与三种专利数量之间的中介作用。最后,本书根据三次实证研究结论提出了我国在综合成本上涨背景下推动产业核心技术升级的建议。

(四)综合成本上涨对我国产业核心技术升级的影响效应

1. 综合成本上涨对我国产业核心技术升级的影响效应分析

通过搜集我国各行业的真实数据,本书分别从要素成本、环境成本和交易成本角度揭示我国综合成本的稳步上升趋势,同时根据我国产业核心技术的研发投入、发展环境和产出成果,剖析我国产业核心技术升级的现状。分析发现,资源的渐趋枯竭、综合成本的逐步抬升,迫使我国经济发展方式进行艰难转型,即由速度、规模型向效率、效益型转变,这从客观上要求我国产业核心技术水平持续升级。然而,从总体来看,我国产业技术水平,尤其是核心技术水平状况令人忧虑。此情之下,对综合成本上涨与我国产业核心技术水平状况进行系统调查和分析就非常有必要。本书认为不同的企业应对综合成本上涨的方式各不相同,这导致了综合成本上涨对产业核心技术升级的两种不同类型的作用机制:一是促进作用,如转换效应、替换效应;二是抑制作用,如转移效应、转产效应。本书从产业视角,选取了我国计算机、通信和其他电子设备制造业来研究成本动力下技术升级带来的转换效应;以手机产业为例详细阐述成本动力下引发的替换效应;以纺织工业为例解释核心技术难升级引发的转移效应;以温州市制造业作为案例分析核心技术难升级引发的转产效应。

2. 综合成本上涨背景下我国产业核心技术升级的对策建议

在前述理论与实证研究的基础上,本书根据我国产业核心技术水平偏低、升级乏力的状况,分别从政府层面和企业层面提出具体对策,力图在综合成本上涨倒逼背景下促进转换效应、替换效应的发生,推动我国产业核心技术升级。本书提出的具体对策建议包括:政府需要通过完善市场环境下的"五险一金"体系、资源的价格机制、土地供应制度等措施减缓要素成本的上涨速度;通过理性认识综合成本上涨与产业发展的关系、建立和完善政府的环境监管机制及与环保有关的交易市场,使得环境成本的价格机制更为合理;分别从市场性交易成本和政治性交易成本着手促进交易成本的有效降低;完善支持技术升级的财税金融政策;优化支持技术创新的产权保护机制;引导科技创新资源向优质企业聚集等。企业则需通过树立正确的技术创新理念、制定科学的技术升级战略、选择恰当的技术升级路径、建设强大的科技人才队伍、开展多样的技术合作活动等途径,在产业核心技术升级方面做出努力。

二、研究思路

本书的研究思路如图 1-10 所示。

三、研究方法

(一) 文献整理与比较分析相结合

本书将通过进一步的文献收集与梳理,对相关理论进行剖析与鉴别,为构建符合我国国情的综合成本上涨推动产业核心技术升级的数理模型做准备,也为综合成本上涨背景下我国产业核心技术升级的实践提供参考。本书还运用比较分析方法,研究西方发达国家综合成本上涨推动产业核心技术升级的经验及适用性。

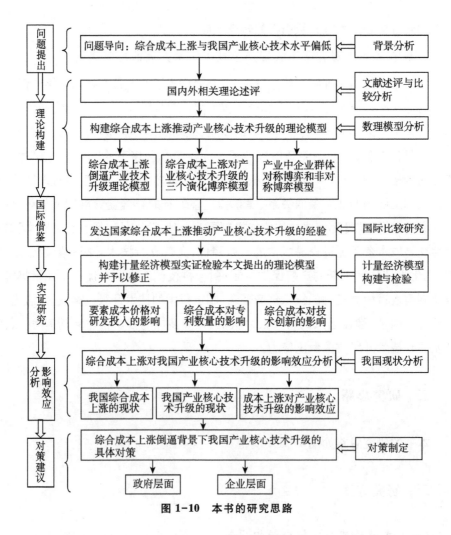

图 1-10 本书的研究思路

（二）数理分析

本书运用演化博弈理论来研究产业中企业核心技术升级的动态变化,剖析综合成本上涨背景下产业中强势企业群、弱势企业群与政府等参与主体的策略行为及相互关系,构建综合成本上涨推动产业核心技术升级的演化博弈模型,并对此模型进行数学推演,得出若干命题。另外,本书通过建立动态均衡下的收益函数,讨论产业中企业升级策略选择的各种影响因素,探究在综合成本上涨倒逼背景下产业核心技术升级的演化稳定策略和复制子动态,力图揭示综合成本上涨对产业核心技术升级的作用机理。

(三) 计量分析

本书利用《中国统计年鉴》《中国工业统计年鉴》《中国劳动统计年鉴》《中国科技统计年鉴》、各行业和各地方统计年鉴及其他公开数据库中的数据,按照理论建模确立的若干命题,量化解释变量、被解释变量、控制变量等相关指标。在本书的三次实证研究中,分别构建面板数据固定效应模型、面板数据个体固定效应回归模型、截面数据逐步多元回归模型,揭示因变量、自变量及控制变量之间的关系。

四、重点难点

本书研究重点在于深入挖掘综合成本上涨背景下,我国产业核心技术升级的阻滞因素,以帮助我国政府制定适合国情的对策,力图解决我国综合成本上涨与产业核心技术水平偏低等重大现实问题。

本书研究难点在于构建演化博弈模型,分析综合成本上涨对产业核心技术升级的作用机理。另外模型中还要引入若干相关影响因素作为参变量,这使模型的构建具有挑战性。

五、基本观点

首先,综合成本上涨将使产业中的企业承受压力,随着压力的增大产业中的企业将被迫转型,以至于产业将发生转移效应、转产效应、转换效应、替换效应等四种效应。其中,转移效应、转产效应表示在一定地域范围内某些产业消亡,而转换效应、替换效应标志着产业核心技术升级。

其次,在综合成本上涨的背景下,产业核心技术升级是有条件的,企业治理结构及激励机制设计、企业技术积累水平、产业异质性、专利制度设计及其实施机制、技术创新引导政策等都是产业核心技术升级的前提条件。

最后,在综合成本上涨的背景下,实现产业核心技术升级不能只依赖企业的自发行为,政府应依据宏观背景、产业性质、产权属性、企业状况等来制定差异化的对策,为产业核心技术升级提供制度环境与援助政策。

六、创新之处

(一)视角新颖

既不同于单边研究综合成本上涨问题,也不同于单一研究产业核心技术水平偏低问题,本书是将两者结合起来研究,这有利于一揽子解决我国当前面临的综合成本上涨和产业核心技术水平偏低这两个重大现实问题。

(二)理论拓展

本书将构建综合成本上涨推动产业核心技术升级的理论模型,分析转移效应、转产效应、转换效应、替换效应发生的前提条件,厘清综合成本上涨背景下产业核心技术升级的阻滞因素,探求其内在客观规律。

(三)实证求新

现有文献尚未对综合成本变动与产业核心技术变动的关系进行实证研究,也没有考虑其他控制变量的影响。本书将在理论建模的基础上,进行实证检验,并修正理论模型。

第二章　综合成本上涨对产业核心技术升级影响的理论分析

首先,本章以比较优势理论作为理论基础,分析了综合成本上涨和产业技术创新之间的基本关系,并详细解释了综合成本上涨倒逼产业升级的内在原理。在分析产业升级方向的问题时,本章以制造业为例,将制造业分为高技术制造业和中低技术制造业两类,分别分析了两类制造业在面临成本上涨情况下可能的升级方向,并得出相应结论:中低技术制造业产业升级的表现形式主要是产业转移和产业转产;而高技术制造业升级的表现形式主要是价值链上的高端转换和创造新产业。为进一步论证综合成本上涨对技术升级影响的传导机制,本章基于新结构经济学分析框架,引入研发投入作为中介变量,并在相对要素价格优势理论、比较优势理论和内生增长理论基础上分析了三者之间的关系,论证了研发投入在综合成本上涨与技术升级之间的中介作用。另外,本章对各关系变量做了维度界定,建立了配套的概念模型,为实证检验打下了基础。

其次,为了全面反映产业中企业核心技术升级演变的过程,本章按照产业中企业之间涨价博弈、产业中企业之间核心技术升级博弈、企业与政府之间核心技术升级博弈的脉络构筑了产业核心技术升级的三个演化博弈模型。由对演化博弈模型的分析可知,在综合成本上涨的背景下,产业中企业是否采取核心技术升级策略,不仅取决于产业中垄断竞争的程度、核心技术升级的成本及产业中竞争对手的策略选择,还受到政府的影响。

综合成本上涨对我国产业核心技术升级影响的研究

最后,考虑到产业核心技术升级是企业间竞争博弈的过程,本章还运用演化博弈理论进一步探讨产业中企业核心技术升级的动态变化,通过建立动态均衡下的收益函数,讨论产业中企业升级策略选择的各种影响因素,剖析在不同市场环境下,企业成本状态及其变化对升级策略选择的影响效应。本章分别以产业中企业群体对称博弈和非对称博弈来假设两种市场环境,研究了产业中企业群体基于成本和收益考虑的核心技术升级策略。研究表明,产业中企业群体选择核心技术升级策略,不仅受到综合成本上涨幅度、升级投入成本、企业群体在市场中产品销量、知识产权保护力度和自身技术积累的影响,还受到产业中企业群体间垄断与竞争关系的影响。因此本章建议:企业应客观分析转型收益与成本,力争通过核心技术升级减少对低端生产要素的依赖,重构竞争优势;其间,政府应制定相关政策予以引导和推动。

第一节 综合成本上涨倒逼产业核心技术升级理论分析

一、综合成本上涨和产业核心技术升级

近年来,我国经济一直保持较高速度的增长,但是随着城镇化与工业化的加速发展,区域内综合成本快速上涨的局面逐渐形成,进而对产业的发展产生了深远的影响。传统的要素驱动发展的经济模式已经无法满足产业持续发展的需求,要素价格持续上涨、环境污染日益严重等一系列社会问题需要破解,过去在要素比较优势下形成的产业格局亟待转变,产业核心技术升级迫在眉睫,创新驱动下的产业核心技术升级成为未来经济发展的重要引擎。

张杰等指出产业升级的关键在于技术创新水平的提高。[1] 朱卫平和陈林认为产业升级应该是在技术创新的推动下,达到延缓旧产业衰退和促进新产业涌

---

[1] 张杰、张少军、刘志彪:"多维技术溢出效应、本土企业创新动力与产业升级的路径选择——基于中国地方产业集群形态的研究",《南开经济研究》,2007年第3期,第46—47页。

第二章 综合成本上涨对产业核心技术升级影响的理论分析

现的动态过程。① 本书所指的产业核心技术升级,主要是指产业核心技术水平的提升。产业核心技术升级必须依靠技术进步,核心技术水平的提升表现为对专利技术等的掌握程度。现有的研究主要集中于找寻影响技术创新的因素,如产业聚集、全球价值链、对外贸易和金融发展等,并研究上述因素如何影响技术创新进而推动产业升级,但鲜有文献研究成本上涨问题对于产业核心技术升级的影响。基于此,本节研究综合成本上涨对产业核心技术升级的影响机制。

(一) 综合成本上涨、技术创新对产业中企业的影响

在产业层面,综合成本上涨的直接结果是产业平均利润率的下滑,产业内企业采取更为激烈的竞争手段以确保生存。随着经济的进一步发展,产业内各企业均面临资源要素供不应求的问题。在市场经济中,由于资源要素是有限的,产业内各企业竞争的加剧必然导致各类要素价格的上升,这一问题不仅会考验企业的承压能力,也会制约整个产业的发展。造成上述现象发生的主要原因可能有三点:一是要素资源稀缺,二是环境承载能力有限,三是市场容量有限。首先,企业生产经营需要大量的资源要素输入,包括土地、劳动力、原材料、水电及资本等。上述资源在某个地区范围内是有限的,特别是土地资源,可使用土地面积的有限性与土地资源的不可再生性都决定了该要素的稀缺性。其次,特定区域内环境的承载能力是有限的,若某产业在这一区域内的聚集程度超过了环境自身的承载能力,各类社会问题会凸显出来,尤其是交通问题与环境污染问题。最后,市场需求是有限度的,尤其是当一种产品的生产规模超过了市场需求时,产能过剩问题会引发更大的经济风险。产业内各企业的竞争环境在综合成本上涨的压力下恶化,尤其是产能过剩产业中的企业,生存变得举步维艰。

迈克尔·波特的竞争优势理论认为企业可以通过两种方式建立竞争优势:低成本竞争优势与差异化竞争优势。通常差异化竞争优势比低成本竞争优势更为重要。低成本竞争优势主要是通过利用特殊资源优势(低资源要素价格)发

---

① 朱卫平、陈林:"产业升级的内涵与模式研究——以广东产业升级为例",《经济学家》,2011年第2期,第60—66页。

展的规模经济得到,而差异化竞争优势则通过对技术、管理、营销等各方面满足客户差异化需求的持续创新得到。因此,差异化竞争优势代表更高的生产力水平,其创造的利益也会远高于低成本竞争优势。而且,低成本竞争优势容易被竞争者模仿,无法长期维持,而差异化竞争优势因难以模仿可以长期保持。企业为了取得更大的竞争优势,必须通过持续的投入与创新来建立差异化竞争优势。

(二)技术创新动力与产业核心技术升级

早期关于技术创新动力方面的研究结果显示主要有三种技术创新动力:需求拉动型、技术推动型和两者交互型。已有研究将市场需求、企业技术进步、社会需要等作为技术创新的主要动力,但已有研究过于宏观,无法在微观企业层面解释企业创新的决策行为。之后,新古典企业理论提出,企业的决策行为是在信息充分的情况下对利润最大化的追求,在对比创新的成本与收益之后,企业会选择一个合适的研发投入比例,以此达到技术创新的预期利润最大化。但现实情况是,多数企业的决策行为建立在信息不对称的基础上,且未来收益难以准确衡量,大部分企业甚至连自身行为的成本都无法估量,因此这一理论没办法充分解释综合成本上涨问题对产业中企业核心技术创新的推动作用。

按照产业生产要素密集度可以将产业划分为劳动要素密集型产业、资本要素密集型产业和知识技术密集型产业。基于产业结构演进规律,经济学家认为一国产业结构早期表现为以劳动要素密集型产业为主,进而向资本要素密集型产业转变,最后升级为知识技术密集型产业为主导的产业结构。劳动要素密集型产业向资本要素密集型产业转变的原因在于资本要素价格相对劳动要素价格会越来越便宜;资本要素密集型产业升级为知识技术密集型产业的原因在于技术创新的大规模发展,整个产业的技术进步会降低研发成本。这一升级过程具备的特征是,高一级别的产业对劳动力数量要求较低,但其经济产值会较大。因此,绝大多数产业升级是沿着上述轨迹进行的。产业升级演进规律在产业层面有效地解释了产业结构升级的方向,但是该理论并未解释不同类型产业在成本压力下的升级策略选择问题。

第二章 综合成本上涨对产业核心技术升级影响的理论分析

R.M.Solow(R.M.索洛)的技术外生经济增长模型和保罗·罗默(Paul Romer)的技术内生经济增长模型为研究技术创新下的产业核心技术升级提供了理论依据。技术创新引致的产业核心技术升级路径主要包括两类:自主创新型产业核心技术升级,及引进消化型产业核心技术升级。自主创新型产业核心技术升级是指通过自主研发,掌握核心技术带来的产业升级。引进消化型产业核心技术升级是指通过引进吸收先进产业技术,并进行产业应用,在消化吸收的基础上,逐步掌握核心技术,以促进产业核心技术升级。

二、综合成本上涨倒逼产业核心技术升级的基本原理

综合成本上涨会对产业升级产生四种效应,即转移效应、转产效应、转换效应和替换效应。转移效应指综合成本上涨促使一定地域范围内的某些产业向异地转移;转产效应指综合成本上涨促使一定地域范围内某些产业向其他产业领域转产;转换效应指综合成本上涨致使一定地域范围内某些产业中的企业从价值链低端向价值链高端转换;替换效应指综合成本上涨引起一定地域范围内某些产业的核心技术实现颠覆性的形式变化。其中,转移效应和转产效应表示一定地域范围内某些产业消亡,而转换效应和替换效应标志着一定地域范围内某些产业核心技术升级。

本部分认为不同类型的产业面对综合成本上涨会采取不同的升级策略,以国民经济中最为重要的制造业为例。按照国际标准产业分类体系(ISIC Rev. 2)的划分,本部分将 14 个制造业细分为高技术制造业和中低技术制造业。这两类产业在应对综合成本上涨的压力时,其产业升级的方式和升级结果并不相同。

(一)中低技术制造业转型升级

中低技术制造业的生产要素主要是劳动力要素和资本要素,知识技术要素占比往往偏低,正是由于这种生产要素结构,造成了中低技术制造业技术创新之路困难重重。

中低技术制造业技术创新面临的首要问题就是创新资金不足,在产业发展初期,中低技术制造业对劳动力和资本等传统生产要素过度依赖,导致其技术创

新累积程度偏低。在面临成本压力时,中低技术制造业在很大程度上不会选择具备高风险性的创新行为。另外,中低技术制造业往往缺乏创新人才的储备,而科技创新需要技术人才去实现。中低技术制造业一方面不重视技术人才引进,另一方面缺乏人才培养机制,导致其在成本压力下更加无法承担聘用高技术人才所需的费用。

基于上述分析,本部分认为中低技术制造业的产业升级路径应如图 1-9 中转移效应和转产效应所示。因为中低技术制造业对成本上涨的敏感性会更强。一方面,对比不同地区间的比较优势,综合成本的上涨导致某些地区的产业丧失了比较优势,因而不得不向成本较低的地区进行产业转移;另一方面,在不同的中低技术制造业间,要素禀赋的比较优势发生改变会导致某些产业的投资转移到另一具备更大相对优势的产业,产生产业转产效应。

(二) 高技术制造业转型升级

与中低技术制造业的生产要素构成相反,高技术制造业在生产过程中主要依靠技术创新获取市场竞争优势。虽然目前国内还未形成对高技术制造业的统一定义,但高技术制造业具有技术密集程度高、发展速度快和附加值高三大特征已是共识。因此,在成本高涨的压力下,高技术制造业更容易依托技术创新优势进行产业核心技术升级转型。

高技术制造业对综合成本上涨的敏感性较差,同时由于资本与劳动力两大生产要素相对优势的改变,资本要素的价格会更加便宜,而劳动力要素变得更加昂贵。理性的生产者基于成本节约原则,在生产过程中必然会加大资本的使用量,减小劳动力的投入量。随着资本投入的增加,企业会进行更为密集的技术研发,通过开发新的产品转型至新的产业。技术创新按照其连贯程度可以分为持续性创新和突破性创新。若企业的技术创新为持续性创新,其提供的产品或服务技术程度日益提高,企业会产生转换效应,向价值链高端转换;若企业的技术创新为突破性创新,其提供的产品或服务颠覆现有的竞争格局,企业会发生替换效应,进而推动新产业的产生。

第二章 综合成本上涨对产业核心技术升级影响的理论分析

(三) 综合成本上涨下产业核心技术升级的理论分析

1. 综合成本上涨与技术创新

在比较优势理论的视角下,综合成本上涨是导致产业核心技术升级的主要因素之一。传统的观点认为我国经济发展的优势在于低成本,但是随着数十年经济的高速增长,工业用地稀缺加剧,环境问题愈发严重,工人工资水平不断提高,综合成本的高涨已经成为经济发展的制约因素。有部分研究提出要努力控制综合成本水平,但综合成本上涨具有很强的内生性,是经济发展到一定阶段的必然结果,过度的干预控制可能会产生市场配置失灵等严重问题。因此,产业核心技术升级成为应对综合成本上涨的必然手段,产业核心技术升级的路径成为研究的主要焦点。本部分认为,产业核心技术升级是经济增长方式转变的重要支撑,技术创新是经济增长的重要内生变量。内生增长理论认为保证经济持续增长的决定因素是持续的技术进步,产业核心技术升级是经济持续增长的重要支撑方式之一,通过技术创新推动产业核心技术升级成为推动我国经济持续发展的转型模式。

许多研究表明在成本压力下,企业的创新活动更加活跃。Clarkson and Miller 表明创新活动常发生在企业经营绩效不佳时,当产业中企业的高利润建立在低成本的基础上时,多数企业不会主动寻求技术创新。[1] Cyert and March 进一步说明了企业主动从事创新活动的动力一部分源于外部生产的压力。[2] 但在具体成本对技术创新影响的研究方面,文献主要探讨的是劳动力成本的上涨对技术创新的促进作用。以 R. M. 索洛为代表的新古典经济学家,在要素替代理论的基础上将劳动力与资本无法相互替代的假定修改为两者可以平滑替代。基于此项假定,索洛指出提高工资能加快企业设备替换频率,更新设备能够提高企业的生产效率;较低的工资会起到反向的作用,因为在没有劳动力成本压力的情

---

[1] Clarkson, K. W., and Miller, R. L., *Industrial Organization: Theory, Evidence and Policy*, McGraw Hill, 1989.

[2] Cyert, R. M., and March, J. G., *Behavioral Theory of the Firm* (2nd ed.), Prentice Hall, 1992.

况下,企业没有采用先进设备的动力。① 李根生认为劳动力成本上升使得区域内产业资本流向了高端技术产业,即由劳动力成本上升带来的利润下滑"倒逼"企业加大研发力度和技术引进力度,进而促使各区域工业企业的技术等级和产业结构层次得到一定程度提升。②

诱导性创新理论证明了劳动力成本上涨会促进企业进行技术创新。Kennedy 提出如果相对于资本价格,劳动力价格更为"昂贵",从而诱使企业家选择劳动力节约型的创新活动。③ Romer 认为工资的下降会弱化企业创新能力,而提高工资则会诱导企业进行技术创新。劳动力成本上涨会引致有偏向的技术创新。④ Hicks 指出生产要素价格的相对变化会激励企业使用价格相对便宜的生产要素,进而引致有偏的技术进步。⑤ Marx 通过英国的农业数据,证明了在劳动力要素价格上涨的情况下,农民会引进先进的机器设备,采用更加科学的生产方法,增加生产规模,削减劳动力的使用,这种技术进步就是偏向劳动力节约型的。⑥ 沿用这一理论,Dumenil and Levy 通过模型研究发现,工资增加会促使企业加大对劳动力节约偏向技术的研发,而工资的下降会降低企业技术创新的动力。⑦

基于上述理论,本部分认为,不仅劳动力成本上涨会诱导企业创新,综合成本上涨同样会促进企业的技术创新。因为,以利润最大化为目标的企业家,在面对综合成本上涨、企业利润率不断下滑的窘境时,会被迫从其他渠道寻求抵消成本上涨的方法,而技术创新带来的技术进步可以抵消成本上涨带来的负向效应。

---

① Solow, R. M., "Technical Change and the Aggregate Production Function", *Review of Economics & Statistics*, 1957, 39(3), 554—562.
② 李根生:"劳动力成本上升对中国工业技术进步的影响研究",华中科技大学博士论文,2015 年。
③ Kennedy, C., "Induced Bias in Innovation and the Theory of Distribution", *Economic Journal*, 1964, 74(295), 541—547.
④ Romer, P. M., "Crazy Explanation for the Productivity Slowdown", *NBER Macroeconomic Annual*, 1987, 2(2), 163—202.
⑤ Hicks, J. R., *The Theory of Wages* (2nd ed.), Springer, 1963.
⑥ Marx, K., *Value, Price and Profit*, Charles H. Kerr, 1979.
⑦ Dumenil, G., and Levy, D., "A Stochastic Model of Technical Change: An Application to the U.S. Economy", *Metroeconomica*, 1995, 46(3), 213—45.

第二章　综合成本上涨对产业核心技术升级影响的理论分析

2. 综合成本上涨与研发投入

根据比较优势理论,发展比较优势是产业核心技术升级的基础,这就要求一国发展具有比较优势的产业。林毅夫倡导的新结构经济学就是其基于对 2008 年全球金融危机的反思提出的一个使发展中国家实现可持续增长、消除贫困并缩小与发达国家收入差距的理论框架。林毅夫等学者通过考察亚洲各国的经济发展战略,依据比较优势理论,提出发展比较优势战略更适合我国谋求发展的基本情况。比较优势战略理论认为我国应当加速发展劳动密集型产业以完成资本积累,在资本相对充裕的条件下再发展资本密集型产业。该理论认为一国的要素禀赋结构和产业结构与经济发展阶段的特征密不可分,一国竞争力最强的产业结构往往在那一时点是最优的产业结构。在这一理论框架下,经济体的初期禀赋特征决定了经济发展的起点,产业结构和产业优化升级由内生的要素禀赋结构决定。随着新结构经济学的发展,为解释我国产业发展转型问题,林毅夫提出了相对要素价格的概念:已知一国在任意时刻的要素禀赋结构,则可以求得在该时点下该国的要素相对价格,最终可以确定该国在该时点的最优产业结构。[①] 此处所使用的要素相对价格指的是一种生产要素相对于另一种生产要素的价格,例如劳动力相对于资本的价格。这种不同生产要素之间的相对价格变动可以在一定程度上解释产业核心技术升级。

本部分认为,一国产业的综合比较优势与前文提到的竞争优势之间存在着必然联系:竞争优势必然建立在比较优势之上,但比较优势不一定发展为竞争优势,即竞争优势内生于比较优势。比较优势的表现方式有两种:成本优势和差异化优势。在综合成本上涨的背景下,成本优势带来的比较优势荡然无存,而依靠差异化优势形成的比较优势成为必然。当一国或某一企业能够为消费者提供较竞争对手有差别且更高质量的产品或服务时,就具备了差异化优势。在非完全竞争市场中,差异化优势主要源于创新和技术。只有利用新技术、新材料、新创意和新观点的产品和服务所带来的差异化优势才具有巨大的价值,并且随

[①] 林毅夫:"新结构经济学——重构发展经济学的框架",《经济学》(季刊),2010 年第 1 期,第 1—32 页。

着知识的外溢,产品和服务的差异化会慢慢缩小。由此可见,只有保持源源不断的创新才能够为国家或企业保持竞争优势提供动力。

另外,根据霍利斯·钱纳里(Hollis Chenery)的研究,在产业结构变化的各个阶段,不同部门、不同要素对增长贡献的相对重要性也不同,见表2-1。

表2-1 不同阶段产业结构升级的推动因素

时期	主要内容	驱动因素	主导产业	贡献来源顺序	增长理论
工业化前期	对自然资源的开发	自然资源的大量投入	农业	劳动力、自然资源	马尔萨斯陷阱
工业化初期	机器工业开始替代手工劳动	劳动力的大量投入	纺织工业	劳动力、资本、规模经济	古典增长理论
工业化中期	中间产品增加和生产迂回程度提高	资本积累	重化工业	资本、规模经济、技术进步、劳动力	哈罗德-多马(Harrod-Domar)增长理论
工业化后期	生产效率提高	技术进步	加工组装工业	技术进步、资本、规模经济、劳动力	索洛的新古典外生增长理论
后工业化时期	学习与创新	新的知识	高级技术产业和服务业	知识进步、人力资本、技术进步	罗默和R.卢卡斯(R. Lucas)的内生增长理论

根据这一理论,随着工业化进程的逐步深化,技术进步在工业化后期已成为首要的资源要素。随后的后工业化时期,知识进步与人力资本成为决定经济增长的主要因素。虽然在工业化前期和中期,自然资源要素占有举足轻重的地位,但这并非忽视了技术进步的影响,能够提高自然资源开采效率的机器设备的使用是离不开技术进步的。

随着产业整体的技术进步,技术的外溢效应凸显,会使微观企业的研发成本下降。资本价格的上涨与研发成本的下降也改变了要素的相对价格,进而不断推动企业进行技术创新,最终实现产业核心技术升级。

3. 研发投入与技术创新

生产函数理论是解释研发投入与技术创新的理论基石,其中最为著名的测度技术创新产出的生产函数模型是柯布-道格拉斯生产函数(C-D 生产函数)。在研究研发投入与技术创新之间的关系前,需要对知识生产函数方面的研究进行梳理。

知识生产函数是目前国际上研究知识生产和技术创新及其决定因素的重要理论模型。该函数将创新投入和创新产出联系起来,将创新投入分为人力资本投入与研究开发投入,通过投入上述两类资源可以生产出有经济价值的全新知识。利用 C-D 生产函数形式表述的研发投入与产出之间的基本关系为:

$$Y_{it} = AK_{it}^{\alpha}L_{it}^{\beta}\varepsilon_{it} \qquad (2.1)$$

其中,Y_{it} 表示研发产出,K_{it} 表示研发资本投入,L_{it} 表示研发劳动投入,A 反映了研发活动的效率,α 和 β 分别表示研发资本投入和劳动投入的产出弹性,ε_{it} 表示自随机扰动项。

研发投入是技术升级的主要来源之一,已有大量实证研究证实了两者之间存在显著性关系。在产业层面,Pavitt[1]、Pakes[2]、Hall and Ziedonis[3] 均使用了美国产业数据,研究了产业的研发投入对技术创新产出的正向影响关系。朱平芳和徐伟民对中国不同产业的研发现状进行了研究,使用产业的面板数据得出了研发投入对技术创新显著影响的结论。[4] 在微观方面,徐欣和唐清泉使用企业数据,实证研究了研发投入对专利技术产出具有的显著的正相关关系。[5] 基于上述研究,本部分认为加大研发投入很大程度上会推动产业中企业的技术创新。

4. 研发投入的中介作用

在面对综合成本上涨的压力时,企业会通过加大研发投入的方式提高技术创新水平;同时这种技术创新会迅速改变现有产业的竞争状态,进而促进产业的

---

[1] Keith, P., "R&D, Patenting and Innovative Activities: A Statistical Exploration", *Research Policy*, 1982, 11(1), 33—51.

[2] Pakes, A., "Patents, R&D, and the Stock Market Rate of Return", *Journal of Political Economy*, 1985, 93(2), 390—409.

[3] Hall, B.H., and Ziedonis, R.H., "The Patent Paradox Revisited: An Empirical Study of Patenting in the U.S.", *General Information*, 2001, 32(1), 101—128.

[4] 朱平芳、徐伟民:"上海市大中型工业行业专利产出滞后机制研究",《数量经济技术经济研究》,2005 年第 9 期,第 136—142 页。

[5] 徐欣、唐清泉:"R&D 投资、知识存量与专利产出——基于专利产出类型和企业最终控制人视角的分析",《经济管理》,2012 年第 7 期,第 49—59 页。

综合成本上涨对我国产业核心技术升级影响的研究

核心技术水平升级。由此可见,综合成本上涨对产业核心技术升级的作用是通过研发投入推动的,研发投入在综合成本上涨与产业核心技术升级中起到了中介作用。

三、小结

首先,本节论述了综合成本上涨和技术创新之间的关系,以及对企业可能产生的影响。随后,本节详细解释了综合成本上涨"倒逼"产业核心技术升级的基本原理,并以制造业为例,分析了中低技术制造业的产业升级方向主要是产业转移和产业转产;高技术制造业的产业升级方向主要是价值链高端转换和创造新产业。在此基础上,本节提出了研发投入在综合成本上涨与技术升级之间的中介作用,并从比较优势理论、内生增长理论和相对要素价格优势理论分析了三者之间的关系。

其次,为了用实证方法验证综合成本、研发投入与技术升级之间的关系,本节对变量进行了维度界定。在现有的研究中,相关概念的维度划分及测度方法没有统一的标准。本节从综合成本构成的角度,选取了劳动力成本、土地成本、资本成本、交易成本与环境成本五维变量作为综合成本的测度变量;研发投入用研发支出作为中介变量;技术升级考虑到专利的不同类型,分别选择了发明授权专利、实用新型专利和外观设计专利作为表征变量。最后,本节在前文分析的基础上提出概念模型,以此作为后面章节实证研究的依据。

第二节 综合成本上涨对产业核心技术升级影响的演化博弈研究

一、研究背景

随着刘易斯拐点的迫近,环境约束的趋紧,多年贸易顺差的不断累积,以及人民币的持续升值,中国经济社会面临着综合成本逐步抬升的境况。依赖普通

第二章 综合成本上涨对产业核心技术升级影响的理论分析

劳动力及土地等资源、通过控制成本"血拼"价格来发展经济的模式面临挑战。尤其在发达国家先发优势压顶、其他发展中国家苦苦追赶的夹层环境中,中国既有的经济发展方式被迫艰难转型,由盘踞价值链低端的速度、规模型向掌控价值链高端的效率、效益型转变,这在客观上要求中国产业核心技术水平持续升级。当前中国所面临的综合成本不断上涨倒逼产业核心技术升级的状况,实际上20世纪末期的日本和中国台湾地区都曾经历过,这是经济社会发展到一定阶段不可避免的"瓶颈"。此情之下,日本有许多产业选择了核心技术升级,占领产业价值链的高端,实现产业的高额利润,提升国家的整体竞争力;而中国台湾地区则更多选择对外直接投资,向生产要素成本低廉的地区转移产业,这也造成了该地区产业的"空心化"。中国作为发展中大国,有着宏伟的国家发展战略,通过产业核心技术升级来提高国家整体竞争力势在必行。在此背景下,深入研究综合成本上涨对中国产业核心技术升级的影响具有理论价值和现实意义。这是本节研究的逻辑起点。

针对上述命题,国内外学者从产业结构升级、产业价值链升级、产业技术升级及综合成本等方面进行了相关研究。其中,最早受到学术界关注的是产业结构升级。除了著名的"配第-克拉克"定理,W. G.霍夫曼(W. G. Hoffman)的工业法则、西蒙·库兹涅茨(Simon Kuznets)的综合分析理论、钱纳里的标准结构理论、沃尔特·罗斯托(Walt Rostow)的主导产业理论、阿尔伯特·赫希曼(Albert Hirschman)的产业关联理论、筱原三代平的结构基准理论等都成为产业结构理论的重要组成部分。20世纪末期,国内学者对产业结构升级的研究逐步展开。周振华强调产业形态的变化,认为产业结构升级就是产业结构从低级形态向高级形态的发展。[①] 陈敦贤[②]、刘芳和倪浩论证了知识创新和技术进步在产业结构升级中的关键作用,认为由于知识创新和技术进步所形成的比较生产率差异是

[①] 周振华:"增长轴心转移:中国进入城市化推动型经济增长阶段",《经济研究》,1995年第1期,第3—10页。

[②] 陈敦贤:"知识与技术创新:产业结构变迁的动力(上)",《武汉金融高等专科学校学报》,2000年第1期,第3—8页。

综合成本上涨对我国产业核心技术升级影响的研究

推进产业结构升级的主要动力。①

继迈克尔·波特在 1985 年提出价值链的概念之后,学术界对产业价值链升级的研究逐步兴起。20 世纪 90 年代以后,国内外学者开始研究全球价值链,并进一步剖析产业价值链升级的影响因素。陆斌②、盛斌和陈帅③则把价值链定义为产业升级的一种特定方式,认为在全球价值链背景下产业升级的途径包括工艺升级、产品升级、功能升级和价值链升级四种形态。于明超等表明,企业技术能力和生产规模是限制产业升级潜力的主要因素,认为企业技术能力的提升是实现全球价值链升级的保障。④ 汪建成等指出长远的技术战略是决定企业价值链升级的关键因素之一。⑤

在关于产业技术升级的研究中,中国学者早期以生产率提高为切入点,例如王岳平等认为生产率的提高是产业技术升级的核心所在,主张产业升级的实质就是产业技术升级,强调技术进步对产业升级的重要驱动作用。⑥ 在影响因素方面,现有研究认为基础研究、创新环境、创新能力、技术溢出、人力资本对中国产业技术升级具有重要作用,应当重视这些因素。朱瑞博关注关键技术、创新等因素对产业技术升级的影响,认为缺乏技术创新能力尤其是缺少关系到产业整体发展水平的关键核心技术能力,已经成为影响中国产业升级的主要障碍。⑦ 蒙丹则关注人力资本或人才相关因素对产业技术升级的影响。⑧ 在技术升级路

---

① 刘芳、倪浩:"我国产业结构调整的影响因素分析及相应措施",《技术与创新管理》,2009 年第 3 期,第 321—323,358 页。
② 陆斌:"转型经济中的产业价值链升级",《科技进步与对策》,2012 年第 12 期,第 63—69 页。
③ 盛斌、陈帅:"全球价值链如何改变了贸易政策:对产业升级的影响和启示",《国际经济评论》,2015 年第 1 期,第 6,85—97 页。
④ 于明超、刘志彪、江静:"外来资本主导代工生产模式下当地企业升级困境与突破——以中国台湾笔记本电脑内地封闭式生产网络为例",《中国工业经济》,2006 年第 11 期,第 108—116 页。
⑤ 汪建成、毛蕴诗、邱楠:"由 OEM 到 ODM 再到 OBM 的自主创新与国际化路径——格兰仕技术能力构建与企业升级案例研究",《管理世界》,2008 年第 6 期,第 148—155,160 页。
⑥ 王岳平、王亚平、王云平、李淑华:"产业技术升级与产业结构调整关系研究",《宏观经济研究》,2005 年第 5 期,第 32—37 页。
⑦ 朱瑞博:"'十二五'时期上海高技术产业发展:创新链与产业链融合战略研究",《上海经济研究》,2010 年第 7 期,第 94—106 页。
⑧ 蒙丹:"探析我国产业结构调整的两大制约因素",《发展研究》,2010 年第 5 期,第 31—34 页。

第二章 综合成本上涨对产业核心技术升级影响的理论分析

径方面,陶文依美认为技术变动及人力资本流动有利于传统产业的技术升级。[①]而另一些学者则依据技术链思路来探索产业技术升级的路径,如崔焕金认为地方产业技术升级主要包括三种模式:全球技术链的链内升级、链间升级、跨链升级。[②]

随着成本高涨现象逐渐受到全社会的关注,学术界开始出现许多关于综合成本的研究,学者们普遍使用要素成本、环境成本、交易成本、商务成本等来解释综合成本,或者将综合成本划分为显性成本和隐性成本[③]。刘新争[④]、冯梅[⑤]指出成本因素是产业升级和结构调整的重要动力,成本上涨促使企业采取应对措施或通过技术创新寻求改进,带动产业转移或产业升级。这些研究结论给本节的研究提供了较好的指引。

总体来看,关于综合成本上涨与产业升级的研究成果较多,且近年来的研究结论大多认为综合成本上涨有利于促进产业结构升级和推进产业技术进步。但在产业核心技术升级这一问题上,现有文献尚未将综合成本上涨与产业核心技术升级两个重大现实经济问题结合起来研究;同时,在综合成本上涨的背景下,现有文献成果中仍然缺乏对产业中微观企业核心技术创新行为的深入剖析,部分研究结论也未能引入数理模型分析方法。因此,本节将运用定性方法和定量方法着力探讨综合成本上涨对产业核心技术升级的影响效应。

二、演化博弈模型的建立

产业中企业实现核心技术升级涉及的相关因素较为复杂,为了全面反映产业中企业核心技术升级演变的过程,本节将按照产业中企业之间涨价博弈、产业

[①] 陶文依美:"江西省战略性新兴产业促进传统产业升级的技术驱动机制",《南昌工程学院学报》,2014年第12期,第50—53,59页。

[②] 崔焕金:"基于全球技术链的产业升级分析",《技术经济与管理研究》,2010年第S1期,第120—123页。

[③] 时慧娜、魏后凯、吴利学:"地区产业发展综合成本评价与改进政策——以北京市高端制造业为例的研究",《经济管理》,2010年第6期,第29—38页。

[④] 刘新争:"比较优势、劳动力流动与产业转移",《经济学家》,2012年第2期,第45—50页。

[⑤] 冯梅:"比较优势动态演化视角下的产业升级研究:内涵、动力和路径",《经济问题探索》,2014年第5期,第50—56页。

中企业之间核心技术升级博弈、政府干预背景下产业中企业核心技术升级博弈的脉络构筑产业核心技术升级的三个演化博弈模型予以分析。

(一) 产业中企业之间涨价博弈模型

1. 模型与假设

综合成本的持续上涨,导致产业中企业原有的利润空间不断被压缩。虽然产业中部分企业可以通过其在产品价值链上的控制地位,把成本上涨的压力向下游企业和消费者传导,但就长期而言,这不能从根本上改变产业中企业利润空间不断被挤压的现实。为了保证自身的生存与发展,产业中企业被迫重新选择策略参与市场博弈,这势必打破原有的市场均衡。产业中企业选择涨价策略是应对综合成本上涨最简单和最直接的市场策略,由此本节构建了产业中企业之间涨价博弈模型。

根据模型构建思路和博弈理论,本部分对产业中企业之间涨价博弈模型做如下假设。

第一,在综合成本上涨的压力下,产业中企业的策略选择为涨价或不涨价,每一方的博弈收益不仅取决于自身策略的选择,而且与对方博弈的策略选择相关。

第二,企业都有追逐最大收益的特点,其策略选择是为了使自身收益最大化。也就是说,收益大的较优策略将会被更多企业选择,而收益少的次等策略将会被逐渐抛弃。

第三,如果博弈双方都选择涨价策略,那么每一方均获得收益 R_a;如果双方都选择不涨价策略,那么双方均获得收益 R_d;如果有一方选择涨价策略,另一方不选择涨价策略,那么选择涨价策略的博弈方获得收益 R_b,选择不涨价策略的博弈方获得收益 R_c。博弈收益矩阵如表 2-2 所示:

表 2-2 产业中企业之间涨价博弈模型收益矩阵

		企业 A	
		涨价	不涨价
企业 B	涨价	R_a, R_a	R_b, R_c
	不涨价	R_c, R_b	R_d, R_d

2. 演化博弈均衡分析

假设企业在关于涨价的博弈中,选择涨价策略的博弈方比例为 x,选择不涨价策略的比例为 $1-x$,这样企业选择"涨价"与"不涨价"的期望收益 U_Y、U_N 和群体平均得益 $\overline{U}$ 分别为:

$$U_Y = xR_a + (1-x)R_b = x(R_a - R_b) \tag{2.2}$$

$$U_N = xR_c + (1-x)R_d = x(R_c - R_d) \tag{2.3}$$

$$\overline{U} = xU_Y + (1-x)U_N \tag{2.4}$$

复制动态方程可表示为:

$$F(x) = dx/dt = x(U_Y - \overline{U}) \tag{2.5}$$

由式(2.2)、式(2.3)、式(2.4)、式(2.5)可得:

$$F(x) = x(1-x)(U_Y - U_N) = x(1-x)[x(R_a - R_b - R_c + R_d) + R_b - R_d] \tag{2.6}$$

令 $F(x) = dx/dt = 0$,得可能的稳定状态为:

$$x_1^* = 0, x_2^* = 1, x_3^* = (R_d - R_b)/(R_a - R_c + R_d - R_b) \tag{2.7}$$

$$F'(x) = (1-2x)[x(R_a - R_b - R_c + R_d) + R_b - R_d] + x(1-x)(R_a - R_b - R_c + R_d) \tag{2.8}$$

根据微分方程的稳定性定理及演化稳定策略的性质,当 $F'(x) < 0$ 时,复制动态方程为演化稳定策略(ESS)。下面分四种情况分别对产业中企业之间涨价策略展开讨论。

第一,当 $R_b < R_d$,$R_c > R_a$ 时,$F'(x_1^*) < 0$,$F'(x_2^*) > 0$,$F'(x_3^*) > 0$,x_3^* 不是稳定状态,所以 $x_1^* = 0$ 是演化稳定策略。此时复制动态相位图如图 2-1(a)所示。

第二,当 $R_b > R_d$,$R_c < R_a$ 时,$F'(x_1^*) > 0$,$F'(x_2^*) < 0$,$F'(x_3^*) > 0$,所以 $x_2^* = 1$ 是演化稳定策略,x_3^* 不是稳定状态。此时复制动态相位图如图 2-1(b)所示。

第三,当 $R_b < R_d$,$R_c < R_a$ 时,$F'(x_1^*) < 0$,$F'(x_2^*) < 0$,$F'(x_3^*) > 0$,所以 $x_1^* = 0$ 和 $x_2^* = 1$ 是演化稳定策略。此时复制动态相位图如图 2-1(c)所示。

第四,当 $R_b > R_d$,$R_c > R_a$ 时,$F'(x_1^*) > 0$,$F'(x_2^*) > 0$,$F'(x_3^*) < 0$,所以 $x_3^* = (R_d - R_b)/(R_a - R_b - R_c + R_d)$ 是演化稳定策略。此时复制动态相位图如图 2-1(d)所示。

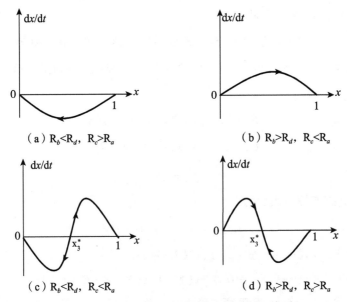

图 2-1 产业中企业群体涨价复制动态相位图

基于以上稳定性讨论的结果,得出在各参数变动下,博弈双方策略选择变化的趋势。

在第一种情况下,不管对方怎样选择,选择不涨价策略的博弈方,总能获得最大的收益,经过多次选择、学习、改变后,达到 $x=0$ 的稳定状态,因此企业趋向选择不涨价的策略。

在第二种情况下,不管对方怎样选择,选择涨价策略的博弈方,总能获得最大的收益,经过多次选择、学习、改变后,达到 $x=1$ 的稳定状态,因此企业趋向选择涨价的策略。

在第三种情况下,$x_1^*=0$ 和 $x_2^*=1$ 都是演化稳定策略,博弈趋向的结果,取决于 x 的初值落在哪个区间。如果 $x\in(0,x_3^*)$,则企业经过多次选择、学习、改变后趋向选择不涨价策略;如果 $x\in(x_3^*,1)$,则企业经过多次选择、学习、改变后趋向选择涨价策略。随着 R_d-R_b 的增大,落在 $(0,x_3^*)$ 的概率将逐渐增大;当 $R_d\neq R_b$,而 $R_a=R_c$,$x_3^*=1$ 时,企业就几乎只会选择不涨价策略;随着 R_a-R_c 的增大,x_3^* 逐渐减小,企业趋向于选择涨价的策略;当 $R_a\neq R_c$,而 $R_d=R_b$,$x_3^*=0$ 时,企业几乎都会选择涨价策略。

第二章 综合成本上涨对产业核心技术升级影响的理论分析

在第四种情况下,以混合策略的形式达到稳定策略状态,企业经过长期选择、学习、改变后,有$(R_d-R_b)/(R_a-R_c+R_d-R_b)$比例的企业选择涨价策略来应对综合成本上涨压力,有$(R_a-R_c)/(R_a-R_c+R_d-R_b)$比例的企业选择不涨价策略来应对综合成本上涨压力。随着R_d-R_b的增大,趋向于选择涨价策略的企业比例逐渐增加,而随着R_a-R_c的增大,趋向于选择涨价策略的企业比例在减少;反之亦然。

涨价与不涨价策略的选择对于市场竞争环境中的企业而言,只是权宜之计,因为这无法形成相对于其他企业的比较优势,不能形成核心竞争力。从长期来看,在垄断市场中,处于垄断地位的企业有着较强的成本传导能力,可以以涨价策略应对综合成本上涨,而在竞争市场中涨价意味着给替代品可乘之机,市场占有率降低,企业利润下滑,这也降低了企业自身的更新能力,形成恶性循环。不涨价虽然可以保持较高市场占有率,但在综合成本上涨的约束条件下,企业利润空间被压缩。在这样的压力背景下,企业必然会谋求转型,这引致四种转型效应,即转移效应、转产效应、转换效应和替换效应。转移效应是指综合成本上涨促使一定地域范围内某些产业向异地转移;转产效应是指综合成本上涨促使一定地域范围内某些产业向其他产业领域转产;转换效应是指综合成本上涨致使一定地域范围内某些产业中的企业从价值链低端向价值链高端转换;替换效应是指综合成本上涨引起一定地域范围内某些产业核心技术的实现形式发生颠覆性的变化。其中,转移效应、转产效应表示一定地域范围内某些产业消亡,而转换效应、替换效应标志着一定地域范围内某些产业核心技术升级。

企业如果不能适时有效地做出调整,就会遇到成长瓶颈,进而阻碍技术升级。当综合成本不断上升时,产业中企业常常通过转移或转产来应对,但这意味着产业将在一定地域范围内消失。显然,要维持产业中企业在一定地域范围内的发展,转换效应或替换效应是可选之路。产业中企业在一定地域范围内通过核心技术升级生存发展,而政府既是受益者,又是责任者,这就要求政府对企业的核心技术升级提供必要的支持。所以,下文在建立产业中企业之间核心技术升级博弈模型时,不仅考虑企业之间的博弈,也考虑企业与政府之间的博弈。

(二)产业中企业之间核心技术升级博弈模型

1. 模型与假设

在综合成本上涨的压力下,产业中企业要在一定地域范围内突破发展"瓶颈",就只有选择在一定地域范围内实现核心技术升级。产业中企业间的博弈,因为信息的不完整性及有限理性,企业不能一次性选择最优策略,产业中企业之间博弈模型是随时间变化的动态博弈系统。我们把核心技术的升级作为主导策略,把不升级作为变异策略,由此演化博弈模型把核心技术是否升级作为策略选项,用动态演化过程来分析产业中企业核心技术升级与否的演变过程。

为了便于模型构建,本部分对产业中企业之间核心技术升级博弈模型做如下假设。

第一,在综合成本上涨的压力下,产业中企业为了继续在一定地域范围内生存发展,有升级和不升级两种策略选择。每一方的博弈收益不仅取决于自身策略的选择,而且与对方博弈的策略选择相关。

第二,企业都有追逐最大收益的特点,企业的策略选择是为了使自身收益最大化。也就是说,收益较大的策略会有更多企业选择,而收益较少的策略会被逐渐抛弃。

第三,企业选择升级策略时,是要付出成本的,假设成本为 C。如果博弈双方都选择升级策略,那么每一方均获得升级策略给企业增加的收益 $\pi_a - C$;如果双方都选择不升级策略,那么双方均没有获得增加的收益,收益即为 0;如果有一方选择升级策略,另一方选择不升级策略,那么选择升级策略的博弈方将获得 $\pi_b - C$ 的收益,而选择不升级策略的企业一部分收益将会被选择升级策略的企业侵占,所获得的收益是 $-\pi_d$,这里 $\pi_b > \pi_a$。由此,产业中企业之间核心技术升级博弈模型收益矩阵如表2-3所示。

表2-3 产业中企业之间核心技术升级博弈模型收益矩阵

		企业A	
		升级	不升级
企业B	升级	$\pi_a - C, \pi_a - C$	$\pi_b - C, -\pi_d$
	不升级	$-\pi_d, \pi_b - C$	0,0

2. 演化博弈均衡分析

假设产业中企业之间关于核心技术升级的博弈中,采取升级策略企业的比例为 x,采取不升级策略企业的比例为 $1-x$,企业采取升级与不升级策略的期望收益 U_Y 和 U_N 分别为:

$$U_Y = x(\pi_a - C) + (1-x)(\pi_b - C) = \pi_b - C + x(\pi_a - \pi_b) \tag{2.9}$$

$$U_N = x(-\pi_d) + (1-x)0 = -x\pi_d \tag{2.10}$$

复制动态方程可表示为:

$$F(x) = dx/dt = x(1-x)(U_Y - U_N) = x(1-x)[x(\pi_a - \pi_b + \pi_d) + (\pi_b - C)] \tag{2.11}$$

令 $F(x) = dx/dt = 0$,得可能的稳定状态为:

$$x_1^* = 0, x_2^* = 1, x_3^* = (\pi_b - C)/[\pi_b - (\pi_a + \pi_d)] \tag{2.12}$$

$$F'(x) = (1-2x)[x(\pi_a - \pi_b + \pi_d) + (\pi_b - C)] + x(1-x)(\pi_a - \pi_b + \pi_d) \tag{2.13}$$

根据微分方程的稳定性定理及演化稳定策略的性质,当 $F'(x)<0$ 时,为演化稳定策略。下面分四种情况分别对产业中企业之间核心技术升级博弈策略展开讨论。

第一,当 $C>\pi_b$,且 $C>\pi_a+\pi_d$ 时,$F'(x_1^*)<0$,$F'(x_2^*)>0$,x_3^* 不是稳定状态,所以 $x_1^*=0$ 是演化稳定策略。此时复制动态相位图如图 2-2(a)所示。

第二,当 $C>\pi_b$,且 $C<\pi_a+\pi_d$ 时,$F'(x_1^*)<0$,$F'(x_2^*)<0$,$F'(x_3^*)>0$,所以 $x_1^*=0$ 和 $x_2^*=1$ 是演化稳定策略。此时复制动态相位图如图 2-2(b)所示。

第三,当 $C<\pi_b$,且 $C<\pi_a+\pi_d$ 时,$F'(x_1^*)>0$,$F'(x_2^*)<0$,x_3^* 不是稳定状态,所以 $x_2^*=1$ 是演化稳定策略。此时复制动态相位图如图 2-2(c)所示。

第四,当 $C<\pi_b$,且 $C>\pi_a+\pi_d$ 时,$F'(x_1^*)>0$,$F'(x_2^*)>0$,$F'(x_3^*)<0$,所以 $x_3^*=(\pi_b-C)/[\pi_b-(\pi_a+\pi_d)]$ 是演化稳定策略。此时复制动态相位图如图 2-2(d)所示。

策略演化趋势分析如下。

在第一种情况下,不管对方怎样选择,选择不升级策略的博弈方总是获得最大收益,经过多次选择、学习、改变后,达到 $x=0$ 的稳定状态,因此企业趋向于不升级的策略选择。这也直观反映出了企业所承担的升级成本过大,无奈中只有选择不升级策略。

在第二种情况下,$x_1^* =0$ 和 $x_2^* =1$ 都是演化稳定策略,博弈趋向的结果取决于 x 的初值落在哪个区间。如果 $x \in (0, x_3^*)$,则企业经过多次选择、学习、改变后趋向选择不升级策略;如果 $x \in (x_3^*, 1)$,则企业经过多次选择、学习、改变后趋向选择升级策略。当 π_b 趋近于 C 时,x_3^* 趋近于 0,概率区间 $(x_3^*, 1)$ 最大,几乎所有的企业都会选择核心技术升级策略,而当 $\pi_a + \pi_d$ 趋近于 C 时,x_3^* 趋近于 1,概率区间 $(0, x_3^*)$ 最大,几乎所有的企业都会选择不升级策略。

在第三种情况下,不管对方怎样选择,选择升级策略的博弈方总是获得最大收益,经过多次选择、学习、改变后,达到 $x=1$ 的稳定状态,企业趋向于选择升级策略。这也直观反映了企业能在核心技术升级中获得良好收益,故企业都趋向于核心技术升级。

在第四种情况下,以混合策略的形式达到稳定策略状态,企业经过长期选择、学习、改变后,有 $(\pi_b - C)/[\pi_b - (\pi_a + \pi_d)]$ 比例的企业选择核心技术升级策略应对综合成本上涨压力,有 $[C - (\pi_a + \pi_d)]/[\pi_b - (\pi_a + \pi_d)]$ 比例的企业选择核心技术不升级策略应对综合成本上涨压力。随着 $\pi_b - C$ 的增大,趋向于选择升级策略的企业逐渐增加,而随着 $\pi_b - (\pi_a + \pi_d)$ 的增大,趋向选择升级策略的企业比例在减少;反之亦然。

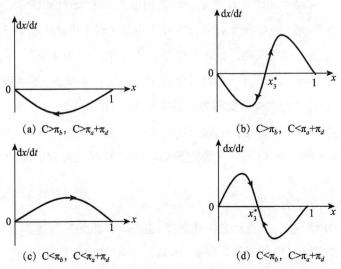

图 2-2 产业中企业群体核心技术升级复制动态相位图

第二章 综合成本上涨对产业核心技术升级影响的理论分析

(三)政府干预背景下产业中企业核心技术升级博弈模型

1. 模型与假设

产业中企业选择升级决策与否,作为利益相关者的政府可被看作是重要的博弈参与者。对于政府和企业而言,双方受到信息不完全和有限理性条件的制约,它们都不能一次性做出最优选择,双方在无数次选择、学习、改变中才能达到一个较优的状态。因此,我们可以用演化博弈模型的动态演化过程分析政府与企业行为的演变过程。

为了便于模型构建,本部分对政府干预背景下产业中企业核心技术升级博弈模型做如下假设。

第一,这里的政府是一个较宽泛概念,可以理解为一定地域内对产业中企业核心技术升级有利害关系的行政机构。

第二,产业中企业在博弈模型的策略选择中有升级核心技术和不升级核心技术两种策略,政府在博弈模型的策略选择中有支持核心技术升级和不支持核心技术升级两种策略。每一方的博弈收益不仅取决于自身策略的选择,而且与对方博弈的策略选择相关。

第三,政府选择支持核心技术升级策略时,需要支付给企业补贴,而企业选择升级核心技术策略,也需要负担核心技术升级成本。当政府选择支持核心技术升级策略而企业选择升级核心技术策略的时候,政府获得的收益为 $S-A_D$,企业获得的收益为 $\pi_a+A_D+A_I-C$;当政府选择支持核心技术升级策略而企业选择不升级核心技术策略的时候,政府没有增加额外收益,而且有可能因为企业的机会行为而损失付出的补贴 PA_D;当政府选择不支持核心技术升级策略而企业选择升级核心技术策略时,政府获得的收益为 $S-F$,而企业获得的收益为 π_a-C-L;当政府选择不支持核心技术升级策略而企业也选择不升级核心技术策略时,政府的负面效应为 F,企业获得增加支付为 0。因此政府干预背景下产业中企业核心技术升级博弈模型收益矩阵如表 2-4 所示,表 2-4 中主要指标及参数含义如表 2-5 所示。

表 2-4 政府干预背景下产业中企业核心技术升级博弈模型收益矩阵

		企业	
		升级	不升级
政府	支持	$S-A_D, \pi_a+A_D+A_I-C$	$-PA_D, PA_D$
	不支持	$S-F, \pi_a-C-L$	$-F, 0$

表 2-5 主要的指标及参数含义

符号	定义
S	企业采取核心技术升级,给政府带来的增加收益
A_D	政府支持企业升级支付的直接补贴和税收减免费用
A_I	企业通过政府支持得到的间接补贴,如金融补贴、人才政策等
L	政府不支持升级时,企业可能损失的知识产权等无形资产
C	企业采取核心技术升级所投入的成本
π_a	企业采取核心技术升级给自身增加的收益
F	政府不支持升级时,给自身造成的负面效应,包括政绩、投资环境等
P	政府因企业机会行为损失而对企业给予直接补贴的概率

2. 演化博弈均衡分析

假设政府博弈的群体中,采用支持核心技术升级策略的博弈方比例为 x,采用不支持核心技术升级策略的博弈方比例为 $1-x$;同时,企业博弈的群体中,采用升级核心技术策略的博弈方比例为 y,采用不升级核心技术策略的博弈方比例为 $1-y$。

这样,政府博弈方支持核心技术升级策略与不支持核心技术升级策略的期望收益 U_{1Y} 和 U_{1N} 分别为:

$$U_{1Y}=y(S-A_D)+(1-y)(-PA_D)=y(S-A_D+PA_D)-PA_D \quad (2.14)$$

$$U_{1N}=y(S-F)+(1-y)(-F)=yS-F \quad (2.15)$$

政府博弈方复制动态方程为:

$$F(x)=dx/dt=x(1-x)(U_{1Y}-U_{1N})=x(x-1)[y(A_D-PA_D)+PA_D-F] \quad (2.16)$$

若 $y=(F-PA_D)/(A_D-PA_D)$,则 $F(x)\equiv 0$,这意味着所有 x 点都在稳定状态。

第二章 综合成本上涨对产业核心技术升级影响的理论分析

若 $y \neq (F-PA_D)/(A_D-PA_D)$,则令 $F(x)=0$,求出 $x_1^* =0, x_2^* =1$ 是两个稳定点,根据微分方程的稳定性定理及演化稳定策略的性质,当稳定点满足 $F'(x)<0$ 时,为演化稳定策略。

$$F'(x)=(2x-1)[y(A_D-PA_D)+PA_D-F] \quad (2.17)$$

要判断 $F'(x)<0$ 是否成立,就必须对 $(F-PA_D)/(A_D-PA_D)$ 的不同情况进行讨论。

(1) 若 $F-PA_D<0$,则 y 恒大于 $(F-PA_D)/(A_D-PA_D)$,有 $F'(0)<0, F'(1)>0$,此时 $x_1^*=0$ 是唯一的演化稳定策略。

(2) 若 $(F-PA_D)/(A_D-PA_D)>1$,则 y 恒小于 $(F-PA_D)/(A_D-PA_D)$,有 $F'(0)>0, F'(1)<0$,此时 $x_2^*=1$ 是唯一的演化稳定策略。

(3) 若 $0<(F-PA_D)/(A_D-PA_D)<1$,可以分为两种情况讨论:

当 $y>(F-PA_D)/(A_D-PA_D)$,有 $F'(0)<0, F'(1)>0$,则 $x_1^*=0$ 是平衡点;当 $y<(F-PA_D)/(A_D-PA_D)$,有 $F'(0)>0, F'(1)<0$,则 $x_2^*=1$ 是平衡点。

相位图2-3反映出以上三种情况的动态演变趋势及稳定性。

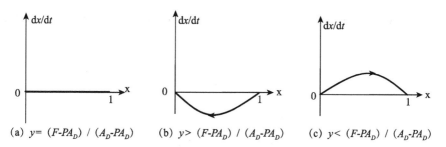

(a) $y=(F-PA_D)/(A_D-PA_D)$ (b) $y>(F-PA_D)/(A_D-PA_D)$ (c) $y<(F-PA_D)/(A_D-PA_D)$

图2-3 政府干预背景下产业中企业核心技术升级复制动态相位图

企业博弈方采用升级核心技术策略与不升级核心技术策略的期望收益 U_{2Y} 和 U_{2N} 分别为:

$$U_{2Y}=x(\pi_a+A_D+A_I-C)+(1-x)(\pi_a-C-L)=x(A_D+A_I+L)+\pi_a-C-L \quad (2.18)$$

$$U_{2N}=xPA_D+(1-x)0=xPA_D \quad (2.19)$$

$$F(y)=y(1-y)(U_{2Y}-U_{2N})=y(1-y)[x(A_D+A_I+L-PA_D)+\pi_a-C-L] \quad (2.20)$$

若 $x=(C+L-\pi_a)/(A_D+A_I+L-PA_D)$,则 $F(y)\equiv 0$,这意味着所有 y 点都是稳定值。

若 $y \neq (C+L-\pi_a)/(A_D+A_I+L-PA_D)$,令 $F(y)=0$,求出 $r_1^*=0, r_2^*=1$ 是两个稳定点。根据微分方程的稳定性定理及演化稳定策略的性质,稳定点满足当 $F'(y)<0$ 时,为演化稳定策略。

$$F'(y)=(1-2y)[x(A_D+A_I+L-PA_D)+\pi_a-C-L] \quad (2.21)$$

要判断 $F'(y)<0$ 是否成立,就必须对 $(C+L-\pi_a)/(A_D+A_I+L-PA_D)$ 的不同情况进行讨论:

(1) 若 $C+L-\pi_a<0$,则恒有 $x>(C+L-\pi_a)/(A_D+A_I+L-PA_D)$,则 $F'(0)>0$, $F'(1)<0$,此时 $y_2^*=1$ 是唯一的演化稳定策略。

(2) 若 $C+L-\pi_a>A_D+A_I+L-PA_D$,即 $(C+L-\pi_a)/(A_D+A_I+L-PA_D)>1$,则恒有 $x<(C+L-\pi_a)/(A_D+A_I+L-PA_D)$,有 $F'(0)<0, F'(1)>0$,此时 $y_1^*=0$ 是唯一的演化稳定策略。

(3) 若 $0<(C+L-\pi_a)/(A_D+A_I+L-PA_D)<1$,可以分为两种情况讨论:

当 $x>(C+L-\pi_a)/(A_D+A_I+L-PA_D)$,有 $F'(0)>0, F'(1)<0$,则 $y_2^*=1$ 是平衡点。

当 $x<(C+L-\pi_a)/(A_D+A_I+L-PA_D)$,有 $F'(0)<0, F'(1)>0$,则 $y_1^*=0$ 是平衡点。

相位图 2-4 反映出以上三种情况的动态演变趋势及稳定性。

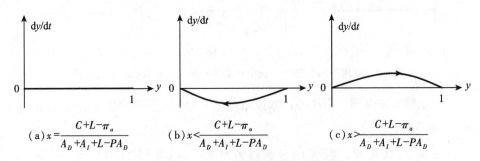

图 2-4 企业群体复制动态相位图

在非对称演化博弈中,复制动态方程所处的初始状态不同,可能演化成不同的稳定状态。将政府群体和企业群体两个群体复制动态趋势放在坐标平面上,如图 2-5 所示。

第二章 综合成本上涨对产业核心技术升级影响的理论分析

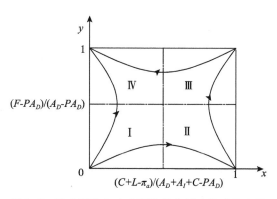

图 2-5 政府群体与企业群体演化博弈轨迹示意图

当两个群体初始状态落在区域 Ⅰ 的时候,该博弈收敛于平衡点 $x_2^* =1, y_1^* = 0$,即两群个体选择支持核心技术升级、不升级核心技术的策略组合。

当两个群体初始状态落在区域 Ⅱ 的时候,该博弈收敛于平衡点 $x_2^* =1, y_2^* = 1$,即两个群体选择支持核心技术升级、升级核心技术的策略组合。

当两个群体初始状态落在区域 Ⅲ 的时候,该博弈收敛于平衡点 $x_2^* =0, y_2^* = 1$,即两个群体选择不支持核心技术升级、升级核心技术的策略组合。

当两个群体初始状态落在区域 Ⅳ 的时候,该博弈收敛于平衡点 $x_2^* =0, y_2^* = 0$,即两个群体选择不支持核心技术升级、不升级核心技术的策略组合。

由图 2-5 的动态演化博弈轨迹可知,四条演化博弈轨迹形成一个闭合循环,所以各个顶点(1,0)、(1,1)、(0,1)、(0,0)都是鞍点,四个点中没有演化稳定策略。

另外,由前面的讨论可知,政府群体与企业群体关于核心技术升级的博弈中,仍有四个演化稳定策略,进一步分析如下。

若 $F-PA_D<0$,此时 $x_1^*=0$ 是演化稳定策略,即政府因为企业的机会主义行为而损失的补贴大于政府不支持核心技术升级策略带来的负面效应,因此政府都会选择不支持核心技术升级策略。该策略的选择反映了两个方面的问题:第一,政府支持核心技术升级的动力不足、压力不大,政府没有把工作重点放在产业核心技术升级上来。第二,由于制度的不完善,产业中企业骗取政府补助的机会主义行为盛行,使得政府看不到升级的效果,这又降低了政府支持产业中企业核心

技术升级的热情。要改变这种状况，一方面应当把产业中企业核心技术升级作为对政府考核的重要指标；另一方面应建立完善的评价系统或引入第三方评价机构，对发放给企业的补助使用明细情况和使用效果进行评价，提高补助的有效使用率。

若$(F-PA_D)/(A_D-PA_D)>1$，此时$x_2^*=1$是演化稳定策略，即政府选择不支持核心技术升级策略带来的负面效应大于政府直接给予补贴，因此政府都会选择支持核心技术策略。该策略说明政府有强烈愿望支持产业中企业核心技术升级，政府可以着力于市场调节失灵的领域及制度建设来促进产业中企业核心技术升级，例如建立、完善社会信任体系，降低产业中企业核心技术升级过程中的信息成本，使产业中企业充分利用社会管理资源，为产业中企业获得核心技术升级所需的人才和金融服务创造条件。此外，政府还可以从宏观层面对产业中企业进行必要的指导、调节、监督和管理。

若$C+L-\pi_a<0$，则恒有$x>(C+L-\pi_a)/(A_D+A_I+L-PA_D)$，此时$\gamma_2^*=1$是演化稳定策略，即企业选择升级核心技术策略收益大于升级投入的成本和政府不支持升级可能造成的损失之和，因此企业都将选择升级核心技术升级策略。政府可以组织建立相关产业创业园，对在地区中有优势的科研项目，鼓励产、学、研快速结合，形成有竞争力的产业集群，在竞争中激发企业技术创新的热情，同时发挥产业集群的协同效应，推动整个产业的技术进步。

若$C+L-\pi_a>A_D+A_I+L-PA_D$，即$(C+L-\pi_a)/(A_D+A_I+L-PA_D)>1$，此时$\gamma_1^*=0$是演化稳定策略。这说明如果企业选择升级核心技术策略所能获得的收益小于企业投入的成本和企业采取机会主义行为的收益，因此企业都会选择不升级核心技术策略。此策略说明企业在升级中负担的成本过大，而企业群体中的机会主义行为又有利可图，企业将失去核心技术升级的动力，选择不升级成为演变过程中的现实选择。政府应加大对企业核心技术升级的支持力度，增加直接投入和颁布更有力的支持政策，完善对企业研发评价体系的建设，使政府的支持更有效率，从而促进企业逐渐实现核心技术升级。

上述四种演化稳定策略，可以用Matlab7.0进行仿真，其图像如图2-6所示。

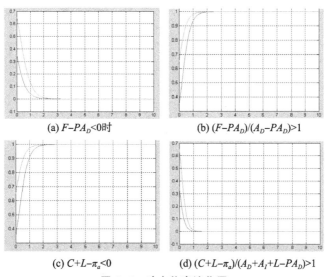

(a) $F-PA_D<0$ 时 (b) $(F-PA_D)/(A_D-PA_D)>1$

(c) $C+L-\pi_a<0$ (d) $(C+L-\pi_a)/(A_D+A_I+L-PA_D)>1$

图 2-6 动态仿真演化图

三、结论

在综合成本上涨的压力下,由对博弈模型的分析可知,产业中企业是否采取核心技术升级策略取决于以下几个因素。

(一)产业中的垄断竞争程度

如果产业中垄断程度高,那么当综合成本上涨时,产业中企业可以把成本压力传导给下游企业或消费者,选择涨价而不升级核心技术对于企业而言是最佳选择。如果产业中竞争程度高,那么当综合成本上涨时,产业中企业选择涨价策略时,由于区位租金的差异,生产要素成本的不同,在竞争的市场环境下,这意味着其市场占有率会降低,也给替代品提供可乘之机。产业中企业要么选择在一定地域内消亡,即转移或转产,要么选择在一定地域内升级其核心技术,即转换或替换。以上也可以由产品需求弹性的差异性解释。

(二)核心技术升级的成本与产业中竞争对手的策略选择

若企业升级核心技术所付出的成本大于收益,那么对于产业中企业来说升级核心技术将是不划算的,这将制约产业中企业核心技术升级策略的实施。核心技术升级、转移或转产都是企业维持生存和发展的现实选择,企业最终的选择取决于约束条件下的成本比较,所以企业升级核心技术的成本不仅仅要考虑自身付出的成本,还要考虑比较成本。而企业自身的属性影响单位产品升级成本,如企业的规模、企业在行业中的地位等。另外,如果竞争对手选择升级核心技术策略,选择不升级核心技术策略的企业市场占有率将有可能会被对手侵蚀,甚至被逐渐淘汰出产业圈,企业在一定区域内消失。这样有可能造成产业的重新"洗牌",一部分企业通过核心技术升级发展壮大,一部分企业在一定区域内消失。

(三)企业是否选择核心技术升级,政府作为利益相关人与之息息相关

政府的扶持政策可以减少企业面临的压力,如政府补贴可以降低企业生产要素的成本压力,完善的社会信用体系能够降低企业的信息成本,进而促进企业有效利用社会管理资源。另外,政府出于对于自身执政业绩的考虑,会把产业结构调整、核心技术升级作为政府工作的重心。

第三节 基于成本视角的产业核心技术升级对称和非对称演化博弈研究

一、研究背景

面对要素成本、环境成本等综合成本不断抬升的局面,我国产业中企业过去依赖于自然资源、劳动力等低端要素成本的比较优势逐渐丧失,产业中企业不得不重构资本、技术等高端要素的比较优势。在此背景下,我国经济发展方式将由要素驱动向创新驱动转变,经济结构也将随之调整并逐步优化,这是国家经济中的资源禀赋状况逆变而引发的内在升级要求。这种资源禀赋的动态转变要求产业中企业加大投入,提升核心技术,促使产业中企业从价值链低端向价值链高端迈进,从而实现升级。产业升级问题再次引起学界的高度关注。

第二章 综合成本上涨对产业核心技术升级影响的理论分析

Poon 认为产业升级是企业成功从生产劳动密集型低价值产品向生产资本或技术密集型高价值产品转换的过程。[①] 而且，Loren and Thun 指出产业内企业间激烈的竞争会驱动和刺激企业选择升级策略。[②] 国内学者张其仔[③]、唐晓云[④]、许培源和章燕宝[⑤]也指明了产业升级与技术创新往往是息息相关的。黄茂兴和李军军进一步提出产业中企业可以通过改良现有的技术和工艺等创新方式，来获取成本竞争优势并提升绩效。[⑥] 张维佳发现产业中企业微观主体的渐进式创新行为将推动产业升级，而且，产业中企业技术创新活动越剧烈对产业升级的影响越显著。也就是说，技术创新和产业升级之间存在长期稳定的关系。[⑦] 孙喜探究了国内车用柴油机产业升级的实践，披露了技术空心化使我国企业对技术链条毫无决策权，以至于期望中的产业升级主导权也随之旁落的现状。[⑧]

与此同时，学者们也探究了劳动力成本上涨对产业升级的影响，罗来军等指出我国工资水平和劳动力成本的适度上涨，将推动我国产业的升级，从而提升我国产业的劳动生产率和国际竞争力。[⑨] 沈于和朱少非认为在当前劳动力成本的快速上升、刘易斯拐点的到来，且资本相对充裕的背景下，我国面临着产业结构升级的机遇。[⑩]

综上所述，当国家资源禀赋发生转变时，产业升级是提升产业核心竞争力、

[①] Poon, S. C., "Beyond the Global Production Networks: A Case of Further Upgrading of Taiwan's Information Technology Industry", *International Journal of Technology and Globalisation*, 2004, 1(1), 130—144.

[②] Loren, B., and Thun, E., "The Fight for the Middle: Upgrading, Competition, and Industrial Development in China", *World Development*, 2010, 38(11), 1555—1574.

[③] 张其仔："比较优势的演化和中国产业升级的路径选择"，《中国工业经济》，2008 年第 9 期，第 58—68 页。

[④] 唐晓云："产业升级研究综述"，《科技进步与对策》，2012 年第 4 期，第 156—160 页。

[⑤] 许培源、章燕宝："行业技术特征、知识产权保护与技术创新"，《科学学研究》，2014 年第 6 期，第 950—960 页。

[⑥] 黄茂兴、李军军："技术选择、产业结构升级与经济增长"，《经济研究》，2009 年第 7 期，第 143—151 页。

[⑦] 张维佳："金融发展、技术创新对产业升级的影响研究"，《商业经济研究》，2015 年第 12 期，第 111—113 页。

[⑧] 孙喜："产品开发与产业升级"，《产业经济研究》，2014 年第 3 期，第 11—21 页。

[⑨] 罗来军、史蕊、陈衍泰："工资水平、劳动力成本与我国产业升级"，《当代经济研究》，2012 年第 5 期，第 36—42 页。

[⑩] 沈于、朱少非："刘易斯拐点、劳动力供求与产业结构升级"，《财经问题研究》，2014 年第 1 期，第 42—47 页。

综合成本上涨对我国产业核心技术升级影响的研究

保持其可持续发展的必然选择。产业升级与技术升级又是如影随形的,技术升级是否成功与产业中企业间竞争环境、企业技术积累等密切相关。本节的出发点是产业中企业通过技术与资本的投入,从原有技术范式升级为新技术范式,以提高生产效率来降低生产成本,从而化解综合成本上涨对产业中企业形成的压力。考虑到产业核心技术升级是企业间竞争博弈的过程,本节用演化博弈理论来研究产业中企业核心技术升级的动态变化,通过建立动态均衡下的收益函数,讨论产业中企业升级策略选择的各种影响因素,剖析在不同市场环境下,企业成本状态及其变化对升级策略选择的影响效应。

二、模型的建立

本节分别以产业中企业群体产业核心技术升级对称博弈和非对称博弈来假设两种市场环境。

(一) 产业核心技术升级对称博弈

1. 假设及收益矩阵

假设产业中有企业群体 A 和企业群体 B,两类群体是对称的。两类企业群体产品销售量均为 q,在竞争环境下单价均为 p,产业中两类企业群体之间的博弈为对称博弈。原产品单位边际成本为 C_1,成本上涨了 C_3,产业核心技术升级后,产品单位边际成本下降 C_2;q' 为升级企业群体获得的额外销售量,与需求弹性相关,需求弹性越大,q' 越大,反之越小;α 为技术溢出率,$\alpha \in [0,1]$,$\alpha = 0$ 说明技术成果、知识产权保护得力,升级企业群体可以独享升级成本优势,$\alpha = 1$ 说明技术成果、知识产权保护形同虚设;产业核心技术升级所付出的升级成本为 $\gamma C_2^2 / 2$,并具有边际报酬递减特性;γ 为核心技术升级效率参数,γ 越大,意味着相同升级水平支付的升级成本越大[①]。产业中企业之间群体产业核心技术升级对称博弈模型收益矩阵如表 2-6 所示,企业群体 A、企业群体 B 是对称的,企业

[①] 袁立科、张宗益:"寡头竞争模型下的非对称 R&D 分析",《管理工程学报》,2008 年第 2 期,第 64—68 页。

群体 A 和企业群体 B 都有升级和不升级两种策略选择,收益矩阵分为四个象限,每个象限中前项为企业群体 B 的收益,后项为企业群体 A 的收益。

表 2-6 产业中企业群体之间核心技术升级对称博弈模型收益矩阵

		企业群体 A	
		升级	不升级
企业群体 B	升级	$\pi_a=[p-(C_1+C_3-C_2)]q-\gamma C_2^2/2$ $\pi_a=[p-(C_1+C_3-C_2)]q-\gamma C_2^2/2$	$\pi_b=[p-(C_1+C_3-C_2)](q+q')-\gamma C_2^2/2$ $\pi_c=[p-(C_1+C_3-\alpha C_2)](q-q')$
	不升级	$\pi_c=[p-(C_1+C_3-\alpha C_2)](q-q')$ $\pi_b=[p-(C_1+C_3-C_2)](q+q')-\gamma C_2^2/2$	$\pi_d=[p-(C_1+C_3)]q$ $\pi_d=[p-(C_1+C_3)]q$

2. 复制动态方程及演化稳定策略

假设产业核心技术升级博弈的企业群体中,采用升级策略的博弈方比例为 x,采用不升级策略的博弈方比例为 $1-x$。

产业中企业群体博弈方采用升级策略与不升级策略的期望收益 U_Y 和 U_N 分别为:

$$U_Y = x\pi_a + (1-x)\pi_b \tag{2.22}$$

$$U_N = x\pi_c + (1-x)\pi_d \tag{2.23}$$

复制动态方程为:

$$F(x) = dx/dt = x(1-x)(U_Y-U_N) = x(1-x)[x(\pi_a-\pi_b-\pi_c+\pi_d)+\pi_b-\pi_d] \tag{2.24}$$

$$F'(x) = (1-2x)[x(\pi_a-\pi_b-\pi_c+\pi_d)+\pi_b-\pi_d]+x(1-x)(\pi_a-\pi_b-\pi_c+\pi_d) \tag{2.25}$$

令 $F(x)=0$,可得稳定状态点,$x_1^*=0$,$x_2^*=1$,$x_3^*=\pi_b-\pi_d/(\pi_b-\pi_d-\pi_a+\pi_c)$。

$$F'(x_1^*) = \pi_b-\pi_d \tag{2.26}$$

$$F'(x_2^*) = \pi_c-\pi_a \tag{2.27}$$

$$F'(x_3^*) = (\pi_d-\pi_b)(\pi_c-\pi_a)/(\pi_b-\pi_d-\pi_a+\pi_c) \tag{2.28}$$

$$\pi_b-\pi_d=-\gamma C_2^2/2+(q+q')C_2+q'(p-C_1-C_3) \qquad (2.29)$$

令 $\pi_b-\pi_d=0$,得 $C_2^*=[(q+q')+\sqrt{(q+q')^2+2\gamma q'(p-C_1-C_3)}]/\gamma=k_1$,另一负根舍去。

$$\pi_a-\pi_c=-\gamma C_2^2/2+[q(1-\alpha)+q'\alpha]C_2+q'(p-C_1-C_3) \qquad (2.30)$$

令 $\pi_a-\pi_c=0$,得 $C_2^{**}=\{[q(1-\alpha)+q'\alpha]+\sqrt{[q(1-\alpha)+q'\alpha]^2+2\gamma q'(p-C_1-C_3)}\}/\gamma=k_2$,另一负根舍去。

比较可知,$\pi_b-\pi_d>\pi_a-\pi_c$,$k_1>k_2$,因 x_3^* 分母为正数,若 $x_3^* \in (0,1)$,x_3^* 必然在 $\pi_b-\pi_d>0$,$\pi_a-\pi_c<0$ 条件下才会有意义。

由 $C_2<C_1+C_3$,可得出 $\gamma>[2q'p+2q(C_1+C_3)]/(C_1+C_3)$。

若 $\pi_b-\pi_d<0$,$\pi_c-\pi_a>0$,有 $F'(x_1^*)<0$,$F'(x_2^*)>0$,$x_3^* \notin (0,1)$,所以只有 $x_1^*=0$ 是演化稳定策略,即企业群体采取不升级策略。此时,$k_1<C_2<C_1+C_3$。

若 $\pi_b-\pi_d<0$,$\pi_c-\pi_a<0$,有 $F'(x_1^*)<0$,$F'(x_2^*)<0$,$x_3^* \notin (0,1)$,有 $x_1^*=0$,$x_2^*=1$ 是演化稳定策略。此时,C_2 无解。

若 $\pi_b-\pi_d>0$,$\pi_c-\pi_a<0$,有 $F'(x_1^*)>0$,$F'(x_2^*)<0$,$x_3^* \notin (0,1)$,所以只有 $x_2^*=1$ 是演化稳定策略,即企业群体采取升级策略。此时,$C_3<C_2<k_2$。①

若 $\pi_b-\pi_d>0$,$\pi_c-\pi_a>0$,有 $F'(x_1^*)>0$,$F'(x_2^*)>0$,$F'(x_3^*)<0$,$x_3^*=\pi_b-\pi_d/(\pi_b-\pi_d-\pi_a+\pi_c)$ 是演化稳定策略,即企业群体采取混合策略。此时,$k_2<C_2<k_1$。

3. 演化趋势分析

产业中对称企业群体升级成本区间对应的策略选择如图 2-7 所示。

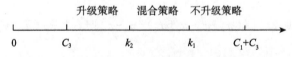

图 2-7 对称企业群体升级成本区间对应的策略选择

当 $k_1<C_2<C_1+C_3$ 时,由于企业群体投入的升级成本过大,导致没有利润空间,选择不升级策略对于企业群体来说是最优选择。

---

① 如果 C_3 的增长率大于 C_2,那么企业群体可能失去升级的意义;如果 C_2 的增长率大于 C_3,企业群体可能完成产业升级,进入新的技术范式。

第二章 综合成本上涨对产业核心技术升级影响的理论分析

企业群体实现升级成本 C_2 的区间为 $C_3<C_2<k_2$,企业群体在此区间有合理的升级成本投入,并且可以通过核心技术升级减少产品单位成本,以此消除综合成本上涨对企业群体的影响,同时实现从原有核心技术范式到新技术范式的升级。

当 $k_2<C_2<k_1$ 时,在企业群体中采用升级策略和不升级策略的企业同时存在,它们之间的比例由 x_2^* 决定。其中,$\pi_b-\pi_d/(\pi_b-\pi_d-\pi_a+\pi_c)$ 比例的企业选择升级策略,$\pi_c-\pi_a/(\pi_b-\pi_d-\pi_a+\pi_c)$ 比例的企业选择不升级策略。随着 $\pi_b-\pi_d$ 的增大,选择升级策略企业的比例会增加。类似的,随着 $\pi_a-\pi_c$ 的增大,选择不升级策略企业的比例会增加。

需要注意的是:根据 C_2^* 和 C_2^{**} 表达式可知,C_2^*、C_2^{**} 与 q、q' 成正相关关系,C_2^{**} 和 α、γ 成负相关关系。q 和 q' 越大,k_1 和 k_2 就越大,企业群体有越充足的成本空间用于核心技术的升级。q' 与需求弹性相关,需求弹性越大的产业,企业群体采取升级策略能获得越多的额外销售量。效率参数 γ 反映了升级成本效率,企业群体创新意识和技术积累越多,γ 值越小,升级成本就越小,升级的可能性也就越大。技术溢出 α 反映的是专利保护的力度,如果专利技术能得到有效保护,便能最小化其他企业搭便车情况发生的概率,从而保证了企业群体投入升级后能最大化其比较优势,实现对超额利润追求的预期目标。

假设一组参数:$p=10$,$C_1=3$,$C_3=1$,$q=100$,$q'=10$,$\alpha=0.2$,$\gamma=80$,可以求出:$k_1=3.21$,$k_2=2.62$。那么就有:由 $k_1<C_2<C_1+C_3$,得出 $3.21<C_2<4$ 时,企业群体可以选择不升级策略;由 $C_3<C_2<k_2$,得出 $1<C_2<2.62$ 时,企业群体选择升级策略;由 $k_2<C_2<k_1$,得出 $2.62<C_2<3.21$ 时,若取 $C_2=3$,那么企业群体 35.7% 的企业选择升级策略,而企业群体 54.3% 的企业选择不升级策略。

以此组参数为例,若选择升级策略,C_2 取值范围为技术升级成本空间,用 Z 表示,那么 $Z=2.62-1=1.62$。升级成本空间越大,那么企业群体升级时投入成本的可选择范围就越大,即选择技术升级的方案就越多。通过改变某一个参数,固定其他参数来观察参数与 Z 的变化,如图 2-8 至图 2-11 所示:

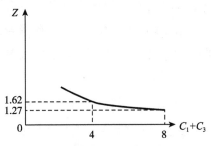

图 2-8 升级成本空间与原有产品成本变化关系

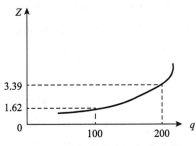

图 2-9 升级成本空间与产品销售量变化关系

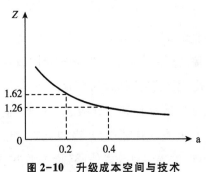

图 2-10 升级成本空间与技术溢出率 α 变化关系

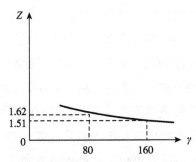

图 2-11 升级成本空间与技术升级效率参数 γ 变化关系

由图 2-8 可以看出,原有产品成本越大,升级成本空间越小,表明综合成本上涨幅度越大,企业群体选择升级方案的概率越小;由图 2-9 可以看出,产品销售量 q 越大,升级成本空间越大,表明规模效益有利于技术升级,降低单位成本;由图 2-10 可以看出,技术溢出率越大,升级成本空间越小,表明缺乏较好的知识产权保护,将会增加产业中机会主义行为的概率,影响企业群体升级后收益的增加和升级成本的分摊;由图 2-11 可以看出,技术升级效率参数越大,升级成本空间越小,表明技术积累将会降低企业群体技术行为付出的成本。

(二) 产业核心技术升级非对称博弈

1. 假设及收益矩阵

假设产业中存在强势企业群体和弱势企业群体,强势企业群体与弱势企业群体的区别主要在于生产规模和技术储备,强势企业群体没有在产业中形成垄断地位,强势企业群体和弱势企业群体在市场中各有生存发展空间。若弱势企业群体产品销售量为 q_1,强势企业群体产品销售量为 q_2,有 $q_1<q_2$;设单价均为 p;两个企业群体原产品单位边际成本均为 C_1,受综合成本上涨的影响,边际成本上涨了 C_3,核心技术升级后,产品单位边际成本下降 C_2;q' 为升级企业群体获得的额外销售量,与需求弹性相关,需求弹性越大 q' 越大,反之越小;α 为技术溢出率,$\alpha\in[0,1]$,$\alpha=0$ 说明技术成果、知识产权保护得力,升级企业群体可以独享升级成本优势,$\alpha=1$ 说明技术成果、知识产权保护形同虚设;弱势企业群体核心技术升级所付出的升级成本为 $\gamma_1 C_2^2/2$,强势企业群体核心技术升级所付出的升级成本为 $\gamma_2 C_2^2/2$,具有边际报酬递减特性,γ 为核心技术升级效率参数,γ 越大,意味着相同升级水平支付的升级成本越大,由于强势企业群体具有技术储备优势,所以 $\gamma_1>\gamma_2$。产业中企业群体之间核心技术升级非对称博弈模型收益矩阵如表 2-7 所示,强势企业群体、弱势企业群体都有升级、不升级两种策略选择,收益矩阵分为四个象限,每个象限中前项为弱势企业群体收益,后项为强势企业群体收益。

表 2-7　产业中企业群体之间核心技术升级非对称博弈模型收益矩阵

		强势企业群体	
		升级	不升级
弱势企业群体	升级	$\pi_a=[p-(C_1+C_3-C_2)]q_1-\gamma_1 C_2^2/2$ $\pi_a'=[p-(C_1+C_3-C_2)]q_2-\gamma_2 C_2^2/2$	$\pi_b=[p-(C_1+C_3-C_2)](q_1+q')-\gamma_1 C_2^2/2$ $\pi_c=[p-(C_1+C_3-\alpha C_2)](q_2-q')$
	不升级	$\pi_c'=[p-(C_1+C_3-\alpha C_2)](q_1-q')$ $\pi_b'=[p-(C_1+C_3-C_2)](q_2+q')-\gamma_2 C_2^2/2$	$\pi_d=[p-(C_1+C_3)]q_1$ $\pi_d'=[p-(C_1+C_3)]q_2$

2. 复制动态方程及演化稳定策略

假设在产业核心技术升级博弈的弱势企业群体中,采用升级策略的博弈方比例为 x,采用不升级策略的博弈方比例为 $1-x$;同时,在强势企业群体中,采用升级策略的博弈方比例为 y,采用不升级策略的博弈方比例为 $1-y$。

(1) 弱势企业群体博弈方采用升级策略与不升级策略的期望收益 U_{1Y} 和 U_{1N} 分别为:

$$U_{1Y}=y\pi_a+(1-y)\pi_b \tag{2.31}$$

$$U_{1N} = y\pi_c' + (1-y)\pi_d \tag{2.32}$$

复制动态方程为：

$$F(x) = dx/dt = x(1-x)(U_{1Y} - U_{1N}) = x(x-1)[y(\pi_b - \pi_d - \pi_a + \pi_c') + \pi_d - \pi_b] \tag{2.33}$$

$$F'(x) = (2x-1)[y(\pi_b - \pi_d - \pi_a + \pi_c') + \pi_d - \pi_b] \tag{2.34}$$

令 $(\pi_b - \pi_d)/(\pi_b - \pi_d - \pi_a + \pi_c') = g_1$。

若 $y = g_1$，则 $F(x) \equiv 0$，这意味着所有 x 点都是稳定状态。

若 $y \neq g_1$，则令 $F(x) = 0$，求出 $x_1^* = 0, x_2^* = 1$ 是两个稳定点，根据微分方程的稳定性定理及演化稳定策略的性质，当稳定点满足 $F'(x) < 0$ 时，为演化稳定策略。于是有对 g_1 的不同情况进行讨论：

$$\pi_a - \pi_c' = -\gamma_1 C_2^2/2 + [q_1(1-\alpha) + q'\alpha]C_2 + q'(p - C_1 - C_3) \tag{2.35}$$

$$\pi_b - \pi_d = -\gamma_1 C_2^2/2 + (q_1 + q')C_2 + q'(p - C_1 - C_3) \tag{2.36}$$

令 $\pi_b - \pi_d = 0$, $C_2^* = [(q_1 + q') + \sqrt{(q_1 + q')^2 + 2\gamma_1 q'(p - C_1 - C_3)}]/\gamma_1 = k_1$，另一负根舍去。

令 $\pi_a - \pi_c' = 0$, $C_2^{**} = \{[q_1(1-\alpha) + q'\alpha] + \sqrt{[q_1(1-\alpha) + q'\alpha]^2 + 2\gamma_1 q'(p - C_1 - C_3)}\}/\gamma_1 = k_2$，另一负根舍去。

比较可知，$\pi_a - \pi_c' < \pi_b - \pi_d$，即 g_1 分母大于零；$k_1 > k_2$。

若 $g_1 < 0$，即 $\pi_b - \pi_d < 0$，则 y 恒大于 g_1，有 $F'(x_1^*) < 0$, $F'(x_2^*) > 0$, $x_1^* = 0$ 是演化稳定策略。此时，$k_1 < C_2 < C_1 + C_3$。

若 $g_1 > 1$，即 $\pi_a - \pi_c' > 0, \pi_b - \pi_d > 0$，则 y 恒小于 g_1，有 $F'(x_1^*) > 0$, $F'(x_2^*) < 0$, $x_2^* = 1$ 是演化稳定策略。此时，$0 < C_2 < k_2$。

若 $0 < g_1 < 1$，即 $\pi_b - \pi_d > 0, \pi_a - \pi_c' < 0$，可分为两种情况讨论。

当 y 大于 g_1，有 $F'(x_1^*) < 0$, $F'(x_2^*) > 0$, $x_1^* = 0$ 是复制动态平衡点。

当 y 小于 g_1，有 $F'(x_1^*) > 0$, $F'(x_2^*) < 0$, $x_2^* = 1$ 是复制动态平衡点。

此时，$k_2 < C_2 < k_1$。

（2）强势企业群体博弈方采用升级策略与不升级策略的期望收益 U_{2Y} 和 U_{2N} 分别为：

$$U_{2Y} = x\pi_a' + (1-x)\pi_b' \tag{2.37}$$

$$U_{2N} = x\pi_c + (1-x)\pi_d' \tag{2.38}$$

复制动态方程为：

$$F(y) = dy/dt = y(1-y)(U_{2Y} - U_{2N}) = y(y-1)[x(\pi_b' - \pi_d' - \pi_a' + \pi_c) + \pi_d' - \pi_b'] \tag{2.39}$$

$$F'(y) = (2y-1)[x(\pi_b' - \pi_d' - \pi_a' + \pi_c) + \pi_d' - \pi_b'] \tag{2.40}$$

令 $(\pi_b' - \pi_d')/(\pi_b' - \pi_d' - \pi_a' + \pi_c) = g_2$。

若 $x = g_2$，则 $F(y) \equiv 0$，这意味着所有 y 点都是稳定状态。

若 $x \neq g_2$，则令 $F(y) = 0$，求出 $\gamma_1^* = 0, \gamma_2^* = 1$ 是两个稳定点，根据微分方程的稳定性定理及演化稳定策略的性质，当稳定点满足 $F'(y) < 0$ 时，为演化稳定策略。于是对 g_2 的不同情况进行讨论：

$$\pi_a' - \pi_c = -\gamma_2 C_2^2/2 + C_2 q_2(1-\alpha) + q'[p - (C_1 + C_3) + \alpha C_2] \tag{2.41}$$

$$\pi_b' - \pi_d' = -\gamma_2 C_2^2/2 + C_2 q_2 + q'[p - (C_1 + C_3) + C_2] \tag{2.42}$$

令 $\pi_b' - \pi_d' = 0$，$C_2^* = [(q_2 + q') + \sqrt{(q_2 + q')^2 + 2\gamma_2 q'(p - C_1 - C_3)}]/\gamma_2 = k_1'$，另一负根舍去。

令 $\pi_a' - \pi_c = 0$，$C_2^{**} = \{[q_2(1-\alpha) + q'\alpha] + \sqrt{[q_2(1-\alpha) + q'\alpha]^2 + 2\gamma_2 q'(p - C_1 - C_3)}\}/\gamma_2 = k_2'$，另一负根舍去。

比较可知，$\pi_a' - \pi_c < \pi_b' - \pi_d'$，即 g_2 分母大于零；$k_1' > k_2'$。

若 $g_2 < 0$，即 $\pi_b' - \pi_d' < 0$，则 x 恒大于 g_2，有 $F'(\gamma_1^*) < 0$，$F'(\gamma_2^*) > 0$，$\gamma_1^* = 0$ 是演化稳定策略。此时，$k_1' < C_2 < C_1 + C_3$。

若 $g_2 > 1$，即 $\pi_a' - \pi_c > 0$，$\pi_b' - \pi_d' > 0$ 则 x 恒小于 g_2，有 $F'(\gamma_1^*) > 0$，$F'(\gamma_2^*) < 0$，$\gamma_2^* = 1$ 是演化稳定策略。此时，$0 < C_2 < k_2'$。

若 $0 < g_2 < 1$，即 $\pi_b' - \pi_d' > 0$，$\pi_a' - \pi_c < 0$，可分为两种情况讨论。

当 x 大于 g_2，有 $F'(\gamma_1^*) < 0$，$F'(\gamma_2^*) > 0$，$\gamma_1^* = 0$ 是复制动态平衡点。

当 x 小于 g_2，有 $F'(\gamma_1^*) > 0$，$F'(\gamma_2^*) < 0$，$\gamma_2^* = 1$ 是复制动态平衡点。

此时，$k_2' < C_2 < k_1'$。

将两个企业群体复制动态变化在坐标平面中表示出来，分析该非对称演化博弈可以得到不同的均衡状态，如图 2-12 所示。

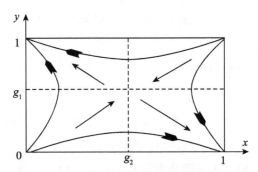

图2-12 两个企业群体复制动态变化轨迹

结合 x 和 y 的变化,能够循着它们的动态变化路径去确定企业群体均衡的位置。在图2-12中由 g_1 和 g_2 隔开的四个象限中,x 与 y 的变化都会产生图中显示的弯曲动态路径,这些曲线都会朝着图的左上角或右下角移动,也就是说,它们最后都会收敛于(1,0)或(0,1)。企业群体收敛于(1,0)还是(0,1)取决于初始条件。如果最初 x 很小并且 y 很大,企业群体的升级比例结构可能越过 g_1 线,然后向(0,1)运动,而不会越过 g_2 线向(1,0)运动。同样如果 x 很大并且 y 很小,企业群体的升级比例结构可能越过 g_2 线,然后向(1,0)运动,而不会越过 g_1 线向(0,1)运动。

由图2-12及以上分析可知,$(x,y)=(1,0)$,$(x,y)=(0,1)$ 是演化博弈的两个演化稳定策略。

3. 演化趋势分析

通过建立强、弱企业群体间的演化博弈模型,分析不同的均衡结果,可得出以下六个演化稳定策略。

(1)若 $\pi_b-\pi_d<0$,$x=0$ 是演化稳定策略。此时,$k_1<C_2<C_1+C_3$。这表明升级策略虽然可以减少弱势企业群体的边际成本,但过重的升级成本使企业群体无利可图,最终弱势企业群体只能选择不升级策略。

(2)若 $\pi_a-\pi_c'>0$,$\pi_b-\pi_d>0$,$x_1=1$ 是演化稳定策略。此时,$C_3<C_2<k_2$。这表明弱势企业群体可以承担投入的升级成本,并且通过升级可以减少单位边际成本,使得弱势企业群体有利可图。

(3)若 $\pi_b'-\pi_d'<0$,$y_2=0$ 是演化稳定策略。此时,$k_1'<C_2<C_1+C_3$。这表明升级策略虽然可以减少强势企业群体的边际成本,但过重的升级成本使强势企

第二章 综合成本上涨对产业核心技术升级影响的理论分析

业群体无利可图,最终强势企业群体只能选择不升级策略。

(4) 若 $\pi_a{'}-\pi_c>0$, $\pi_b{'}-\pi_d>0$, $y_1=1$ 是演化稳定策略。此时, $C_3<C_2<k_2{'}$。这表明强势企业群体可以承担投入的升级成本,并且通过升级可以减少单位边际成本,使得强势企业群体有利可图。

若满足 $\pi_b-\pi_d>0$, $\pi_a-\pi_c<0$, 且 $\pi_b{'}-\pi_d{'}>0$, $\pi_a{'}-\pi_c<0$, 可知 $k_2<C_2<k_1$ 且 $k_2{'}<C_2<k_1{'}$;根据比较可知,$k_1{'}>k_1$,$k_2{'}>k_2$,且根据模型假设,两个群体企业间是竞争关系而不是垄断关系,产品销售量 q 和技术升级效率参数 γ 在一个数量级差别之间,由此得出 $k_1>k_2{'}$。C_2 在 $(k_2{'},k_1)$ 取值时,两个群体的初始状态决定了演化运动方向,可能出现以下两个演化稳定策略。

(5) $(x,y)=(1,0)$。在产业中企业群体核心技术升级的演化博弈中,当综合成本不断上涨,新技术的成熟为弱势企业群体弯道超越强势企业群体提供了可能,弱势企业群体对于发展机会十分重视,弱势企业群体愿意升级的比例远超过强势企业群体,弱势企业群体抢得先机后,逐渐意识到升级给其带来收益的利好,于是更加坚定地采用升级策略来应对综合成本不断上涨的压力,而强势企业群体由于行为惯性的作用,对于技术升级犹豫未抢得先机,选择不升级策略对其最有利。

(6) $(x,y)=(0,1)$。与上文相反,强势企业群体一直想继续增强市场竞争力,甚至垄断市场,当综合成本不断上涨、新技术成熟时,强势企业群体认识到这是产业重新洗牌的良好机会,强势企业群体抢得先机对核心技术进行升级,升级后带来的收益更加坚定了强势企业群体选择核心技术升级策略的决心,而弱势企业群体由于实力有限,在大量强势企业群体选择技术升级后,选择不升级策略的收益大于选择升级策略的收益。

与对称模型中的类似,C_2^*、C_2^{**} 与 q、q' 成正相关关系,C_2^{**} 与 α、γ 成反相关关系,相关分析不再赘述。

产业中非对称企业群体升级成本区间对应的策略选择如图 2-13 所示,升级成本取值与技术升级演化趋势分析如下。

(1) 当 $C_3<C_2<k_2$ 时,强势企业群体与弱势企业群体采取升级策略均可减少边际成本,增加收益,两个企业群体都会选择技术升级策略;当 $k_2<C_2<k_2{'}$ 时,强势企业群体在此升级成本区间选择升级策略可以增加收益,而弱势企业群体选择升级策略没有确定性收益的增加,所以弱势企业群体可能选择混合策略;q_2 越

大且 γ_2 越小，k_2' 与 k_2 的差值就越大，即强势企业群体与弱势企业群体升级的成本空间差距就越大，演化运动的结果是强势企业群体可选择的方案越来越多，在产业中越来越强，最后吞并弱势企业群体原有的市场份额，形成垄断。

(2) 当 $k_1' < C_2 < C_1 + C_3$ 时，企业群体选择升级策略付出的升级成本过大，使得企业没有获利空间，强势企业群体和弱势企业群体升级收益均小于不升级收益，强势企业群体和弱势企业群体都会选择不升级策略；当 $k_1 < C_2 < k_1'$ 时，弱势企业群体升级仍然无收益增加，弱势企业群体会选择不升级策略，而强势企业群体选择升级策略且确定性收益没有减少，强势企业群体可能采取混合策略；q_2 越大且 γ_2 越小，k_1' 与 k_1 的差值就越大，演化运动的结果是弱势企业群体比强势企业群体更多的可能选择不升级，而强势企业群体更多的选择是混合策略。

(3) 当 $k_2' < C_2 < k_1$ 时，演化运动的方向由演化博弈初期两个企业群体中愿意选择升级策略的比例决定，若弱势企业群体在演化博弈初期选择企业升级的比例远高于强势企业群体，那么最后就是弱势企业群体选择了升级策略，而强势企业群体未选择升级策略；反之亦然。

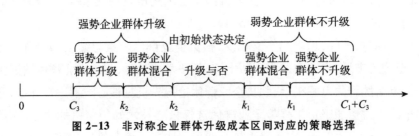

图 2-13 非对称企业群体升级成本区间对应的策略选择

假设一组参数：$p=10, q_1=100, q_2=180, q'=20, C_1=5, C_3=2, \alpha=0.5, \gamma_1=80, \gamma_2=70$，可求出 $k_1=3.44, k_2=2.19, k_1'=6.0, k_2'=3.36$。那么就有：由 $k_1 < C_2 < C_1+C_3$，得出 $3.44 < C_2 < 7$，弱势企业群体选择不升级策略；由 $C_3 < C_2 < k_2$，得出 $2 < C_2 < 2.19$，弱势企业群体选择升级策略；由 $k_1' < C_2 < C_1+C_3$，得出 $6.0 < C_2 < 7$，强势企业群体选择不升级策略；由 $C_3 < C_2 < k_2'$，得出 $2 < C_2 < 3.36$，强势企业群体选择升级策略；由 $k_2' < C_2 < k_1$，得出 $3.36 < C_2 < 3.44$，在演化博弈初期，若弱势企业群体选择升级的比例远超过强势企业群体，则最终演化运动方向为弱势企业群体升级，强势企业群体不升级，反之亦然。

以此组参数为例，若选择升级策略，C_2 取值范围为技术升级成本空间，用 Z_1

表示弱势企业群体技术升级成本空间,$Z_1=k_2-C_3=0.19$;Z_2 表示强势企业群体技术升级成本空间,$Z_2=k_2'-C_3=1.36$;Z 为强势企业群体与弱势企业群体技术升级成本空间之差,$Z=Z_2-Z_1=1.17$。以强弱企业群体产品规模差作为横坐标,用 Q 表示,Z 表示为纵坐标,可以描绘出强势企业群体与弱势企业群体差异性与两个群体技术升级成本空间差的变化趋势。图 2-14 反映了产业市场垄断与竞争的演化趋势。可以看出,强弱势企业群体间规模差距越大,升级成本空间差距越大,表明强势企业群体产品销量越大,竞争优势地位越稳固,越有利于强势企业群体技术升级。

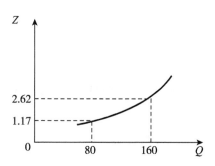

图 2-14　强弱企业群体产品规模差距与升级成本空间差变化关系

三、结论与建议

（一）结论

本节研究了在企业群体对称和非对称两种情境下,产业中企业群体基于成本和收益考虑的核心技术升级策略。在综合成本不断上涨的压力下,产业中企业群体可能选择技术升级以缓解成本压力和提高核心竞争力。研究表明,产业中企业群体选择核心技术升级策略,不仅受到综合成本上涨幅度、升级投入成本、企业群体在市场中产品销量、知识产权保护力度和自身技术积累的影响,还受到产业中企业之间竞争关系的影响。具体分析如下。

1. 产业中企业群体对称情况

产业中企业群体可以选择核心技术升级策略,也可以选择不升级策略。在综合成本上涨的背景下，产业中企业群体核心技术升级并不必然发生，核心技术是否升级取决于综合成本上涨的幅度、核心技术升级带来的成本减少、核心技术升级投入成本等因素之间的关系。当核心技术升级带来的成本减少大于综合成本上涨的幅度，且核心技术升级的投入成本适度时，产业中企业核心技术升级才会发生。

需求弹性越大的产业，产业中企业群体采取核心技术升级策略的可能性越大；企业群体创新意识和技术积累越多，产业中企业群体采取核心技术升级的可能性越大；专利保护力度越大，产业中企业群体核心技术升级的可能性也越大。

2. 产业中企业群体非对称情况

强势企业群体、弱势企业群体都可能选择核心技术升级或不升级策略，因此分为强势企业群体升级、弱势企业群体升级，强势企业群体升级、弱势企业群体不升级，强势企业群体不升级、弱势企业群体不升级，强势企业群体不升级、弱势企业群体升级四种可能情形。具体是哪种情形与综合成本上涨的幅度、核心技术升级带来的成本减少、核心技术升级的投入成本密切相关。当核心技术升级带来的成本减少处于一定的区间时，还可能会出现弱势企业群体升级、强势企业群体不升级的情形。这取决于演化初期，弱势企业群体升级意愿是否远超过强势企业群体的升级意愿。

强势企业群体与弱势企业群体间产品销量规模距离越大，表明强势企业群体市场优势地位越巩固，越有利于强势企业群体技术升级。

(二) 建议

在综合成本持续上涨的背景下，产业中企业群体面临核心技术升级的压力会愈来愈大，但转型升级往往受现实条件制约，难以一蹴而就。因此，就企业自身而言，应客观分析转型收益与成本，力争通过核心技术升级减少对低端生产要素的依赖，重构竞争优势。同时，政府也应制定相应政策予以引导和推动。

1. 对于产业核心技术升级，企业可以采取以下策略

第一，根据综合成本不断上涨的现状，企业应该制定"小步快跑"与快速迭代的技术升级方案，注重前瞻性技术积累以减少技术升级成本，逐步化解成本上

涨给企业带来的技术升级压力,避免一次性选择技术升级所获收益小于升级投入成本。

第二,企业应注重技术资产的专利保护,减少外部性技术创新给企业带来的损失,保证企业技术升级成本的合理分摊。在企业产品需求弹性因素的影响下,考虑技术创新给企业产品销售量及收益的变化,企业应选择在合适的技术升级成本区间进行技术升级。

第三,在产业中企业群体非对称的情况下,弱势企业群体与强势企业群体应注重技术升级带给企业的机遇。强势企业群体可以在一定的成本约束条件下,选择技术升级方案,强化市场的竞争优势地位,进一步扩大产品在市场的份额;弱势企业群体也可在一定的成本约束条件下,抢占先机选定技术升级路径,改变市场结构。

第四,企业技术升级方向应与政府引导的产业发展方向相契合,以减少信息不对称给企业带来的机会成本损失。企业应利用政府补助与社会资本来支持企业技术升级,分担技术升级的成本投入,扩宽技术升级的成本区间,增加技术升级的可选择方案。

2. 对于产业核心技术升级,政府可以采取以下措施

第一,政府提供财税支持,以降低企业技术升级成本。其一,政府应针对需要转型升级的特定产业,利用财政资金建立产业升级引导基金,以市场化的方式进行操作;其二,政府除了直接补贴与税收优惠两种常用的财税政策手段,还可以通过定向采购、奖励研发与教育投入等多种财税政策降低企业技术升级成本,支持企业技术升级。

第二,政府构建多样化的金融服务体系,以破除企业技术升级的成本瓶颈。其一,构建银政合作的金融服务体系,由地方政府通过政策引导成立社会担保机构,降低信息不对称与融资交易成本,担保机构应建立技术资产评估的有效机制,在技术升级企业与大型股份制商业银行间起到融资的桥梁作用;其二,加快中小型金融机构利率市场化,促进中小型金融机构快速发展,利用中小型金融机构的本土化优势有针对性地给予企业技术升级与成长金融服务,在市场机制的作用下,利用资金价格调整技术升级的资金供给。

第三,政府规划产业集聚区,利用技术知识的外溢性提高产业技术水平。政府应当有组织地规划以促进产业集聚和企业簇群的加快形成,促进企业间的产业创新合作与分工,充分利用技术知识的外溢性提高产业中企业群体的技术创新能力,加快技术升级的创新产出,推动产业整体技术水平的提升。

第四,政府营造有利于技术升级的环境,激发企业技术升级动力。其一,政府应加大知识产权制度建设,切实保障产业中企业群体能够通过技术升级获得的企业私人收益接近社会收益,加快技术升级成本的分摊;其二,政府应营造公平竞争的市场环境,引入市场机制实现创新资源的有效配置,为不同主体的合作创造良好的环境与服务。

第三章 综合成本上涨对产业核心技术升级影响的国际比较分析

第一节 美国综合成本上涨对产业核心技术升级的影响

一、美国综合成本现状

国外学者很早就开始对成本控制进行研究,20世纪初美国管理学家弗雷德里克·泰罗(Frederick Taglor)在《科学管理原理》(*The Principles of Scientific Management*)中就提出"标准成本"的概念,认为有效控制企业成本可以提高企业的核心竞争力。丰富而廉价的劳动力资源曾支撑以中国为代表的发展中国家的制造业持续快速发展,而在劳动力成本快速上升、要素禀赋发生根本性逆转的新背景下,劳动力成本上升及其导致的消费水平上升等因素对制造业结构升级会产生影响。牛津经济研究院的研究结果表示,曾经由于劳动力成本较高,美国把一些制造业转移到发展中国家去,但现在随着发展中国家劳动力成本的上涨,美国制造业是否需转移回美国成为一个重要的研究课题。① 面对较高的劳动力成

---

① 牛津经济研究院:"中国劳动力成本仅比美国低4%",http://world.huanqiu.com/hot/2016-03/8728343.html,访问时间2018年12月20日。

本,美国已采取了一定的应对措施,这对以中国为代表的发展中国家具有较大的借鉴意义。

(一)劳动力成本

国内学者李杨和安瑞娟认为中国劳动力成本上涨的原因有很多,劳动力再生产成本的提高,劳动力需求的不断增加,社会经济的高速发展都会导致劳动力成本的上升。① 而且劳动力成本的上涨,会对经济发展、社会稳定带来一定的影响。劳动力成本的上涨在一定程度上说明生产力水平的停滞,将影响整个产业的发展进程。例如:随着经济发展对人才需求的增加,劳动力成本的不断上涨直接影响着企业的利润,若企业减少招聘活动,将降低就业水平;同时劳动力成本上涨也会影响投资者和领导者对于利率变化的判断,对资本投向产生影响。对美国而言,美国劳工部(United States Department of Labor)公布的数据显示,美国单位劳动力成本 2014 年增长 2%,2015 年增长 2.4%,2015 年是 2007—2015 年近 8 年来单位劳动力涨幅最大的年份。美国的劳动力成本一直高于世界其他国家,但是随着劳动力成本的不断上涨,用工成本的增加对劳动者工资水平产生向下的压力,使得劳动者工资水平在长期发展中呈现下降趋势。劳动力成本上升的一个直接后果是,企业为降低自身成本,会减少用工数量,使得社会总体劳动力需求量下降,劳动力需求下降最为明显的产业就是劳动密集型产业。

第二次世界大战后美国劳动力成本变化情况可以分为三个阶段:第一阶段为 20 世纪 40 年代至 70 年代,美国劳动生产率迅速提高,美国劳动力成本也不断上升。第二次世界大战刚结束,美国面临经济复苏,第二产业和第三产业快速发展,劳动力市场需求较为旺盛。同时,由于美国 20 世纪 50 年代的"婴儿潮",使得美国在 70 年代拥有充足的劳动力供给。在供给与需求都很大的情况下,美国劳动生产率不断提高,劳动力成本也随美国经济逐渐复苏以及发展重化工业的需要而不断上升。

第二阶段为 20 世纪 70 年代至 80 年代末期,美国劳动生产率增长速度放

---

① 李杨、安瑞娟:"劳动力价格上涨原因分析及企业应对策略",《商业经济》,2012 年第 16 期,第 55—56 页。

缓,劳动力成本增长速度也逐渐放缓。在此阶段,美国各工业企业的固定资产设备老化,同时也减少了对固定资产的投资幅度:在20世纪60年代初,美国固定资产投资年增长率约为4.4%;而到80年代初期,固定资产投资年增长率仅为0.3%。同时,在此阶段,美国科研经费投入也减少;在20世纪70年代初期,美国科研经费占国民经济总量的比重约为2.92%;到了80年代,该占比降为2.26%。[①] 虽然美国劳动生产率增长放缓,但美国对于劳动力的需求没有减少,而是把其低端制造业转移至劳动力密集的中国、印度等地,以降低劳动力成本。

第三阶段为20世纪90年代至今,制造业的衰退、信息技术产业的兴起、产业技术水平的不断提升,在一定程度上缓解了劳动力成本的上升。但是,从总体趋势上来看,美国劳动生产率呈现波动式变化,劳动力成本持续上涨。伴随制造业的不断衰退,20世纪90年代初期,美国工业产值出现了首次下降。20世纪80年代美国经济增长率为6.6%,到20世纪90年代其经济增长率只有2.2%,并持续至21世纪初期。之后,美国信息技术产业的崛起,使得美国对高新技术人才的需求急剧上升,造成人力成本不断提升。21世纪初,美国提出"再工业化"的策略,高端装备制造业的重新崛起,需要大量的高新技术人才和服务人才,也导致劳动力成本的快速上涨。

图3-1显示了美国自20世纪60年代开始的劳动生产率的变化情况,劳动生产率水平是用1990年国际美元[②]作为可比价格换算得到的。进入21世纪以后,随着美国技术创新水平的提升,劳动生产率不断提高,加上低端制造业转移至劳动力成本、土地成本和环境成本较低的国家,使得单位劳动力成本下降。根据图3-2可知,美国在2003年的单位劳动力成本为0.659美元,而在2005年仅为0.588美元,说明在这期间单位劳动力成本呈现下降趋势。伴随美国"再工业化"口号的响起,虽然单位劳动力成本又开始呈现上升趋势,但仍然小于2003年的水平,且增长较为平缓,2008—2010年单位劳动力成本分别为0.609美元、0.61美元和0.612美元。随着经济全球化的发展,劳动力成本上涨是经济

---

① 郭志仪:"美国劳动生产率增长速度的下降及主要原因",《世界经济》,1983年第1期,第41—44页。

② 国际美元又称为Geary-Khamis,一种在美国和给定时间点同美元具有同等购买力的假定货币。通常把1990年作为今后比较的基准年。

发展的必然产物。Ferto 表明,可以通过产业内贸易的发展来降低就业转化成本。① 因此在未来发展的道路上,美国可以考虑与中国进行产业内贸易,通过技术开发创新产品,提高美国产品的附加值。

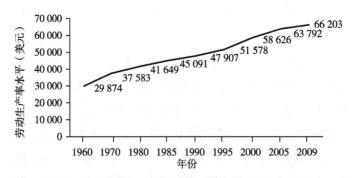

图 3-1　美国劳动生产率水平的变化情况(1960—2009)

资料来源:Growth, G., Development Centre and the Conference Board, Total Economy Database, January 2007.

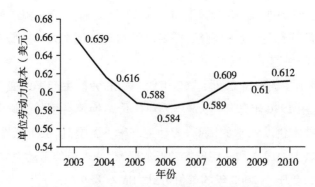

图 3-2　美国 21 世纪初单位劳动成本的变化情况

资料来源:魏浩、郭也,"中国制造业单位劳动力成本及其国际比较研究",《统计研究》,2013 年第 8 期,第 102—110 页。

(二) 土地成本

2007 年全球金融危机过后,美国房价持续走低,而且伴随通货膨胀和经济

---

① Ferto, I., "Labour Market Adjustment and Intra-Industry Trade: The Effects of Association on the Hungarian Food Industry", *Journal of Agricultural Economics*, 2009, 60(3), 668—681.

第三章 综合成本上涨对产业核心技术升级影响的国际比较分析

高速发展,美国土地成本总体呈现不断上升趋势,特别是房地产成本使得房地产企业利润缩减。但是美国土地资源丰富,不可开发的荒地约占10%,人均可利用土地约54亩。加上美国吸取了之前浪费资源的教训,通过征税、管理协议和维护契约等手段保护土地资源,在一定程度上缓解了美国土地成本上涨带来的压力和影响。

20世纪60年代,有学者指出土地、产品、劳动力等价格的变化会引起制度的变化,也有学者指出土地政策的选择会直接影响经济增长。通常土地政策的变化会伴随工业化、城市化的进程而不断变化。美国从独立至20世纪初期,对土地建设有着强烈的需求,是土地初步开发阶段。1785年,美国第一个土地法令出台,规定土地可以进行公开拍卖;1862年,美国颁布《宅地法》(Act of Land),规定每个年满21岁的美国公民,只要交纳10美元的手续费就可免费获得无人居住的政府所有土地160英亩[1],只要在该块土地上定居和开垦5年土地就可归其所有;1900年之后,美国又出台了两部重要的土地法令,《扩大宅地法》(Act on the Expansion of Land)(1909年)和《三年宅地法》(Three Year Act of Land)(1912年),确立了移民对土地的所有权。至此,美国的土地分配基本完成,大批农民获得了土地,确立了农用土地私有化和市场化自由流转的原则。20世纪初,美国移民高潮的出现,加上经济的高速发展,城市人口变得非常密集,城市土地资源也较为紧张,使得美国土地开发进入历史新阶段。20世纪30年代至70年代,美国意识到对土地掠夺式开发的弊端,开始对土地进行保护,特别是对农用土地进行非农化保护。[2] 20世纪70年代,美国大力发展高新技术产业,"去工业化"导致在许多曾经拥有繁荣发达的制造业的城市陷入停滞甚至衰退状态。20世纪90年代,美国土地制度发生了巨大变化,主要是减少了政府对土地的投入,使土地更加适应市场机制的变化。相应地,1990—1993年间美国房价连续4年都呈下降趋势,但是之后房价开始上涨,1996—2004年间房价涨幅愈来愈大。由此可见,美国对土地的调节主要是依靠市场,政府仅起到辅助作用。根据表3-1,美国土地总成本占比在不断下降,房屋售价在不断上升,且私有土地

---

[1] 1英亩=40.4686公顷。
[2] 龙花楼、李秀彬:"美国土地资源政策演变及启示",《中国土地科学》,2000年第3期,第43—47页。

占全部土地的比例约为60%,土地交易主体为个人。同时,美国政府完善土地储备机制,制定相应土地政策,加强市场调控力度、地价管理和税费管理等,发挥税收杠杆在土地政策调整中的作用,强化土地价格监察力度,以控制土地成本上涨,这些手段在一定程度上缓解了土地成本上涨带来的压力。

表 3-1 美国土地总成本占比和房屋售价

年份	1998	2002	2004	2007	2009	2011
土地总成本占房屋销售额的百分比(%)	23.6	23.5	26.0	24.5	20.3	21.7
房屋售价(美元)	226 680	298 412	373 349	454 906	377 624	310 638

资料来源:雪球,"最近15年美国房子的建筑成本、土地总成本和其售价的比例关系",http://xueqiu.com/4010286949/24149951,访问时间2018年12月20日。

(三) 环境成本

Schaefer and Harvey 认为有效控制环境成本的最高境界是企业会主动承担社会责任,实现环境友好和经济可持续发展。[①] 通过使企业在产品生命周期的各个阶段(导入期、成长期、成熟期和衰退期)都考虑环境成本,在产品的生产过程中形成环保意识,从而形成一个有效的成本控制系统。美国曾经以水土流失、资源破坏为代价换取经济的快速发展,之后美国实施生态补偿政策,通过不断增加环保投入,改善美国环境和人民生活水平。比如,美国在空气治理方面,2010年投入约7亿美元,2011年约8.1亿美元,2012年约8.2亿美元,平均占环保总投入的10%,并且美国也扩大了大气污染源监察执法人员的比重。在水资源保护方面,2016年美国投资2 300万美元用于污水回收,以提高水资源利用率。[②] 美国对环境保护的重视,及其对环境治理投入的不断增加,造成环境成本不断上涨。

20世纪70年代是美国环境规制的一个分界线。1970年之前,美国的环境

[①] Schaefer, A., and Harvey, B., "Stage Models of Corporate 'Greening': A Critical Evaluation", *Business Strategy and the Environment*, 1998, 7(3), 109—123.

[②] 北极星节能环保网:"2016年美国拟投资2 300万美元用于废水回用",http://huanbao.bjx.com.cn/news/20160219/709347.shtml,访问时间2018年12月20日。

规制权主要由各州行使。在工业化发展初期,美国以发展重工业为主,导致环境在一定程度上遭到破坏。1970年之后,美国开始设立一系列环境法,包括基于技术和数量的政策规制、排污收费制度等,比如《国家环境政策法》(National Environmental Policy Law)、《清洁水法》(Clean Water Law)和《清洁空气法》(Clear Air Law)等,希望通过更多政策手段来平衡环境规制的成本和效益。这些政策的颁布和实施,直接增加了监督和实施环境规制的管理成本和间接成本,使得在70年代以后,美国环境总成本不断上升。

根据美国环境保护署的数据,1970—1990年,环境规制的货币化直接收益平均值约为22.2千亿美元,到1990—2010年,该收益平均值约为690千亿美元;对应的环境规制的货币化直接成本平均值在1970—1990年为5.23千亿美元,在1990—2010年则约为180千亿美元。① 可见,环境规制的收益—成本比在20世纪90年代以前约为42.45,到20世纪90年代之后约为3.83,环境成本增长幅度较大,环境成本上涨已经成为各产业长期发展战略必须考虑的重要因素。

综上所述,美国综合成本的上涨主要由劳动力成本、土地成本和环境成本等要素成本的上涨导致,这符合经济发展的趋势。从需求的角度分析,劳动力成本上涨反映出美国人民生活水平不断提高,消费结构和需求由生活必需品向奢侈品变化,对美国重点产业发展具有重要影响。从供给的角度分析,美国土地成本伴随着土地政策、土地市场、金融投机等多方面因素的变化而变化,虽然有波动,但是整体呈现上升趋势。美国土地成本的上升,迫使企业加强对厂房、工地的管理和利用,资金逐渐从劳动密集产业向技术密集产业转移,从而促进美国整体产业转型。从环境的角度分析,环境成本上涨促使美国加大研发投入力度,发展高新技术产业。由此可知,美国综合成本上涨与产业转型升级之间存在密切联系。

二、美国产业核心技术升级状况

(一)产业转型阶段

第二次世界大战后,美国综合实力不断上升,以其为代表的西方国家势力不

---

① 赵红:"环境规制的成本收益分析——美国的经验与启示",《山东经济》,2006年第2期,第115—120页。

断强大,进而影响全球产业与贸易格局。美国为了完善经济服务体制,把低附加值、处于供应链低端的制造业单独"提取"出来,转移到欠发达国家和地区,同时以高附加值和高科技为判断标准,把供应链向两端延伸。这造成美国制造业萎缩,在一定程度上表现为美国产业日趋"空心化",大量工厂倒闭,国内经济衰退,贸易赤字急剧上升。为应对市场萧条、失业率攀升等问题,近年来美国大力推进"再工业化"战略,将部分海外制造业迁回本土发展。美国产业转型可以分为以下两个阶段。

第一个阶段是20世纪40年代至80年代初。在经济发展初期,土地、劳动力等成本较低,工业产值占 GDP 的比重较小。美国在经历了第二次世界大战的冲击之后,注重产业转型升级,制定了宽松的产业政策,不断提升第二产业和第三产业比重,随着对工业等产业投资的增长,第二产业规模不停扩大,其中制造业发展尤其迅速。表3-2显示了20世纪50年代到80年代美国三大产业比重的变化。

表3-2 美国20世纪50年代到80年代三大产业比重变化　　　　单位:%

	20世纪50年代	20世纪60年代	20世纪70年代	20世纪80年代
农业	7	4	3	3
工业	40	38	35	32
其中:制造业	32	29	26	21
服务业	53	58	61	66

注:工业、农业和服务业相加的和,20世纪70年代为99%,80年代为101,可能是计算中四舍五入造成的。

资料来源:《联合国统计年鉴》(1965);《世界银行发展报告》(1985)。

第二阶段是20世纪80年代至今。资源供给的限制,导致土地成本、劳动力成本和环境成本的不断上涨,依靠低技术、低成本发展的劳动密集型产业中企业逐渐失去其竞争优势。综合成本上涨倒逼产业中企业进行技术升级,以技术创新化解成本劣势,或者为了化解产业自身的高成本,向低成本地区进行转移。由此可知,综合成本的上涨导致美国第二产业比重的下降。在20世纪80年代至

第三章 综合成本上涨对产业核心技术升级影响的国际比较分析

90年代,美国在石油危机冲击、日本和欧盟经济威胁的背景下,逐渐放弃处于供应链低端的制造业,转向处于供应链高端的高新技术产业。此后,美国以产业创新为原则,向高科技新兴产业发展,不断提升和强化自身产业核心技术,提高其国际竞争力。20世纪50年代初,美国制造业增加值占世界总和约40%。随着美国制造业的衰退,在21世纪初,制造业增加值比重严重下滑,到2012年只占约17.4%。[①] 美国制造业的"空心化"给美国经济长期发展带来诸多问题。例如,就业人数比重不断下降,20世纪80年代制造业就业人数比重约为21.1%,而今只有约12.6%。在此阶段,美国产业转型的主要任务是维持科技创新发展,在不断进行产业核心技术升级的前提下,实现"再工业化",发展美国高端制造业。

(二)产业转型效应

美国以创新驱动其"再工业化"进程,主要体现在以下几个方面。

第一,转移效应。美国产业转移效应主要体现为一定地域范围内的某些产业向异地转移。例如,作为买方驱动的市场,美国纺织业的下游零售商和上游供应商都存在利润严重下滑的情况。美国纺织业通过开拓海外市场以期改变这种状况。根据美国统计局(Census Bureau)的数据,美国纺织业的出口依存度不断上升,从2002年的55.2%,上升到2009年的65.9%。即使在2008年经济危机时,美国纺织业海外直接投资额仍有小幅度增长(0.4%)。可见在产业转型的过程中,美国注重国内产业向国外的转移。

第二,转产效应。转产效应主要体现为在一定地域范围内,美国某些产业向其他产业领域转产。随着信息时代的发展,美国为了能够将生产和研发活动有效结合,建立和完善科技创新立法机制,依托高校来推动产学研合作。同时还建立几十个科研成果推广中心,使得高校科研成果可以更快地进行商业化,形成产学研一体化的科技创新模式,促进服务业快速发展。例如,斯坦福大学促进了"硅谷"产业集群的产生,麻省理工学院在波士顿128公路区发展中起着不可替

[①] 徐礼伯、沈坤荣:"美国'再工业化'国内研究述评",《现代经济探讨》,2013年第7期,第78—81页。

代的作用。这些产学研合作成果对 20 世纪 80 年代至 90 年代美国产业转型和经济发展起着至关重要的作用。由图 3-3 可知,1970—2010 年,美国制造业占比每年以 0.3%—0.5% 的速度下降,相反,服务业占比由 1970 年的 58.1% 上升到 2010 年的 75.2%。这标志着美国的经济结构正在发生变化,服务业占比在不断提升。

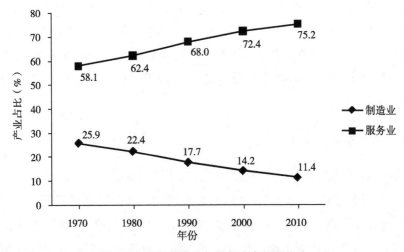

图 3-3 美国制造业与服务业变化百分比

资料来源:袁建峰,"美国老工业城市匹茨堡产业转型分析及规划思考",《国际城市规划》,2015 年第 B05 期,第 36—41 页。

第三,转换效应。转换效应是指在一定地域范围内,某些产业中企业从价值链低端向高端转换。较为成功的是美国传统制造业向高端装备制造业的转型。随着互联网技术的发展,落后的传统产业逐渐被淘汰,取而代之的是与互联网技术相结合的高新技术产业。一方面,互联网技术促进美国传统产业转型升级,使传统产业的生产方式、供应链、物流配送、仓储管理和销售渠道等获得全面提升。另一方面,互联网技术推动美国新兴产业发展,利用大数据、云计算等技术加快政府共享数据、推动产业创新发展、强化安全保障等。根据表 3-3 的数据,2006—2014 年间,美国电子商务占比由 2.92% 上升到 10.20%,说明电子商务得到较快发展。互联网技术是美国传统产业革新不可缺少的技术支持和创新力量,美国通过应用互联网技术,实现产业创新能力全面提升,优化创新资源配置,加强创新服务能力,对新兴产业发展起到了巨大的促进作用。

表 3-3　美国 2006—2014 年电子商务零售额及占比情况

年份	2006	2007	2008	2009	2010	2011	2012	2013	2014
零售总额(亿美元)	38 740	39 992	39 464	36 304	38 414	41 329	43 441	49 332	53 229
电子商务零售额(亿美元)	1 129	1 361	1 412	1 449	1 688	1 978	2 268	3 937	5 323
电商占比(%)	2.92	3.40	3.58	3.99	4.40	4.79	5.22	7.98	10.20

资料来源:孙晓,"中、美、日、韩互联网与通信产业国际竞争力比较研究",吉林大学博士学位论文,2015 年。

第四,替换效应。在综合成本上涨的背景下,美国的产业转型是在长期积累的基础上,在正确产业政策的引导下进行的理性变化,主要表现为美国某些产业核心技术从量的积累到质的转变。在对科技创新的支持和保障政策下,美国产生了大量具有实用价值的科研成果。从 20 世纪 70 年代至今,美国科技经费支出占其研发费用的比重约为 50%;2013 年美国专利授权数量为 303 651 项,2014 年专利授权数量达到 326 182 项,同比增长 7.4%(见图 3-4)。美国对技术创新发展的重视,实现了以技术创新驱动产业转型发展。

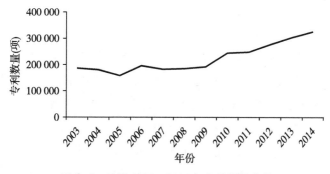

图 3-4　美国 2003—2014 年专利数量变化

资料来源:世界五大知识产权局,"2014 年世界五大知识产权局关键统计数据",http://www.360doc.com/content/15/0727/14/502486_487719433.shtml,访问时间 2018 年 12 月 21 日。

综合成本上涨对我国产业核心技术升级影响的研究

三、美国综合成本上涨对产业核心技术升级的影响

Freeman and Soete 发现一国如果有对员工进行专业技能培训、经验培养和再教育的制度和激励机制,这将对该国产业技术升级具有极大的促进作用。① 综合以上分析结果,美国在综合成本上涨倒逼的背景下,促进转移效应、转产效应、转换效应、替换效应的发生,再结合宏观、中观及微观层面的有效促进机制(例如专利制度设计、成果转化机制、技术创新引导政策、产业核心技术战略储备机制、企业治理结构及激励机制设计等),推动产业中核心技术的升级,从而促进产业的转型。本节主要分析美国制造业综合成本上涨对产业核心技术升级的影响。

美国是当今世界制造业强国,自第二次世界大战结束后,美国以战时积累的资本大力发展重工业。由上文分析可知,美国劳动力成本、土地成本、环境成本等要素成本随着经济的发展而不断变化,制造业为适应成本增长的变化,不断引进新技术、新设备、新工艺、新材料等,通过加大研发投入进行产业核心技术升级,主要可以分为以下三个阶段。

(一) 第二次世界大战后至 20 世纪 80 年代初

在第二次世界大战后至 20 世纪 80 年代初,美国的工业发展以制造业为主,并曾一度在全球市场中拥有绝对优势,占全球制造业份额的 40%,成为领先世界的工业大国。20 世纪 50 年代,美国的生产工人工资总额为 303 亿美元。到 80 年代,生产工人工资总额为 3 043 亿美元,而人工增值价值由 754 亿美元上涨到 15 985 亿美元。美国在此期间对制造业进行大量资金投入,且制造业为美国带来的增值价值远大于人工成本的上涨,制造业毛利润增长率从 50 年代的 12.1% 上升到 80 年代的 15.9%,占 GDP 的比重达到 29%,远超过其他产业。② 这在一

---

① Freeman, C., and Soete, L., *The Economics of Industrial Innovation* (*Third Edition*), Pinter Publishers, 1997.

② 迈伦丁·戈登、梁志坚:"近百年来(1899—1994)美国制造业垄断力量的变化",《经济资料译丛》,1999 年第 4 期,第 1—6 页。

定程度上促成了美国在制造业的垄断力量。

从综合成本上涨与制造业发展的内在关系分析可知,劳动力成本、土地成本、环境成本等要素成本的上升,会对制造业的定位与布局产生影响,而综合成本上升程度的差异化,在一定程度上可以优化产业结构,加快产业的转移与扩散。一方面综合成本上涨可以吸引投资,形成聚集效应;另一方面,综合成本上涨会促进产业核心技术升级,低技术含量、低附加值等缺乏核心技术的产业会被市场淘汰,大量的资金则投入高端制造业进行研发创新,以提高资源利用率,加快促进产业转型升级。在此阶段,美国制造业主要依靠低成本优势,不断发展海外市场。根据效率工资理论,当劳动力成本较低时,提高1%的工资所产生的效率要高于劳动力成本较高时所产生的效率。美国把劳动密集型产业转移到其他国家或城市,即把处于供应链低端的产业转移到劳动力成本、土地成本和环境成本较低的发展中国家,以降低美国制造业的综合成本、提升劳动生产效率。随着制造业的快速发展,美国越来越注重与信息技术的结合。高技术产业的快速发展促进了美国制造业的快速恢复,而制造业的兴起推进了高新技术产业的发展,制造业和新兴产业相互促进,共同发展。

(二) 20 世纪 80 年代初至 21 世纪初

在该时期,美国综合成本的上涨导致了美国制造业的"空心化"。按照微笑曲线理论,全球价值链各环节均可实现增值,但是不同节点的增值能力不同。具体来说,价值链包括研发环节、生产环节、营销环节等不同环节,在价值链增值的过程中,产品附加价值呈现出 U 形变化,即由高到低再升高的过程。整个产业链的价值增值主要集中在两端,从各个产业的长远发展来看,处于"微笑曲线"两端的产业中企业需要注重专利研发、品牌推广、产品售后等问题,争取创造出高附加值产品,提高企业的额外利润。当生产环节处于"微笑曲线"的底部位置时,产品技术含量低,无法创造高价值,给企业带来的利润水平有限。产业升级的最终目的是获取更高利润,而实现产业升级的主要方式就是生产高附加值产品,使产业链沿着"微笑曲线"的底部向两端转移。从影响的内在逻辑来看,在企业追求产品高附加值的同时,劳动力成本、土地成本和环境成本的上涨,迫使企业进行技术升级和管理水平改善。当企业无法从内部生产成本和管理成本中

综合成本上涨对我国产业核心技术升级影响的研究

获取成本优势时,地域差异会给企业带来综合成本优势。综合成本上涨直接导致企业利润下降,使得企业向低成本区域流动,导致产业"空心化"的局面。美国中心城市大力发展服务业,把低端制造业大部分转移到劳动力密集的国家,从而造成了美国制造业的"空心化"。

由综合成本上涨导致的制造业"空心化"带来了一系列负面影响。综合成本较高时,企业会有较高的商务风险,因此在全球经济中丧失竞争优势。美国综合成本上涨,全球经济开始向服务业转移,使得美国越来越注重以服务业为代表的第三产业,而忽视制造业持续技术创新的重要性。同时,随着欧洲、日本等国家制造业的迅速崛起,美国制造业在全球占比有所下降。在20世纪80年代初,美国的劳动生产率低于日本和欧洲等其他发达国家,说明相同的工作量,美国需要支付更多的劳动力成本。以钢铁行业为例,美国一个工人生产1吨钢铁需要10小时,在日本和欧洲需要的时间约为美国的1/2。美国半导体工业的市场份额从80年代初期的67%下降到80年代末期的38%,主要原因是美国受到全球要素成本上涨的影响,低成本优势不再,发展重心由制造业转变为服务业,减少对制造业技术创新的投入,造成美国制造业的衰退。

具体而言,美国制造业的"空心化"主要体现在以下几个方面:一是制造业总量虽然持续上升,但其价值增值能力不断下降,占GDP的比重不断减小。由图3-5可知,美国制造业产量总体呈现上升趋势。但由图3-6可知,美国制造业附加值占GDP的比重在不断下降。在20世纪90年代,其比重约为16.7%,到2005年,其比重有所下降,约为11.5%,说明美国制造业核心技术创新能力在不断下降,因此需要进行产业核心技术升级,提供高附加值产品,以保持获得较高利润的能力。二是从事制造业的人员数量不断减少。制造业的衰退伴随的是美国制造业就业人员的减少,大量员工处于失业或者待就业状态。三是美国制造业进口数量增多。美国自身生产要素成本的上升,导致制造业的"空心化",直接造成制造业产品进口数量的不断增加。从1990年至2005年,美国制造业的进口量增长229%,服务业进口也随之增加,但是总体趋势较为平稳。因此根据前文分析,美国在综合成本上涨的情况下,把资源优势由制造业转移到服务业,造成制造业缺乏研发投入,进而影响美国制造业的技术创新。

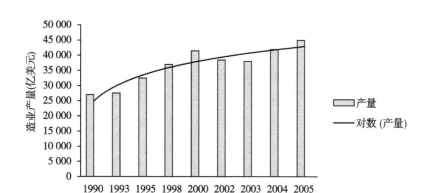

图 3-5 美国制造业产量变化

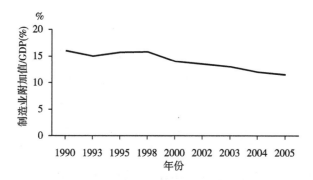

图 3-6 美国制造业附加值占 GDP 比重变化

资料来源：National Income and Product Accounts, Bureau of Economic Analysis, http://www.bea.gov/bea/dn2/gdpbyind_data.htm, 2018/12/21。

（三）21 世纪初期至今

21 世纪初期至今，美国以创新驱动促进制造业"回流"，通过高人力资本投入提高创新技术人才素质，以促进制造业核心技术升级。

针对"去工业化"造成的诸多经济问题和现实问题，以及曾经的低成本国家综合成本不断上涨、美国的各类要素成本不断下降的趋势，美国提出了"再工业化"战略。美国的制造业成本优势主要体现在三个方面：一是对高新技术产业的重视。美国不断开发新技术，以技术创新带动劳动生产率的提升，劳动力成本相对下降，而中国等发展中国家各要素成本的不断上升使其与发达国家的成本差距逐渐缩小。二是随着全球经济多极化的发展,美国实行量化宽松的货币政策,使得美元汇率下降,给美国制造业出口营造了宽松环境。三是美国对于产业发展有政策的众多支持。例如,对制造业实施税收优惠政策,实行产业与贸易保护政策,增大贸易壁垒等,都是为了降低企业生产运营成本。当然这些成本的变化是基于在国际市场上的横向比较,如果与美国本身进行纵向比较,其成本仍然是增加的。① 总体而言,美国的"再工业化"过程会促使美国制造业回流。

人力成本的变化是美国制造业回流的主要因素。把人纳入企业战略管理的核心已经成为现代管理的重要内容,而人力成本管理也成为人力资源管理的重点,当企业失去低价劳动力供应时,能通过高素质、高技术人才带动技术创新,以技术创新弥补廉价劳动力的缺失。因此人才是技术创新的基石,人才培养投入是技术创新发展的持续动力。美国研发投入占全世界研发投入的1/3,上涨的劳动力成本并不能抑制美国对高科技人才的需求。高科技人才成本的上涨,促进了美国技术水平的进步,使得美国保持了其在高附加值、高技术产业中的霸主地位。② 另外,处于价值链低端的劳动者成本的不断上涨对于相关产业的发展构成挑战。企业以获取最大利润为目的,在单位劳动力成本上涨的情况下,企图通过裁员来降低对低端人才的需求,这会产生大量低技术劳动者失业的情况,动摇美国低端制造业的根基。在这种情况下,美国被迫进行产业转型,进行"再工业化"发展,打造美国的高端制造业。

美国制造业回流的实质即产业转型升级,在原有制造业基础上创造新价值,占据产业制高点的位置,其发展核心是以创新驱动发展美国高新技术制造业。美国制造业回流的发展路径为通过高端制造业核心技术来创造创新优势,在制造业回流过程中主要控制以下两个方面:一是成本控制,发展中国家的综合成本不断上涨,其低成本优势逐渐消失。美国不会把制造业企业直接转回本土,而是把这些企业转移到劳动力成本、土地成本、环境成本等更低廉的国家或地区。部分美国制造业回流美国的主要目标是为了缩短供应链,通过减少供应链各环节

---

① 杨帅:"美国制造业回流政策分解与效果分析——基于企业要素投入成本和竞争力视角",《西部论坛》,2015年第4期,第84—92页。
② 国务院发展研究中心课题组:"要素成本上涨对我国制造业的影响",《中国国情国力》,2013年第11期,第10—12页。

第三章 综合成本上涨对产业核心技术升级影响的国际比较分析

的成本达到降低库存、提高毛利率的目的。凭借工厂的高效化运营及生产自动化等技术手段,回流美国的制造业企业可以迅速地提高其盈利能力。二是市场收益控制,当美国制造业企业回流,其生产的产品多服务于本土市场,减少了运输过程的延误,市场反应加快,使得美国制造业市场收益整体提升。总而言之,美国"再工业化"主要是回流资本密集型产业和知识密集型产业,通过发展高端制造业,进而带动传统产业的技术创新,充分利用美国核心技术的竞争优势,构建美国"再工业化"的创新动力体系。[1]

发展重点产业,以人才和知识作为发展核心,使得美国制造业得以再发展。根据美国商务部 2012 年发布的数据,当年美国制造业就业岗位增加 40 万个,制造业步入复苏阶段

四、综合成本上涨对产业核心技术升级影响的必然性及启示

美国主要通过产业核心技术升级,来推进其高新技术产业转型发展。美国交易成本与产业聚集成倒 U 形关系,交易成本下降,会促进产业聚集。而产业聚集造成交通、劳动力等成本的上涨,当成本上涨幅度大于产业聚集的节约成本,又会造成产业分散。以高新技术产业和现代金融产业为代表的新兴产业在美国具有聚集优势,其中美国硅谷是最典型的代表,硅谷每年仅 IT 行业和半导体行业的产值就占美国工业总产值的 45%。可见交易成本的降低促进了高新技术产业集聚,即产业集聚程度仍处在倒 U 形曲线的左边,交易成本尚未降低到使产业集聚程度到达最大化的水平,美国可进一步降低交易成本,促使高新技术产业和高端制造业向美国东北部地区转移,以缩小地区之间的发展差异。另外,这也说明要素成本上涨在一定程度上可以通过促进产业核心技术升级来带动产业整体发展。

美国在 21 世纪提出"再工业化"的口号,这对中国具有极大的借鉴作用,主要表现于以下几个方面。

---

[1] 李俊江、孟勐:"美国'再工业化'的路径选择与启示:创新驱动增长",《科技管理研究》,2016 年第 2 期,第 29—31 页。

（一）以3D打印技术为代表的产业核心技术创新引领美国制造业创新发展

"西欧设计→美国品牌→中国制造"是美国工业发展过程中最为常见的业务模式。2012年，美国国会投资10亿美元用于制造业创新网络，以3D打印技术为抓手，试图重新振兴美国制造业，重点发展高端装备制造业，这使得美国传统制造业面临巨大挑战，需要进行结构重塑。① 同时，新能源的开发和运用，促使供应链结构发生变化，激发企业进行内部和外部的变革。越来越多的美国企业，如通用电气、波音公司、耐克、福特汽车、好时巧克力等，正在试图推动3D打印技术的市场化，通过3D打印技术优化现有的生产结构，改善现有产品的问题，最终实现传统产业的变革。在3D打印技术的浪潮中，3D打印技术的产业链在美国应运而生，实现全美国的"社会化制造"。3D打印技术将促进传统制造业革新，是对以往大多数产品的颠覆式创新，在设计、生产、销售等环节与传统模式相比存在较大差异，各大产业必然会引进该技术。所以在未来发展中，中国产业应该选择尖端领域，确定产业发展方向，引进先进技术，或者在自主技术创新的基础上，结合国际技术新潮流，带动整个产业的创新发展。

（二）"互联网+"引领的业态创新与产业升级

伴随互联网技术的应用和普及，Web1.0的数据网络时代已进入Web2.0的人性化与参与化时代，互联网逐渐产业化和商业化，美国经济的发展做出了巨大贡献。表3-4显示了互联网用户在美国的普及度。根据表3-4，2014年互联网用户在美国的比例达到85.5%。一方面，以互联网为技术手段，"互联网+传统产业"成为一种双赢的创新发展趋势。美国互联网促进传统产业转型升级，为传统产业的生产方式、供应链、物流配送、仓储管理和销售渠道等带来了全面的提升。在通信和网络信息技术的推动下，美国第三产业的比重已上升至75%。而美国传统产业面临来自其他国家的竞争，特别是具有要素禀赋优势的新兴发展国家的竞争。美国互联网和传统产业的结合，显著地提高了传统产业的生产效率，改进了产品质量，既保证了美国传统产业工人的薪酬福利，又缓解了成本压

---

① 张立乔："美国3D打印创新中心发展概览"，《新材料产业》，2016年第6期，第7—15页。

力,同时建立了技术上的优势,巩固了美国的竞争强势地位。另一方面,美国互联网推动了新兴产业的发展,利用大数据、云计算加快政府数据共享、产业创新发展、强化安全保障等。美国拥有完善的创新体系,以企业为核心、市场为导向、产学研协同创新,并通过努力发展互联网、物联网、云计算、移动互联网等关键技术,推进技术、业务模式、商业模式和管理的创新。中国在综合成本上涨的情况下,应该充分利用互联网资源,推动互联网技术应用,实现创新资源配置、创新活动组织、创新服务应用等多方面的协调创新,促进传统产业转型和新兴产业的发展。

表3-4　美国2005—2014年互联网用户比重　　　　单位:%

年份	2005	2006	2007	2008	2009	2010	2011	2012	2013	2014
比重	68.0	68.9	75.0	74.0	71.0	71.7	69.7	79.3	84.2	85.5

资料来源:韩迪,"美国互联网用户在过去三年已经达到饱和",http://tech.ifeng.com/a/20150730/41406391_0.shtml,访问时间2018年12月22日。

(三)将发展产业核心技术作为产业政策的重要内容,提供多角度创新政策与组织保障机制

美国各届政府都十分重视产业核心技术的发展,比如:在里根政府期间,出台了《小企业技术创新法》(Technology Innovation Law for Small Enterprises)、《联邦技术转移法》(Federal Technology Transfer Act)等11部政策法规,鼓励企业技术创新,为美国产业核心技术升级奠定基础;在克林顿政府期间,出台《技术促进经济增长》(Technology Promotes Economic Growth)、《国家安全科学技术战略》(National Security Science and Technology Strategy)等11份文件法规,不断提高科技投入,为高新技术产业提供政策支持。[①] 具体措施有以下几个方面:一是有技术创新和知识产权等方面的法律保护。通过出台《知识产权法》(Intellectual Property Law)、《专利法》(Patent Law)等一系列法律,为相关知识产权、技术革新提供了法律保障。二是制定相关法律和政策用以加速产业的转型升级。在《美

---

① 徐峰:"创新驱动产业转型:美国政府20世纪80—90年代的经验与启示",《世界科教研究与发展》,2014年第2期,第205—209页。

国创新战略》(American Innovation Strategy)中,美国提出了要优先发展先进制造业、清洁能源、医疗和教育技术、生物技术、纳米技术等,为保障这些关键领域的技术突破,美国还制定了《联邦云计算战略》(Federal Cloud Computing Strategy)、《网络空间国际战略》(International Strategy of Cyberspace)、《国家预防和健康促进战略》(National Strategy for Prevention and Health Promotion)、《未来能源安全蓝图》(Blueprint for Foreign Energy Security)等一系列战略和规划,加快培育创新领域,以巩固美国在国际上的技术大国地位。三是在发挥市场主体方面,美国制定了《购买美国产品法》(Purchase of American Products Act)等法律法规。为了使产业供应链高效协同创新发展,美国还成立了供应管理协会(Institute for Supply Management, ISM)、运营管理协会(American Production and Inventory Control Society, APICS)等专业的供应链管理组织,为了构建连接全球的高效供应链管理网络。总之,健全完善的法律法规及政策是美国创新驱动发展的重要保障措施。

另外,美国高度重视对科学技术创新发展的研发投入。2013年,美国对科学技术创新发展研发投入就达到4 500亿美元,而欧洲34个国家的研发投入总和仅为3 490亿美元。在2014年,美国的研发投入支出占国家总支出的40%以上,比研发投入支出占比排名第二的日本多出2.7倍。同时,美国对于科技资金进行有效财政控制,发挥政府的引导作用,合理调整科技资金投入的方向、结构和领域,运用科技资金引导企业增加研发投入,培养企业建立和完善持续稳定的投入机制。中国在科研、教育等领域进行经费投入时,需要充分考虑资金的使用效率、预期效果、社会效益、经济效益等多方面因素,按照合适的比例进行资金配套。

(四) 学术自由的人才培养与发展机制

美国高等教育以法律作为保障,并遵从市场发展的规则。高校在教学方式、科研方法等方面拥有极大的自主权利,政府不能过多干涉,这从根本上保护了高校的科研自由。私立大学无须向政府负责,自我管理学校内部事务。州立大学在资金使用、人事管理、学校制度等方面都是根据自身情况来决定。在社会层面,美国拥有众多保护高校学术自由的协会,例如大学教授协会、全美教育协会

第三章 综合成本上涨对产业核心技术升级影响的国际比较分析

等社会机构。在学校层面,"教授治校"在一定程度上摆脱了教育行政化的弊端,通过高校众多教师民主参与学校管理,在真正意义上实现高等院校学术和科研自由。

学术自由对美国创新人才的引进和培养起到了促进作用。在人才培养方面,美国拥有一套科学的教育体系,要求政府、企业、高校与一些非营利机构联合起来,共同参与,需求确认,精益培养,吸收全世界尖端人才,满足美国对技术创新人才的需求。这使得美国在保留本土人才的同时吸引外国优秀人才。中国在人才培养方面,应该为高校提供一个更加自由、开放、公平的竞争环境,大量投入科研经费,增强学术的积极性,同时按照企业和社会所需的创新型人才要求进行培养,不能脱离实际。

(五)联邦政府主导基础研究,企业引领应用研究,发挥市场在创新驱动中的促进作用

虽然美国政府通过制定相关法律政策保障技术创新,在美国产业的技术升级转型中起着举足轻重的作用,但美国政府自身却并未过多干预市场经济的运行。美国政府通常通过引导政策、构建平台、增强公共服务等手段,激发市场参与者(企业与科技服务机构等)的创新活力和动力,从系统上形成政府与市场之间良性互动的关系。

美国拥有全球最发达的资本市场,为其政府职能的有效发挥提供了保障。硅谷是美国科技的摇篮,拥有大量高科技公司和创新技术人才。据 International Association of Science Parks 的统计,全球 100 家大规模高科技公司的总部约有 30% 坐落在硅谷,硅谷科技人员大约有 100 万人,这些都是美国进行产业核心技术升级的根本动力。[1] 借鉴美国的经验,中国政府可以通过两种途径促进技术创新:一是政府为企业提供政策引导和支持。通过制定和完善支持产业技术创新政策,扶持和引导企业进行技术研发,创造技术创新的自由环境。二是政府可以作为"联系人",为企业提供有价值的金融与技术信息,充分发挥"政产学研用"的作用,达到资源共享。

---

[1] 马仁锋、张海燕、袁新敏:"大学科技园与地方全面融合发展案例解读",《科技进步与对策》,2011年第3期,第42—46页。

综合成本上涨对我国产业核心技术升级影响的研究

第二节 日本综合成本上涨对产业核心技术升级的影响

一、日本综合成本现状

根据资源禀赋理论,资源对产业的发展方向具有影响,当资源的约束条件和配置情况发生变化时,产业的发展也会受到影响。日本的发展情况不同于美国,其经济高度集中于东京周边,受到有限资源的约束,加之劳动力成本、地价等要素成本的上升,资源禀赋的动态变化引起价格的变化,导致日本在产业转型方面有其独特之处。

(一) 劳动力成本

科斯曾经指出,市场在运行过程中必须要付出一定的代价才可以维护市场的有序进行,即要发生交易成本。针对人力市场,人力供给方根据自身需求选择职业,人力需求方根据自身需求挑选人才,从而形成正式的雇佣关系,这个关系的确立过程需要投入大量人力、物力、财力等。企业需要投入大量的时间和金钱用于宣传、招聘、面试、录用、培训等,被雇佣者同样需要把时间和精力放在搜集信息、寻找企业等,从而增加了企业和劳动者的成本。随着社会经济的发展,劳动力成本在不断上涨,日本劳动力市场终生雇佣制的弊端引起广泛关注,劳动力供应不足、员工工作效率低下等问题开始显现,日本人力市场的竞争加剧,多种雇佣制形式开始出现,劳动力结构也随之发生变化,女性劳动力数量增加。由于日本需要大量的高端技术人才,为了满足人才需求,日本除了投入大量的资金培养本土人才,还通过给予丰厚的待遇引进外国尖端人才,从而增加了日本的劳动力成本。结合日本在第二次世界大战后的发展历史,其劳动力成本的变化情况可分为以下两个阶段。

第一阶段为20世纪50年代至80年代,第二次世界大战结束后,日本劳动力存量快速增加,人口进入高速增长阶段,人口数量由1945年的7 200万人变为1975年的11 175万人,短短30年人口数量增加3 975万人。日本国土面积

第三章 综合成本上涨对产业核心技术升级影响的国际比较分析

小,自然资源贫乏并极端依赖进口,高度发达的制造业是其国民经济的主要支柱,而劳动力的增加则为制造业发展提供源源不断的动力。第二次世界大战后初期日本经济复苏,日本的经济发展处于恢复阶段,这一阶段日本的人口增长率高,劳动力资源较其他资源相对丰裕,劳动力价格也相对较低,因此日本主要发展劳动密集型产业。但随着日本国内经济的高速发展,人口增长率逐步放缓,劳动力资源的相对优势逐渐下降,产业结构开始向资本密集型产业与技术密集型产业转移。① 从劳动力需求的角度来看,日本在第二次世界大战后经济恢复速度较快,主要发展重化工产业,劳动力的高需求促进了日本劳动力工资水平的提高。以日本制造业为例,第二次世界大战前,劳动力工资水平年均增长率为 -0.49%;第二次世界大战刚结束,在 50 年代到 60 年代,劳动力的年均工资增长率达到 3.61%;再到 70 年代,劳动力的年均工资增长率达到 6.75%。20 世纪 70 年代,日本的制度改革造成劳动力平均工资的增长速度远超过经济的增长速度,其劳动力成本维持在一个较高的水平上。②

第二阶段为 20 世纪 80 年代至今。在此阶段劳动力增加率放缓,日本经济趋于稳定状态,根据图 3-7,在 1950—2015 年间,日本人口数量虽然在增加,但是人口增长率严重下滑,造成劳动力匮乏。人口老龄化、不婚、晚婚、城乡人口差距等问题重压日本社会,日本经济创新动力逐渐消失。从日本劳动力的结构看,老年人口比重过大,成为日本人口结构的严重问题。从日本经济的长远发展来看,人口增长率下降与人口老龄化问题极大制约着日本的经济发展。尽管科技的进步与教育的普及在一定程度上改善了劳动者的素质,但劳动者素质的提高不足以弥补劳动者数量下降带来的恶劣影响,劳动力存量仍难以满足经济的快速发展,造成日本劳动力市场需求过紧的局面。此外,日本开始转变经济发展的重点,从重工业向高新技术产业转型,通过投入大量的经费培养大批国内尖端人才和吸引国外优秀人才,为产业转型提供动力。在转型期间,日本制造业进入衰退期,制造业工人年均工资增长率下降到 4% 左右,大量低技术、低水平员工失业。

---

① 段文博:"资源约束下的日本产业结构演进研究",吉林大学博士学位论文,2009 年。
② 搜狐新闻:"资源贫乏类似背景下谈产业升级的日本'镜像'",http://news.sohu.com/20041028/n222725434.shtml,访问时间 2018 年 12 月 22 日。

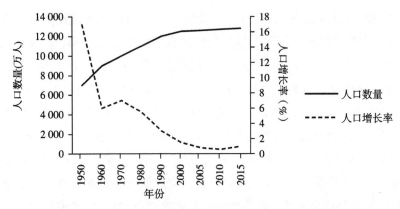

图 3-7　日本人口数量及人口增长率变化情况（1950—2015）

资料来源：日本统计局，http://www.stat.go.jp/data/jinsui/index.htm，访问时间 2018 年 12 月 1 日。

（二）土地成本

相较于美国的土地资源，日本国土面积小，资源匮乏，人口数量大且密度高。同时日本土地狭小，山地居多，地势陡峭，林地面积较大，森林覆盖率达 67%，因此在极其有限的土地上规划农地和建设用地的难度巨大。具体而言，一方面，日本土地资源贫乏，对资源和土地的需求无法得到满足，在一定程度上说明日本土地成本较高。另外，日本产业结构的不断变化，使得日本土地价格随着经济发展的变化而不断波动。另一方面，日本的宏观经济政策促使日本对土地需求增大，间接提升了日本的土地成本。20 世纪 90 年代之后，日本房地产泡沫经济破灭，政府出台相应的政策来抑制土地价格，使得日本土地价格呈现下降趋势。表 3-5 显示，日本在 1960—1961 年间土地价格增长率达到峰值，虽然之后有所下降，但在 1973 年又出现上涨。日本土地价格的变化情况可以分为以下三个阶段。

第一阶段为 20 世纪 50 年代中期至 70 年代中期，日本土地价格处于上升阶段。这一阶段正值日本城市化快速发展时期，经济的快速发展推动了土地价格的迅速提高，同时也加速了日本产业结构的调整与升级，促进了经济的进一步增长。具体来说，此时日本大力发展大型、重型产业，对工业用地需求急剧增加，工

第三章 综合成本上涨对产业核心技术升级影响的国际比较分析

业用地增长率不断上涨,达到55.6%,同时日本的六大城市地价平均上涨率达到46.4%。

第二阶段为20世纪70年代至80年代末,日本土地价格处于快速上升阶段。此阶段日本土地价格自由发展,缺少约束和管制,进入高速增长的时期。同时日本为了刺激经济的发展,采取了非常宽松的金融政策,刺激了市场消费,为房价上涨做出了极大贡献。1989年日本土地价格约为1955年的54倍,而日本主要城市圈(如东京圈①)的房价则上涨了近120倍。80年代,日本经受住了石油危机的冲击,其房地产进入了繁荣期,住宅用地成为开发重点,全国住宅地价上涨率(27.6%)和六大城市住宅地价涨幅(28.9%)均高于平均地价涨幅(24.0%)。房地产的高速增长催生了大量的投机活动,使得房地产行业的发展被称为"泡沫经济"。

表3-5 1955—1974年日本地价增长率

年份	1955—1956	1956—1960	1960—1961	1961—1964	1965—1966	1966—1972	1973	1974
增长率	6%—8%	11%—13%	17%—18%	6%—9%	2%—3%	5%—8%	15%—16%	1%—7%

资料来源:谢朝仪,《不动产经济导论》,茂荣图书有限公司,1983年,第31页。

第三阶段为20世纪90年代初至今,日本土地价格维持在较高水平。在20世纪90年代初期,日本房地产价格严重脱离实际价值,开始暴露泡沫经济的弊端。1991年日本土地均价比1985年增长61.5%,其中商业用地均价增幅达80.9%,其中1991年东京、大阪等六大城市土地均价比1985年增长207.1%,商业用地均价增幅更是高达302.9%。经过房地产泡沫的冲击,日本经济进入下行阶段,政府出台相应的土地政策进行调整,土地价格开始下降,但是仍然维持在较高水平。以东京圈为例,可以发现土地价格是日本综合成本中占比最高的成本。如果把东京独户住宅购入价格指数设定为100,则英国伦敦的住宅购入价格指数为67.3,韩国首尔、德国法兰克福、美国旧金山、美国纽约、法国巴黎分别

---

① 东京圈也称东京都市圈或首都圈,即以首都东京为中心的巨型都市圈,是日本三大都市圈之一。

为 49.3、42.5、36.7、28.5、24.1。① 而且,东京与日本其他地方地价水平相差并不多,可见日本地价水平之高。

(三) 环境成本

很多学者都认为一个地区自然资源的丰富程度会影响当地的经济发展,因为资源的稀缺是经济发展的瓶颈。Romer 指出自然资源与土地面积直接影响一个国家经济增长的情况,经济增长很大程度上受制于土地资源要素的数量。② 日本自然资源匮乏,要素相对稀缺,这些地理位置、资源条件等方面的限制,要求日本提高对资源的利用程度,环境保护、资源节约成为日本的一项基本国策。

而日本环境的特殊性,使得其环境成本一直处于较高水平。日本环境成本的提高,主要体现在:持续更新技术创新,需要大量资金投入;政府管理者社会责任意识较强,非常重视环境保护;政府采取环境成本和效益配比管理,大大提高了企业的责任意识,自主承担保护环境的社会责任。日本产业转型中首要考虑的要素就是自然环境的保护,日本产业发展过程尤其重视环境保护与资源节约,低碳、低能源消耗成为日本在产业转型升级中的一大特点。1970—1980 年间,日本政府为保证环保工作的进行,制定了专门的节能减排法规;1990 年后,日本政府逐步开始征收环境税,通过市场化手段激励低碳化转型;2007 年世界性金融危机以来,日本政府更加重视环境保护,把环境保护的重点转移到发展循环经济和低碳环保经济。③ 日本在未来的产业转型中,需要在传统产业中融入新技术和新思维,低碳转型仍然是促进转型升级的一大重要因素。

日本各个产业的发展都离不开节能环保这一主题。日本各个产业的发展,必须要把环境成本纳入战略发展之中。以日本新能源汽车产业为例,日本通过制定企业发展战略来促使日本传统汽车产业向新能源汽车产业过度,通过新技术的发展,开发低污染的新能源。这既是对传统产业的革新,也是对新兴产业的

---

① 赖涪林:"日本东京圈的商务成本",《现代日本经济》,2005 年第 2 期,第 46—51 页。
② Romer, D., *Advanced Macroeconomics (Second edition)*, the McGraw-Hill Companies, Inc. 2001, 37—41.
③ 孟昌、张欣:"资源环境双重约束下的产业结构升级:日本的经验与启示",《林业经济》,2012 年第 2 期,第 92—96 页。

开拓。在新能源汽车产业中,日本以技术创新作为其发展战略。2012 年,日本新能源汽车领域技术创新成果丰硕,60%具有独有专利技术的新能源汽车制造企业都来自日本①,使得日本在汽车销量和环保方面都取得巨大成就。以丰田汽车为例,在汽车销量方面,2005—2014 年混合动力汽车销量增长迅速(见表3-6);在环保方面,由于丰田汽车开发混合动力车,仅 2013 年就减少汽油使用 150 亿升,即减少二氧化碳排放 4 100 万吨。

表 3-6　2005—2014 年日本丰田汽车公司混合动力汽车销售情况　　单位:万辆

年份	2005	2006	2007	2008	2009	2010	2011	2012	2013	2014
日本国内	5.85	7.24	8.19	10.44	25.11	39.22	31.63	67.80	67.91	68.40
日本国外	17.64	24.00	34.74	32.53	27.89	29.79	31.26	54.10	60.02	61.19
合计	23.49	31.25	42.94	42.97	53.01	69.01	62.89	121.9	127.94	129.59
累计	55.34	86.59	129.53	172.51	255.52	294.54	357.44	479.15	607.29	736.88

资料来源:邱莉颖,"丰田混合动力车全球累计销量突破 600 万辆",http://auto.sohu.com/20140116/n393643609.shtml,访问时间 2018 年 12 月 22 日。

二、日本产业核心技术升级现状

(一)产业转型阶段

产业升级理论认为,在转型过程中,土地成本、劳动力成本、环境成本等会随着产业转型的变化而变化。第二次世界大战后,日本经济受到巨大冲击,在日本经济恢复和产业转型的过程中,具有阶段性的特点。日本产业转型过程具体可以分为以下四个阶段。

第一阶段:经济恢复期(1945—1955 年)。在此期间,日本根据国内市场需求状况,凭借劳动力等资源禀赋的优势,大力发展钢铁、电力等重工业产业以促进国内经济增长,1945 年日本三大产业的比重分别为 18.1%、21.2%、60.7%;1955 年,日本三大产业的比重变为 17.8%、40.5%、41.7%,工业占比明显提升。②

---

① 方晓龙:"日本新能源汽车产业发展战略分析",吉林大学硕士学位论文,2014 年。
② 杨艳勇:"后危机时期日本产业结构演进研究",外交学院硕士学位论文,2013 年。

第二阶段:经济高速增长期(20世纪50年代中期—70年代初期)。产业政策一直以来是影响日本产业转型的一个重要因素。在此期间,日本通过制定相应产业政策,一方面不断充实基础产业,引导和扶持新兴产业的发展,强化支柱产业的支撑作用;另一方面引导劳动密集型产业向技术密集型产业转型。根据表3-7,日本在1955—1975年间,制造业比重在不断下降,服务业比重在逐渐上升。尤其值得注意的是日本重视高新技术的引进及新技术的自主研发,以巩固日本在全球的竞争优势。

表3-7 日本经济高速增长时期三大产业占比情况   单位:%

年份	1955	1960	1965	1970	1975
农业	41.1	32.7	24.7	19.3	13.8
工业	23.4	29.1	31.6	34.1	34.4
服务业	35.5	38.2	43.7	46.6	51.8

资料来源:经济企划厅综合计划局,李文实、李达章、胡祖才、武爱民译,《走向21世纪的基本战略——日本经济结构调整与经济展望》,东洋经济新报社,1987年,第45—47页。

第三阶段:经济中速增长期(20世纪70—80年代)。全球经济发展对各国产业结构都有重要影响。贸易保护主义冲击、日元汇率持续走高、石油危机等事件,使得日本经济发展面临较大困难。在此期间,日本仍不断自主研发和引进技术,把产业发展重点转移到新兴产业,信息技术产业逐步发展成为日本的支柱产业,在曲折中不断促进产业转型升级。

第四阶段:经济稳定低增长期(20世纪90年代至今)。随着国际社会对环境问题的重视,衡量环境成本和效益变得越来越重要。日本通过经济、环境、资源三位一体,协调发展,不断进行技术革新,突出环境保护,促进资源有效利用,从而实现可持续的产业振兴。

(二)产业转型效应

不同于美国自由的市场环境,日本市场由政府主导,所以日本在经济发展过程中,产业转型是以国家制定的宏观产业政策作为主要指导思想的。日本在产业转型过程中与美国既有共性,也有其独特之处。日本产业转型带来的效应主

第三章 综合成本上涨对产业核心技术升级影响的国际比较分析

要表现在以下三个方面。

一是转移效应。由上文分析可知,日本受资源、国土面积等自然因素限制,其劳动力、土地成本和环境成本等要素成本较高,为寻求低成本优势,日本把产业中价值增值较少的部分转移至以中国为代表的劳动力密集的国家。另外,日元在20世纪90年代经历了大幅度升值。以汽车产业为例,日本汽车厂商即使抬高价格,也完全不足以填补日元升值造成的损失。为了弥补其损失,日本汽车产业开始进行产业转移,加大海外投资力度,以降低自身的高成本。

二是转产效应。日本在产业转型过程中,受到综合成本上涨、经济发展周期等因素的影响,使得日本产业结构在不断调整,主要表现为企业主营业务发生转变,即企业根据市场需求,把有限的资源投入到利润水平更高、发展前景更大的产业。例如:日本在20世纪70年代至80年代末,其主导产业为汽车、电器机械产业,而90年代初至今,日本主导产业转变为电子、信息等知识密集度较高的产业。某一产业向其他产业进行跨产业转型,一方面可以充分利用企业内部闲置资源,扩大企业产品种类,走多元化道路,增加企业利润;另一方面,有助于日本产业整体转型升级,使产业结构更加优化。

三是替换效应。一方面,政府主导的产业政策提高了生产效率。日本为发展本国经济,对国内部分产业采取直接保护措施和制定相关保护政策,以促进其转型的顺利进行。随着市场经济的不断完善,社会各利益相关者联系日趋紧密,日本对部分产业的直接保护转为间接指导。以日本宏观经济走向作为主要依据,协调各方利益,促使市场机制发挥作用,提升了日本产业转型的效率。另一方面,日本产业成功转型的关键是通过制定完善的产业政策来促进技术创新,使得日本产业内部核心技术发生质的变化。① 日本经济今天的高速发展,主要依赖于其技术创新,从引进国外高新技术,到自主研发新技术。2015年,日本政府发布《科学技术创新综合战略2015》,提出要借助互联网和大数据库培育新兴产业;举办"综合科学技术创新会议",推进技术创新进程;把宇宙探索纳入重点研

---

① 安同信、范跃进、刘祥霞:"日本战后产业政策促进产业转型升级的经验及启示研究",《东岳论丛》,2014年第10期,第132—136页。

综合成本上涨对我国产业核心技术升级影响的研究

究范围,通过技术创新,力争使火箭的发射价格减为50亿日元左右。①

三、日本综合成本上涨对产业核心技术升级的影响现状

通过对日本综合成本上涨和产业核心技术升级的分析,不难发现,日本综合成本上涨对产业转型、促进核心技术发展具有"倒逼"作用,但是日本的产业转型过程有其特殊性。本部分以日本制造业为例,按照日本制造业发展历史的顺序进行论述,分析综合成本上涨与产业核心技术升级之间的相互关系。

(一) 20世纪50年代至80年代

该时期,日本制造业持续稳定成长,产业核心技术、综合成本上涨与产业转型发展之间存在着密切的作用机制。技术创新可以直接为产业发展解决"技术瓶颈",间接提高劳动生产效率,降低产业成本,有利于产业发展。另外,技术创新还可以促进新产品的研发、生产和销售,形成新的产业链。因此,技术创新和成本上涨对制造业企业发展具有重要的促进作用。在第二次世界大战以前,日本劳动力过剩,存在"无限供给"的状况。第二次世界大战后日本经济高速增长,大力发展煤炭、钢铁、电力、造船等重工业,大量劳动力被工业部门吸收,劳动力供给从"剩余"向"短缺"过渡。20世纪50年代,日本平均每年引进先进技术233项;70年代,平均每平引进2 091项。② 在技术创新的促进下,日本制造业生产增长率不断上升,日本制造业对GDP的贡献不断增加,60年代约为58.5%,到70年代初达到79%,无论是技术还是产品在世界上都处于领先地位。日本除了引进国外先进技术,还对引进的技术融会贯通,形成模仿—创新战略,在改良的基础上,提高自身的生产效率。③ 日本通过技术引进、模仿和创新,降低本国的高要素成本,以产业转型、产业结构调整、技术创新来发展劳动密集型产业,使得

---

① 沈冰洁:"安倍上台3年在日本科技发展上做了些什么?",http://japan.xinhuanet.com/2016-01/29/c_135048948.html,访问时间2018年12月22日。
② 王玉清:《国际技术贸易》,对外经济贸易大学出版社,2013年,第112—113页。
③ 李毅:"当前日本制造业的产业政策动向与制造企业的调整和变革",《日本学刊》,2005年第6期,第122—127页。

第三章 综合成本上涨对产业核心技术升级影响的国际比较分析

日本制造业得到迅速发展,日本经济水平呈现高速发展。

(二) 20 世纪 80 年代至 90 年代末

该时期因为综合成本上涨和对外投资加大,日本制造业经历了"遗失的十年"。综合成本上涨对产业转型存在一定的促进作用。从劳动力成本的角度分析,当劳动力成本较低时,产业发展大多依靠廉价的劳动力,主要集中在增加值较低的产业。劳动力成本的上涨会将劳动密集型产业转移到劳动力成本较低的发展中国家或地区,以加大发展高附加值产业。虽然低劳动力成本是劳动密集型产业的主要优势,但会阻碍技术创新和产业转型升级,相反成本上涨能够"倒逼"日本产业进行核心技术升级。20 世纪 80 年代,日元的不断升值造成日本国内市场劳动力成本偏高,劳动密集型企业为了寻求低价劳动力,开始把纺织、钢铁等劳动密集型产业转移到低劳动力成本的国家或者地区。到了 20 世纪 90 年代,日元汇率的大幅上涨在一定程度上削弱了日本产业商品出口的竞争优势。为了提高其竞争优势,日本开始把机电、机械等技术含量高的产业向国外转移。20 世纪 90 年代末,随着中国等亚洲国家技术水平的快速提高,日本技术创新所带来的较高劳动生产率这一优势也逐渐被掩盖,因此日本的 IT 相关产业、汽车产业等拥有高技术含量的产业也开始向海外市场转移。以上几点原因造成了在 20 世纪 80 年代至 90 年代末日本制造业的发展几乎停滞,甚至出现整体呈现下滑趋势(见图 3-8)。

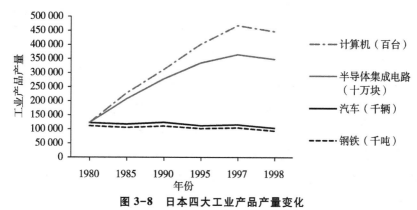

图 3-8 日本四大工业产品产量变化

资料来源:田中景、池元景,"日本制造业国际竞争力衰退的原因和前景",《日本学刊》,2000 年第 3 期,第 64—77 页。

日本曾以物美价廉作为在国际市场竞争中的核心优势,但综合成本的不断上涨,使得日本制造业竞争优势逐渐下降,主要有以下三点原因。

第一,日本制造业平均工资水平约为美国的 1.3 倍,是劳动力工资较高的国家。第二,日本水电煤气等基础设施收费较贵,例如耗用同样数量的电,日本的电费分别是美国、英国、德国、法国的 1.19 倍、1.25 倍、1.08 倍、1.41 倍,增加了制造业的生产成本。第三,土地成本高,泡沫经济使日本土地价格大幅度上涨,导致综合成本快速上涨。田中景和池元吉指出,日本通过价格调整政策把综合成本上涨幅度控制在合理范围内,借此契机促进日本产业升级,寻找适合日本国情的产业发展结构具有重大的意义。① 同时,日本对外面临着贸易摩擦及发展中国家技术进步的威胁,对内面临着日元升值、人口老龄化、要素成本不断上涨的压力。此情之下,日本被迫对国内产业结构进行调整,以适应不断变化的外部环境。总之,日本把以劳动密集型产业作为主导产业转向以高新技术产业作为主导产业,重点发展电子信息技术产业,通过生产高附加值产品弥补综合成本上涨的损失。

(三) 21 世纪初至今

21 世纪初至今,日本通过技术创新平衡综合成本上涨。在经济泡沫破灭后,日本面临制造业"空洞化"、失业人数增多、经济不景气等诸多问题,为了重振制造业,日本把产业转型的重点由技术密集型产业转向知识密集型产业,主要包括生命科学、信息通信、环境、纳米技术和材料等领域;并充分利用技术创新手段,不断提高劳动生产率,结合新能源技术,在实现低碳环保的同时实现经济长期稳定发展。为此,日本必须面对以下四个问题:一是国内的高成本结构,劳动力工资水平、地价、基础设施费用等都显著高于其他发达国家。二是以出口导向的日本,随着日元的不断升值,失去对外出口的价格竞争优势,导致日本制造业成本上涨。三是日本产业向海外转移,利用海外廉价劳动力和土地的做法,已经受到限制。随着以中国为代表的发展中国家的经济、技术迅速发展,劳动力成

---

① 田中景、池元吉:"日本制造业国际竞争力衰退的原因和前景",《日本学刊》,2000 年第 3 期,第 64—77 页。

第三章 综合成本上涨对产业核心技术升级影响的国际比较分析

本、环境成本和土地成本在不断上涨,发展中国家的低成本优势逐渐消失。四是由于日本经营成本过高,日本对内投资和对外投资极度不平衡。根据上述分析,不难发现综合成本上涨是日本进行产业转移、产业结构调整、产业转型和产业核心技术升级的主要原因。

日本以技术创新来提高劳动生产率,降低国内高成本,改善企业生产流程,提高企业竞争力,获取技术竞争优势,促进日本产业核心技术转型升级。日本以技术创新理念作为产业发展的指导思想,主要包括:第一,低成本管理思想的转变。日本曾经靠追求规模经济来降低成本,通过标准化核算来实现成本控制与管理。而在此阶段,日本以市场需求作为其成本控制的关键,要求制造业产品在设计阶段就进行成本控制。第二,日本作为技术大国,通过投入大量资金来不断加大技术引进数量和质量,为技术创新发展提供动力。同时,日本的技术产出也取得了很大进步,可谓是专利产出大国,每年产出的专利数量占全球总量的40%,即使在石油危机的冲击下,每年专利产出数量仍以5%—10%的速度增长。而且,日本重视知识产权保护。在2003年,日本有43所大学成立知识产权部;在2015年,从事知识产权保护工作的人员达12万人。根据图3-9,日本专利产出数量虽然上升趋势不明显,但是其基数较大,且一直保持在较高水平,因此日本实现了从别国模仿技术,到创新技术,再到向他国输出技术的角色转变。第三,以企业为技术创新主体,驱动日本制造业核心技术升级。日本政府对制造业企业实施税收减免等优惠政策,以龙头企业带动中小企业发展,支持所有企业特别是中小企业技术创新。同时,日本重视"官产学研"的结合,以提高日本技术产出效率和市场契合度。从研发强度来看,日本研发支出占GDP的比重不断上升,从1980年的2.03%到2008年的3.60%。在1994年,日本的机电行业、化工行业和运输机械行业的研发支出为全部制造业的前三名,其中机电行业占36.64%,化工行业占18.51%,运输机械行业占14.58%。化工行业研究开发的主体是医药产业,其研究开发经费支出占整个化工行业研发支出的41%;运输机械行业研究开发的主体是汽车产业,其研发支出占运输机械行业研发经费的84%。第四,日本重视对人才的发掘与培育。根据表3-8,日本1995—2009年间,人均教育经费由236万日元上涨到261万日元,说明日本对人才的培育是日本在恢复经济中的主要手段和根本动力。总之,日本在人才教育、政策支持、管理模式转变等方面的重视,使得日本技术创新一直处在世界前沿,以技术创新降低制造业成本,实现经济的稳定可持续发展。

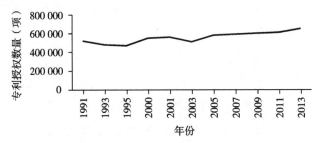

图 3-9　日本专利申请数量(1991—2013)

资料来源:〔日〕日本特许厅,《2015 年度报告》,2015 年。

表 3-8　日本高等教育经费情况　　　　　　　　　　　单位:万日元

年份	1995	1999	2001	2003	2005	2009
经费总额	7 331 708	7 469 965	7 953 167	7 752 866	7 896 529	8 218 428
人均教育经费	236	238	254	249	254	261

资料来源:日本文部科学省官方网站,教育费用统计调查,http://www.mext.go.jp/b_menu/toukei/main_b8.html,访问时间 2019 年 12 月 22 日。

一方面,技术创新是需求升级变化的需要,通过生产新产品、创造新需求来形成新产业,促进经济发展。另一方面,技术创新可以通过优化流程来降低生产成本,提高产品质量,最终提高企业竞争力。日本在不断加强技术水平的同时,促进了产业结构的调整,通过实现制造业的快速恢复发展带动了日本经济的复苏。在此期间,制造业发展主要存在以下几个特点:第一,加大环境投入力度,重视环境保护问题。日本不断提高环保投入,提升技术水平,较少环境污染,生产新型环保产品,形成环保产业。日本先进的环保技术,加上与国际贸易的合作,实现了日本在国际市场中独特的地位。环保产业逐渐融入日本制造业中,高污染、高耗能、高浪费的制造业企业被淘汰,在设计、生产、包装等环节,都使用环保材料,新型环保制造业得到快速发展。第二,制造业发展与金融业、信息技术产业、电子商务产业等协调发展。21 世纪前,日本本土制造业不断向外转移,但金

第三章 综合成本上涨对产业核心技术升级影响的国际比较分析

融业、信息技术产业和电子商务产业等却因此得到发展和提升。① 以日本东京圈为例,东京圈的 GDP 占全国 GDP 的约 1/3,金融业务占全国金融业产值约一半以上。东京圈是高学历人才、科研人员、尖端人才的聚集地。第三,制造业受土地价格影响显著。日本土地价格的波动会影响日本产业结构,在 20 世纪 80 年代后期,日本房价暴涨,造成房地产崛起,泡沫经济也油然而生。在 90 年代后期,为了降低土地成本,日本采取促进土地合理流动和提高土地使用效率等举措,使得房地产价格有所下降。综上所述,日本经济高度集中于东京圈,导致了土地价格、房租成本上涨,制造业不断撤出,产业结构逐步发生变化。

四、综合成本上涨对产业核心技术升级的影响的必然性及启示

第二次世界大战以后,日本综合成本不断上涨,形成了高成本结构。日本受到前后两次石油危机、日元大幅度升值、房地产泡沫破灭等多重冲击,国内制造业衰退。受到高成本结构的影响,国内处于价值链中低端的制造业产业逐渐向海外转移,造成日本制造业"空心化"。即便如此,在 21 世纪初,日本通过对制造业的有序转型、升级,促使制造业走向重振之路,带动整体经济的快速复苏和持续发展。日本在综合成本快速上涨的背景下,仍能保持战略大国的地位,主要依赖于其产业核心技术不断升级以推动产业结构调整和转型。因此,综合成本上涨对产业核心技术升级具有促进作用。以降低高成本为目的的产业核心技术升级,其过程是渐进式的推进,推动产业向纵深发展。以劳动力成本和交易成本为例,劳动力成本与交易成本的上涨对不同类型产业的升级会产生相反的影响。劳动密集型产业对劳动力成本的变化较为敏感,劳动力成本的上涨会导致劳动密集型产业的产业转移。而知识密集型产业对交易成本的变化更为敏感,较低的交易成本更容易吸引知识密集型产业。如上文所述,第二次世界大战结束后,在 20 世纪 50 年代至 60 年代,日本以引进技术为主要手段,实现日本制造业企业技术革新,所有生产装备得到更新换代,所有制造业进行机械化、规模化生产。

---

① 原小能、唐成伟:"劳动力成本、交易成本与产业结构升级",《浙江大学学报》(人文社会科学版),2015 年第 9 期,第 133—143 页。

综合成本上涨对我国产业核心技术升级影响的研究

随着生产能力的扩大,机械化水平的提高,制造业企业的生产效率也得以提高,成本和物料价格降低,产品质量提高,带动了新兴产业的发展,促进了产业核心技术升级。从20世纪60年代至70年代末,日本在技术创新上主要靠引进和模仿,实现了产业转型和经济赶超。20世纪60年代以后,日本每年引进甲种技术①数量平均约为900件,这些新技术主要应用于钢铁、电力、石化等产业,以传统产业带动家电、汽车等新产业的发展。日本在引进技术的同时也对生产设备进行投资,实现工业规模化生产,以降低研发、生产、销售等各个方面的成本。随着机械化与自动化进程的推进,电子计算机逐渐在企业普及,管理效率和精准度得以提高,生产技术水平达到世界先进水平。20世纪70年代至今,日本由技术模仿向技术创新过渡,自主研发的技术数量不断上升,并且技术应用的重点产业逐渐转向了光纤通信、宇宙研究、电子信息技术等知识密集领域。另外,日本政府出台了大量政策为技术创新的发展提供支持和保障,提升了日本技术创新竞争优势,弥补了高成本结构的不足。

日本在综合成本上涨的背景下,进行产业结构调整和产业核心技术升级,给中国的启示主要包括以下几个方面。

(一) 以技术创新弥补高成本劣势

综合成本居高不下,增加了日本在资源、劳动力等方面的压力,减弱了日本制造业的竞争优势。综合成本上涨迫使日本将产业转移到成本较低的海外地区,造成日本国内资金外流,国外企业进入门槛变高,相应减少了日本的外资流入。在面对综合成本上涨压力时,日本通过技术创新来弥补高成本结构的不足,提升其技术创新水平。由上文分析可知,日本技术创新对中国的借鉴有以下几点。

第一,技术创新需要与产业发展阶段相适应。以日本政府为引导,企业为主体,市场机制进行调节的技术创新发展模式,不断推进日本产业转型升级,抵偿成本上涨的劣势。中国应该根据自身产业结构的不同阶段,制定不同的产业政策、技术引进及创新政策等,在成本上涨和技术创新中寻求平衡点,有利于产业

---

① 甲种技术为日本对技术类别的划分。

第三章 综合成本上涨对产业核心技术升级影响的国际比较分析

可持续发展。

第二,推进"官产学研"模式,不断提升技术创新实力。日本是世界最早提出"官产学研"的国家。20世纪70年代,在政府的引导下,"超大规模集成电路技术研究组合"的研究成果取得巨大成功,为80年代的"官产学研"合作模式奠定了基础。90年代,"官产学研"合作模式得到了高速发展。政府、企业、高校的横向联盟,提高了科研成果产出效率和高科技研成果转化效率,使高校研究成果更加适应社会和市场的需求。同时,建立人才中心和协调机构,防止专业人才外流,有利于信息的收集和保密,形成健全的技术产出机制。以日本动漫产业为例,在2013年,日本动漫市场的产值为2 428亿日元(见表3-9),政府引导与市场运作相结合,使得动漫产业成为日本现阶段重点发展的新兴产业。

表3-9 2005—2013年日本国内动漫市场产值　　　　单位:亿日元

年份	2005	2006	2007	2008	2009	2010	2011	2012	2013
产值	2 339	2 415	2 302	2 129	2 164	2 290	2 197	2 330	2 428

资料来源:张晓晔,"日本动画市场产值突破2 400亿",http://www.ce.cn/culture/gd/201501/04/t20150104_4257003.shtml,访问时间2018年12月22日。

(二)实行人才战略

日本政府特别重视对人才的教育和吸引。从20世纪50年代开始,日本就积极吸引外国人才到日本进行交流和学习,同时也派遣日本人才到欧美等发达国家学习先进技术和经验。20世纪60年代,日本成立专门的"外国学者交流研究会",进一步规范外国学者来日本传授先进技术的手段。20世纪80年代,开始采取优惠政策,招收外国留学生到日本学习,成立留学生交流委员会。20世纪90年代,日本明确设立"科技立国"的大政方针,对高科技高学历人才的需要更加迫切。21世纪至今,日本的人才包容政策为其技术创新奠定了坚实基础。在人才培育方面,具体可借鉴措施主要有:第一,大量的人才引进计划。21世纪初日本人口负增长及人口老龄化问题严重,因此日本政府特别重视留学生政策的实施,例如2009年出台的《入国管理法》中,提高了留学生人数比例,放宽了入境政策,加大了对留学生的各种优惠政策。根据图3-10,在日本的留学生人数于 1999 年约为 55 000 人,到 2010 年,快速上涨到为 141 774 人。第二,加大高等教育经费投放力度和使用效益。日本高等教育经费投入比重约占日本 GDP 总量的 6%,其具体投入金额根据日本经济发展水平有所变化。在 20 世纪 60 年代,高等教育经费补贴形式单一;到了 20 世纪 70 年代,增加了对私立大学的经费投入;20 世纪 80 年代,由于财政收缩,财政支出趋于紧张,政府试图引导私立高校之间的良性竞争来提高教育经费的使用效率;20 世纪 90 年代以后,日本开始重视高等教育经费的使用效益,不再采用均等教育模式,更加注重教育的效益和效果。①

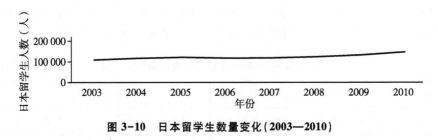

图 3-10　日本留学生数量变化(2003—2010)

（三）以核心技术创新推动环境保护和资源节约

日本受到国土面积和自然资源的限制,对环境的重视程度远高于世界其他国家。从 20 世纪 60 年代开始,日本就研发机械除尘等技术用于防治大气污染、水质污染和固体污染等;20 世纪 70 年代,日本出现各种污染治理公司,环保技术和产品已较为普及;20 世纪 80 年代开始,污染技术设备已经到了规模化生产阶段。虽然日本 GDP 翻倍增长,但资源能源消耗基本保持不变。一方面,日本环保产业已经进入自律发展阶段。日本在不断探索技术创新的发展过程中,也推动了日本环保产业的发展,取得了巨大的经济效益和社会效益。日本对防治大气污染利用装置、节能技术、材料制造、燃料电池技术的探索和开发,均已创造了良好的经济效益。2015 年,日本环保产业的市场规模占其 GDP 总量的比例约为 10%,企业废弃物由 2006 年的 2 400 吨,降到 2014 年 1 800 吨,企业生产废弃物的再生利用率由 2005 年的 51.9%上升至 2014 年的 60.9%。环保技术水平的

---

①　日本学生支援机构(JASSO):"外国留学生在籍情况调查",http://www.jasso.go.jp/,访问日期 2018 年 12 月 22 日。

第三章 综合成本上涨对产业核心技术升级影响的国际比较分析

提升,使日本环保产业在经济效益、环境质量改善和资源利用效率上都取得了巨大成就。① 另一方面,日本无论是传统产业还是新兴产业的发展,都受到有限资源的约束,都需要重视对环境与经济效益的权衡。在资源和环境的双重约束下,日本产业发展必须要考虑节能减排战略的布局。例如,汽车产业的技术改进和创新,研发新一代环保节能的电动汽车;以低碳为主题,对钢铁、水泥和电力等产业进行技术改造,推广节能技术,提高生产流程效率。技术创新可以改造传统产业,还可以提升产业技术水平,减少能源消耗,降低企业成本。总而言之,中国可以借鉴以上几点措施,结合实际情况,制定有效的相关政策以促进产业核心技术升级,提升资源的使用效率,保持产业的可持续发展。

(四)政府注重发挥产业政策的引导作用

日本是一个特别重视产业政策的国家,从第二次世界大战后经济恢复到产业腾飞,都离不开相关产业政策的支持。第二次世界大战结束后,《国民所得倍增计划》使日本经济快速从战争的萧条中走出来,《e-JAPAN》等政策对电子信息产业的崛起起到了促进作用。近年来,为了恢复制造业的竞争力,日本政府又出台了一系列产业政策,如 2014 年公布了《3D 打印制造革命计划(2014—2019)》《机器人开发五年计划(2015—2019)》等。

技术创新战略、"官产学研"模式及人才培育和引进战略的实施都依赖于日本政府的政策引导。首先,为了提高参与方的积极性与主动性,日本政府制定一系列的政策法规以促进"官产学研"的积极合作。相较日本而言,中国拥有更为丰富的人力资源,但教育体制僵化和教育改革滞后在一定程度上阻滞了中国创新人才的发展。政府多在公立高校中扮演角色,缺少对民间资本参与教育产业的支持,因此政策制定与财政经费应适当提高企业与高校的研发主动性。其次,日本是以出口为主的国家,通过技术创新提高产业生产效率,降低国内高成本结构,有利于日本成为技术大国。日本要形成出口产品的优势,除了技术上的硬件实力,还需要国家政策的支持。在经济高速发展时期,日本逐步放开对引进外资和贸易自由化的限制;在经济低速增长时期,日本则将注意力放在出口产品结构升级上,通过技术创新促进高技术产品的出口。最后,产业发展和产业核心技术

---

① 马恒:"基于日本经验发展我国环保产业对策研究",河北大学硕士学位论文,2011 年。

综合成本上涨对我国产业核心技术升级影响的研究

创新也离不开政府政策的支持。政府把握重要产业结构的变化方向,确定重点发展领域,企业作为产业政策执行的主要载体,以技术创新为依托,进行调整和变化。在20世纪80年代,日本推出《振兴特定电子工业及机械行业临时措施法》。20世纪90年代,为恢复日本制造业,日本政府在此法案基础上进行改进,同时还提出了《新策略性工业基础技术升级支援计划》等相关支持政策。因此,中国政府可以确定主要发展领域,制定相应政策予以引导,还要保证产业政策的有效实施。

第四章 综合成本上涨对产业核心技术升级影响的实证研究

在现有文献中,大多数学者从创新投入和创新产出对技术创新进行评价,例如,国外学者 Jaffe 认为衡量技术创新的指标包括研发投入、发明和专利申请数目及新产品种类和数目。① 吴延兵指出大部分实证文献将创新活动分为创新投入和创新产出,创新投入通常使用研发投入或技术人员人数来衡量,而创新产出往往以专利数量或新产品收入来衡量。② 因此,本章在实证研究阶段,会分别对创新投入和创新产出进行相应的假设和实证检验。

本章共设计了针对不同类型样本和数据的三次实证研究。第一次实证研究使用我国各省份 2000—2012 年间工业层面的面板数据,验证产业层面的要素成本对研发投入的影响。第二次实证研究则将样本定位于具体制造业上市公司,使用各类制造业上市公司中具有代表性的 34 家公司 2004—2013 年的面板数据,验证劳动力成本、资本成本和销售成本对专利数量的影响。上述两次实证研究分别验证综合成本对制造业企业技术创新投入和技术创新产出的影响。为了进一步厘清综合成本、技术创新投入和技术创新产出三者之间的关系,本书设计

---

① Jaffe, A.B., "Characterizing the Technological Position of Firms, with Application to Quantifying Technological Opportunity and Research Spillovers", *Research Policy*, 1989, 18(2), 87—97.

② 吴延兵:"R&D 与生产率——基于中国制造业的实证研究",《经济研究》,2006 年第 11 期,第 60—71 页。

了第三次实证研究,以我国制造业上市公司为样本,将制造业分为高技术制造业和中低技术制造业两类,并分类研究了综合成本与研发投入之间的关系,得到高技术制造业比中低技术制造业在面临成本上涨压力时更容易选择加大研发投入的结论。随后本章以高技术制造业作为样本来验证研发投入在综合成本与三种专利数量之间的中介作用。

第一节　要素成本价格对研发投入的影响
——省级面板数据实证研究

一、研究背景

工业的发展是国民经济的支撑,但我国工业发展长期以来都处于初级阶段,用自然资源要素的高消耗和环境污染的高代价,换来经济的快速增长。但如今,粗放式的经济增长方式难以为继,受资源要素紧缺、环境日益恶劣等因素的影响,传统的"三高"(高投入、高消耗、高排放)发展模式根本无法为我国经济持续稳定的发展保驾护航。新型工业化道路成为我国各工业产业继续发展的引擎动力,如何实现经济增长方式的根本性转变成为当今我国政治界、产业界、学界所面临的严峻课题。

我国工业经济的增长和技术方面的改进一直靠劳动力、资本、自然资源等传统要素的大量投入。改革开放以来,我国劳动力、土地等相关要素的成本一直处在快速攀升阶段,生产要素成本价格的普遍上涨对我国工业生产成本造成很大压力,沿海发达地区的工业企业开始逐步向我国中西部地区及亚洲其他落后国家转移,通过产业转移在劳动力成本相对便宜的地区进行生产。比如英特尔、惠普、联合利华、富士康等大型制造业企业纷纷将生产基地搬迁至我国中西部地区;运动服饰巨头阿迪达斯和耐克则将生产基地迁移至东南亚国家;我国家电制造业企业,如海尔、格力、美的等,纷纷在我国中西部地区建立新的生产基地。

第四章 综合成本上涨对产业核心技术升级影响的实证研究

（一）土地要素成本上涨

受土地制度与土地政策的制约，我国的土地资源交易并未完全市场化。在很长一段时间内，在"唯GDP至上"等原因的作用下，买卖土地成为各级地方政府创造地方性财政收入的主要手段。地方政府一方面以"旧城区改造"为名将国有土地进行交易；另一方面以"新建开发区"为名进行土地开发，造成部分企业的用地成本明显偏低。但随着相关土地管理规定的陆续出台与实施，国家对于土地资源的管理进一步完善。工业化用地逐步实行招标、拍卖、挂牌出让，这可以推动土地资源的市场化配置，使土地价格能够真实地反映有效率的市场需求和有竞争的价格水平。目前，我国东中西部地区土地价格存在较大差异，全国各地综合土地价格一直处于上升状态。

（二）劳动力要素成本上涨

城乡二元结构体系与城市就业体制造就了我国劳动力价格长期偏低的现状。但随着社会保障体系的完善，劳动者权益保护意识的加强，我国劳动力价格逐步向市场化靠近。随着市场化进程的不断推进，劳动力价格不断趋向市场正常水平，例如2004年下半年开始出现的全国性的"民工荒"使得珠三角地区的企业把工资调高了10%—30%。当前我国仍处在资源高消耗型的发展模式当中，这显然无法满足我国经济持续发展的需要，未来我国经济发展的必然趋势是发展第三产业。可以说，第三产业的崛起分流了不少原属于工业的劳动力，在某种程度上影响了劳动力价格。

（三）环境成本上涨

作为公共资源的环境，具有高度的外部化特征。企业理应在生产过程中，对被破坏的环境进行补偿。但现实却是社会为企业支付高额的环境成本，而企业则可以免费或以较低成本享受环境资源。各级地方政府竞争的加剧，使得一些地方政府为追求短期经济发展而引入高污染、高能耗的企业，这一举措造成巨大的生态破坏。据新闻报道，我国每年环境污染和生态破坏所造成的经济损失，已占当年国民生产总值的 14%。① 自 20 世纪 90 年代中期以来,我国经济增长中有 2/3 是在环境污染和生态破坏的基础上实现的。全国流经城市的河流中,90% 的河段受到比较严重的污染,75% 的湖泊出现了富营养化问题,酸雨的影响面积占到国土面积的 1/3,未来要修复这些环境问题则需要付出高昂的代价。② 随着可持续发展理念的深入人心,企业很难以低价甚至免费使用环境资源,而是必须为环境保护付出一定的费用。

(四)生产要素成本上涨

我国在改革开放之后进入经济高速发展期,工业化使得对能源、原材料等要素的需求骤增,对生产要素成本上涨有一定程度的推动作用。2004 年,我国石油平均每日消耗 650 万桶;标准煤消费总量达到 18.5 亿吨;11 个高耗能产业的 33 种产品能耗比国际先进水平平均高出 46%;全国耗能支出费用占 GDP 的总量达 13.5%,超出美国 6.5 个百分点。能源、原材料需求的强劲增长,促进了世界各大石油交易市场、金属期货交易市场上价格的不断上涨,主要矿产品价格创多年来的最高纪录,如 2005 年和 2006 年铁矿石价格分别暴涨了 71% 和 19%。我国作为一个发展中大国,已经成为仅次于美国的第二大能源消费国,未来可能超越美国成为第一大能源消费国。③ 对生产要素需求量的增加,将在一定程度上抬升生产要素价格。

(五)技术研发成本上涨

技术创新一直都是我国工业发展的短板,自主创新能力不强与核心技术缺失成为制约我国工业化进程的主要因素。技术转化成本过高是我国工业企业亟待解决的重大问题,美国经济学家 M. 曼斯菲尔德(M. Mansfield)认为技术创新的本质是将创新成果与市场有机结合,因此一项成果的技术创新应该包括知识应用、技术研发和经济利用三个阶段。技术创新不能仅在技术开发阶段,还应关

---

① "走新型工业化道路",《经济日报》,2002 年 12 月 25 日。
② 黄莹莹、张明之:"要素成本依赖型产业的困境与升级——兼论我国高成本增长模式的转型",《南京政治学院学报》,2007 年第 1 期,第 23 卷,第 44—48 页。
③ 同上。

第四章 综合成本上涨对产业核心技术升级影响的实证研究

注到产品的经济成果,通过合适的生产运作和企业管理,将研发成果推向市场,对技术实现市场价值的补偿,尽管这一过程会受到很多不确定性因素的影响,但整个过程的有机结合才是技术创新的完整阶段。根据发达国家的经验,一项新技术成果从研发、成果转化到产业规模化,经费投入比例差不多为 1∶10∶100。以惠普公司为例,1996 年惠普公司用于实验研究的费用为 2.39 亿美元,而用于新产品开发的研究费用为 25 亿美元,二者的比例为 1∶10.5。但是我国目前在创新成果的开发应用上落后太多,每年国家知识产权局都有大量到期专利闲置,如果能够有效转化这些专利,将会给经济发展带来巨大的促进作用。

不可否认的是,部分要素成本的上升,客观上有利于加快各地区产业核心技术的转型与升级。对于生产企业而言,受利润最大化经营目标的驱动,当劳动成本上升后,生产企业倾向于采用设备改造或更新、生产技术革新等手段以继续保持产品的竞争力。在这种竞争环境下,所有的生产企业都不得不想办法提高技术水平,从而使行业的整体技术水平得到提高。这些要素成本上涨对于产业核心技术升级的影响是正是负还有待证明。

对于要素成本与产业技术升级之间的关系,国内外学者们已经有了比较丰硕的成果。Antras and Voth 用英国工业的要素价格,通过计量方法估计了工业全要素生产率的变动趋势。[1] Tabuchi 发现在产业聚集的过程中,劳动力、土地等不可流动要素受到拥挤效应和竞争效应的影响,对产业聚集会产生负向作用。[2] 杨亚平和周泳宏认为,劳动力成本的上涨对工业产值增加会产生负向影响,而土地要素成本的上涨对工业的离散力作用更加显著。[3] 钱雪亚和缪仁余发现,物质资本价格下降对改善全要素生产率(TFP)具有明显作用,人力资本、普通劳动力价格的上升对 TFP 有负向影响。[4] 黄莹莹和张明之指出,在我国工业转型升级过程中,生产要素价格持续攀升、劳动力价格与土地价格上涨、环境

---

[1] Antras, P., and Voth, H-J., "Factor Prices and Productivity Growth During the British Industrial Revolution", *Explorations in Economic History*, 2003, 40(1), 52—77.

[2] Tabuchi, T., "Urban Agglomeration and Dispersion: A Synthesis of Alonso and Krugman", *Journal of Urban Economics*, 1998, 44(3), 333—351.

[3] 杨亚平、周泳宏:"成本上升、产业转移与结构升级——基于全国大中城市的实证研究",《中国工业经济》,2013 年第 7 期,第 147—159 页。

[4] 钱雪亚、缪仁余:"人力资本、要素价格与配置效率",《统计研究》,2014 年第 8 期,第 3—10 页。

成本上涨等是产业升级当中的重要问题。① 蔡昉等②、刘新争③认为,生产成本的上涨能促进国内产业的升级转型和劳动力要素在我国各地区的自由流动,会使东部发达地区较中西部地区的劳动力成本优势丧失,进而使得劳动密集型产业由东部地区向中西部地区转移。岳书敬和刘富华加入环境变量以衡量投入与产出的效果,认为工业污染物排放指标更加现实可靠。④ 罗浩⑤、贺胜兵等⑥认为,国内劳动力存量大,地区间劳动力成本差距不大,这也使得中西部地区无法通过劳动力成本优势吸引东部发达地区的产业进行转移。

总体而言,现有的大部分文献都是针对单个要素的研究,尚无文献较好地研究每种要素价格对核心技术升级的影响。本节选择2000—2012年我国规模以上工业企业为研究对象,在理论分析的基础上,对土地成本要素、劳动力成本要素、环境成本要素和基本商品成本要素对工业研发经费投入的影响进行实证研究,量化这几种主要要素成本的上涨对研发经费投入影响的大小,继而探索它们对于工业核心技术升级的影响。

本节通过实证研究,使现有研究成果从理论上得以拓展,因此具有一定的创新性。这将为我国工业企业如何更好地改善自身技术提供指导,为政府制定相关策略提供依据。

二、文献回顾及假设提出

对于一个国家来说,工业能力的强弱在很大程度上决定了一个国家的综合实力,而工业能力的强弱与工业核心技术是否领先有关。目前,全球工业正处在

---

① 黄莹莹、张明之:"要素成本依赖型产业的困境与升级——兼论我国高成本增长模式的转型",《南京政治学院学报》,2007年第1期,第44—48页。
② 蔡昉、王德文、曲玥:"中国产业升级的大国雁阵模型分析",《经济研究》,2009年第9期,第4—14页。
③ 刘新争:"比较优势、劳动力流动与产业转移",《经济学家》,2012年第2期,第45—50页。
④ 岳书敬、刘富华:"环境约束下的经济增长效率及其影响因素",《数量经济技术经济研究》,2009年第5期,第94—106页。
⑤ 罗浩:"中国劳动力无限供给与产业区域粘性",《中国工业经济》,2003年第4期,第53—58页。
⑥ 贺胜兵、刘友金、周华蓉:"沿海产业为何难以向中西部地区转移——基于企业网络招聘工资地区差异的解析",《中国软科学》,2012第1期,第160—169页。

第四章 综合成本上涨对产业核心技术升级影响的实证研究

大转型的关键时期,美国、德国在工业转型方面都已经遥遥领先。因此,研究我国工业核心技术升级成为一个十分重要的课题。工业核心技术升级与许多因素有密切的联系。

(一)要素成本与技术创新能力

创新的定义源于约瑟夫·熊彼特(Joseph Schumpeter)提出的创新理论,熊彼特认为创新是将现有的生产要素和生产条件进行一种前所未有的新组合,创新应包括五个方面:新产品、新生产工艺或流程、新市场、新材料和新组织方法。Freeman 则认为,技术创新的本质是将新产品、新过程、新系统和新服务实现商业化运作,通过市场化使技术创新得到推广和应用。[①]

对企业而言,技术创新是企业生产运作的一个重要环节,企业要经历从发现机会、设计方案、流程改进和新产品推出等一系列过程,通过技术创新推出新的产品,在市场上赢得竞争优势。对国家和产业而言,技术创新是由单个企业技术创新带动的整个产业的技术进步,某一个企业由于采用新的技术而取得竞争优势,势必会引起产业内其他企业的技术模仿,当整个产业的技术积累到一定阶段,新的技术会对现有技术形成反复冲击与覆盖,进而促进整个产业的技术进步。综上所述,技术创新不是简单的实验室研究开发出来的成果,而是包含了技术研发、技术应用和产业化推广等一系列企业经营活动。企业应通过不断的技术创新,提高经营绩效,不断产生竞争优势,最终推动整个产业的技术升级。

黄莹莹和张明之指出,土地要素价格的不断上升会使得产业尤其是要素成本依赖型产业的转型升级陷入高成本困境。[②] 工业企业往往需要大面积的土地来建设厂房、库房等基础设施,需要大量资金投入,这在很大程度上会影响工业企业在其他方面的资金投入。当土地价格上涨时尤其如此,房地产价格过高会在很大程度上吸纳本应该投资在技术创新等方面的研发资金。

---

① Freeman, C., "The Economics of Industrial Innovation", *Social Science Electronic Publishing*, 1983, 1(2), 215—219.
② 黄莹莹、张明之:"要素成本依赖型产业的困境与升级——兼论我国高成本增长模式的转型",《南京政治学院学报》,2007 年第 1 期,第 44—48 页。

综合成本上涨对我国产业核心技术升级影响的研究

（二）研发投入与产业升级

Romer 在经济内生增长理论的框架下，提出了 R&D 内生增长模型。R&D 内生增长模型认为技术进步具有内生性，知识生产的外在性推动了知识的内生增长和产出的规模报酬递增，这一传导机制表明研发部门是促进经济长期增长、技术升级创新和生产效率提高的关键部门。① R&D 内生增长模型依据生产函数投入与产出的特征，创造性地将知识作为一种新的产品与投入要素，赋予其投入与产出的生产函数特征，为研究产业的生产绩效提供了一条新的思路。R&D 内生增长模型为研究技术创新在经济增长和产业升级中的作用机理奠定了理论基础。

研发投入是指统计年度内全社会实际用于基础研究、应用研究和试验发展的经费支出。对于研发投入影响因素的研究，国内外学者主要集中于宏观影响因素，包括经济发展情况、专利保护情况、政府支持力度等方面。研发投入按照参与主体可以分为政府研发投入和企业研发投入，两者存在强烈的互补效应，通过共同作用来推动技术创新与经济发展。

随着经济全球化及知识经济的迅猛发展，自主创新已成为企业参与全球竞争、提高竞争力和实现产业升级的重要手段。我国已把提高自主创新能力上升到国家战略高度，而提高企业自主创新能力是根本途径。因此，研究研发投入对产业升级的影响，具有重大现实意义。

一些关键部件的生产和关键技术的突破对制造业的发展至关重要，而核心技术的升级直接影响制造业产业升级的进程。我国制造业技术创新主要依靠两种方式：技术引进和自主研发。技术引进是指企业通过购买或合作的方式直接引进当前领域国外先进适用技术，技术引进的目的是提高企业自身的生产水平、技术层次和管理效率。自主研发则是企业通过自主投入资金，引入技术人员进行技术研究开发。学术界就技术引进和自主研发的关系持有不同意见，部分学者认为两者之间为替代关系，原因在于技术引进会挤占自主研发活动的资金，进而使技术引进与自主研发之间存在"挤出效应"；另一部分学者则认为两者之间

---

① Romer, P. M., "Endogenous Technological Change", *Journal of Economy*, 1990, 98(5), 71—101.

第四章 综合成本上涨对产业核心技术升级影响的实证研究

为互补关系,大量实证结果均支持两者之间的正向相关关系,即企业通过技术引进可以提高自主研发能力。

本节所指的产业升级主要是指产业由低技术水平、低附加价值状态向高新技术、高附加价值状态的演变。关于研发投入与产业技术升级之间的关系,众多学者进行了不懈的探索。江海洋通过对北京市和上海市产业价值链升级的经验分析,指出经济增长需以研发作为基础和动力。[①] 张济建和李香春通过对我国71家高新技术上市企业的财务数据研究发现,即期研发费用和企业绩效存在显著正相关关系,且这种关系没有滞后效应。[②] 屠文娟和谢金明通过分析江苏省研发投入与科技成果产出的相关数据,发现研发与发展经费内部支出与专利、科技论文数量之间存在显著的正相关关系,不同地区对研发投入的敏感性不同,也就是说研发投入对于不同地区经济贡献存在显著的差异。[③] 李春艳和余越使用问卷调查的方式搜集了扬州市上千家高新技术企业的数据,用实证研究表明高新技术企业研发投入与创新绩效之间存在显著的正向影响,这一影响不存在时滞效应。[④] 孙道军和王栋发现在高新技术产业集群中,研发投入和科研人员投入对地区科技创新产出绩效有显著的正向影响,并且这一影响受高新技术产业集群规模的调节。[⑤]

关于研发投入与技术创新升级之间的联系,大部分学者通过研究发现,尽管有研发投入并不意味着一定能够产生大量的新研究成果,但是可以肯定研发投入与企业技术创新之间有着正相关性,研发投入对于企业创新、技术升级有着正向影响。

[①] 江海洋:"打牢创新型经济的根基——关于优先发展研发产业的对策建议",《经济研究参考》,2010第19期,第49—53页。

[②] 张济建、李香春:"R&D投入对高新技术企业业绩的影响",《江苏大学学报》(社会科学版),2009年第2期,第73—78页。

[③] 屠文娟、谢金明:"R&D投入、科技成果产出和高新技术产业增长关系实证研究——以江苏为例",《商业财会》,2014年第8期,第52—56页。

[④] 李春艳、余越:"高新技术企业R&D投入与创新绩效关系的研究",《经济师》,2011年第4期,第17—18页。

[⑤] 孙道军、王栋:"高新技术产业集群下区域R&D投入与创新产出的实证研究",《现代管理科学》,2010年第6期,第69—71页。

(三) 概念模型与假设提出

结合上述分析,本节实证研究采用要素成本上涨—研发投入的理论研究框架。为证明各变量之间的关系是否与理论分析一致,本节实证研究使用面板回归分析中的固定效应模型来检验四类综合成本与专利技术价值的影响关系。本节的概念模型如图 4-1 所示。

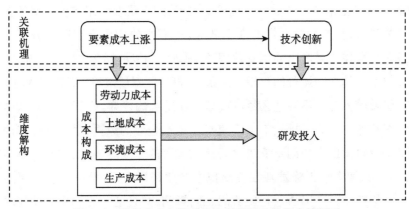

图 4-1 要素成本上涨对技术创新影响的概念模型图

叶振宇和叶素云指出,技术效率的提高相对于劳动力成本的提高虽然存在一定的滞后效应,但总体处于上升的趋势,劳动力等要素价格的上涨有利于工业技术效率的正向改进。[①] 对于研发投入来说,很大一部分是被用于研发人员的工资,保证研发人员的日常生活,而研发人员的工资对其他员工的工资水平有一定正相关影响,在创新驱动型工业企业当中更是如此。

随着自然资源短缺与环境污染问题的日益突出,自然资源与环境逐渐成为工业转型的主要制约。由于很多传统工业企业都是典型的资源消耗型企业,在环境资源短缺的情况下,生产经营难以为继。依赖生态资源的大量消耗和优惠政策的倾斜,我国在取得经济增长的同时,也越来越受制于资源的供给状况、环境的承受能力和相关的环境政策等。我国正在大力提倡工业发展的可持续化,十分重视经济与环境之间的和谐关系。根据相关法律法规,工业企业特别是重

[①] 叶振宇、叶素云:"要素价格与中国制造业技术效率",《中国工业经济》,2010 第 11 期,第 47—57 页。

污染型企业必须保证一定的资金投入用于治理其给环境造成的污染,必须有一定的研发投入用于治污项目。另外,政府有时会给予企业一些污染治理和研发补助。

生产资料或商品要素价格的上升会造成产业中企业各类生产经营活动成本的上升,包括产业中企业的研发活动。在这种价格动态变化的时候,研发活动的成本大大上升或降低。所以本节的假设如下所示:

H 4-1 土地要素成本越高,对研究经费的挤占作用就越明显,产业中企业对研发的投入就越少。

H 4-2 劳动力成本的上涨会加大产业中企业的研发投入。

H 4-3 环境成本的增加会促进产业中企业的研发投入。

H 4-4 生产要素成本的增加会提高产业中企业的研发投入。

综合成本中不同类型的成本变化对研发投入或者工业核心技术升级的影响有正有负、有大有小,下面将对上述分析予以实证研究。

三、研究设计

(一) 核心变量测度

1. 核心技术升级水平

核心技术升级水平用各省份各年度的工业研发投入水平来衡量,该数据来自《中国工业统计年鉴》。

2. 劳动力成本

劳动力成本主要用工业企业职工平均工资来衡量,该数据来自《中国劳动统计年鉴》。

3. 土地成本

土地成本采用各省份各年度工业房屋平均造价来衡量,该数据来自《中国工业统计年鉴》。

4. 环境成本

环境成本采用工业投资治理污染资金量来衡量,该数据来自《中国工业统计年鉴》。

5. 价格成本

价格成本主要采用各省价当年价格指数水平来衡量,该数据来自《中国统计年鉴》。

6. 经济水平影响

经济水平影响采用各省份当年人均 GDP 来衡量,该数据来自《中国统计年鉴》。本节实证研究涉及的变量名称与符号如表 4-1 所示。

表 4-1 涉及变量

	变量名称	变量符号	对数化符号
因变量	工业研发投入	R&D	LNR&D
自变量	劳动力成本	LABOR	LNLR
	土地成本	LAND	LNLD
	环境成本	ENVIRONMENT	LNCY
	价格成本	PRICE	LNPE
控制变量	经济水平影响	GDP	LNGDP

(二) 样本选取和数据来源

为进一步研究综合成本上涨对工业核心技术升级的影响,需要对各省份各年度的相关数据进行实证验证。由于 2000 年之后的年鉴和数据统计都开始正规化,易于统计与收集,而 2000 年以前的数据缺失严重且收集较为困难,因此本次数据收集以 2000—2012 年为时间跨度。其中,各省份各年度的工业研发投入经费、工业房屋平均造价和工业投资治理污染资金量来源于《中国工业统计年鉴》,工业职工年平均工资来源于《中国劳动统计年鉴》,各省份当年价格指数水平和各省份当年人均 GDP 来源于《中国统计年鉴》。

第四章 综合成本上涨对产业核心技术升级影响的实证研究

（三）检验方法

根据实际需要，我们参照和扩展了杨亚平和周泳宏[1]、钱雪亚和缪仁余[2]的研究方法，在建立模型时，着重检验工业研发经费支出与各大要素价格之间的关系，并以代表该省(市)经济水平的人均 GDP 作为控制变量。由于样本数量不够，变量数量太多可能会降低整个模型的显著性，我们去除了原本模型中人均受教育年限和政府财政收入、财政支出等几个变量，最终确定以工业企业研发投入经费为因变量，工业房屋平均造价、工业职工年平均工资、工业投资治理污染资金量、各省份当年价格指数为自变量，各省份当年人均 GDP 为控制变量。

（四）检验模型

模型构建如下：

$$LNR\&D = \beta_0 + \beta_1 LNLR + \beta_2 LNLD + \beta_3 LNCY + \beta_4 LNPE + \beta_5 LNGDP + \varepsilon \quad (4.1)$$

如前文所述，众多学者已经研究了工业研发投入与技术升级之间的关系，由于技术升级不容易量化或能够作为代表变量的数据收集困难，故以 LNR&D 代表核心技术升级因素；LNLR 代表劳动力成本因素；LNLD 代表土地成本因素；LNCY 代表环境成本因素；LNPE 代表整体物价水平或者价格成本因素；LNGDP 则作为控制变量表示当地经济发展水平；ε 表示残差项。

四、实证结果分析

（一）描述性统计

根据叶振宇和叶素云，1997 年金融危机对于我国各行业都造成了较大的冲击，工业技术效率在 1997—2000 处于下滑阶段。[3] 并且，由于 2000 年之后的数

---

[1] 杨亚平、周泳宏："成本上升、产业转移与结构升级——基于全国大中城市的实证研究"，《中国工业经济》，2013 年第 7 期，第 147—159 页。
[2] 钱雪亚、缪仁余："人力资本、要素价格与配置效率"，《统计研究》，2014 年第 8 期，第 3—10 页。
[3] 叶振宇、叶素云："要素价格与中国制造业技术效率"《中国工业经济》，2010 第 11 期，第 47—57 页。

据统计开始正规化,因此本次数据收集以 2000—2012 年为时间跨度。在对数据进行统计和研究分组时,由于各变量量化单位不同,如万元、元、无单位等,因此必须对所有变量数据进行取对数处理(底为自然对数,取对数过程此处不予详述),表 4-2 是主要变量的描述性统计,具体数据详见附录表 A1 至表 A8。

表 4-2 取对数后主要变量描述性统计

	变量 (单位)	符号	经济含义	观测数	均值	标准差	最小值	最大值
因变量	工业研发投入(万元)	LNR&D	规模以上企业研究经费内部支出	396	13.02	1.54	5.20	16.20
自变量	劳动力成本(万元)	LNLR	工业职工的平均工资	403	0.65	0.58	-2.04	1.97
	土地成本(万元)	LNLD	当地工业房屋平均造价	403	-1.93	0.42	-2.74	-0.73
	环境成本(万元)	LNCY	工业投资治理污染资金量	397	11.20	1.28	4.86	13.65
	价格成本	LNPE	当地价格指数	387	4.66	0.05	4.54	4.80
控制变量	经济水平影响(万元)	LNGDP	人均 GDP	403	0.49	0.76	-1.32	2.23

由附录表 A1 得知,在 2000—2012 年各省(市)对于工业企业研发经费的投入虽然有多有少,且每年投入增长或减少比例并不一致,但从总体上来说呈上涨状态,说明我国各省(市)政府及工业企业都已经开始重视研发对工业发展的重要作用,逐步加大了对工业研发经费的投入比例。

在 2000—2008 年间,工业研发经费投入成逐年上升的状态,除了部分省(市)在部分年份有所下降(如陕西省和浙江省在 2005 年相比较 2004 年有一定程度下降)。可以从图 4-2 明显看出,我国所有省(市)工业研发经费的投入数额均在 2008 年达到 2000—2008 年度的峰值,呈现一个短暂的倒 V 形。在达到这个峰值后,几乎所有省(市)在 2009 年的工业研发经费投入都出现了一定程度的下降,这可能在很大程度上是受到了 2008 年全球金融危机的影响,企业不得不减少工业研发经费投入,尤其是一部分外贸工业企业。2010—2012年度,所有省(市)工业研发经费投入都有不同程度的上升,说明2008年全球次贷危机过后的我国经济形势开始好转,这种好转直接影响了各省(市)工业企业的收入从而间接影响了对工业研发经费的投入。

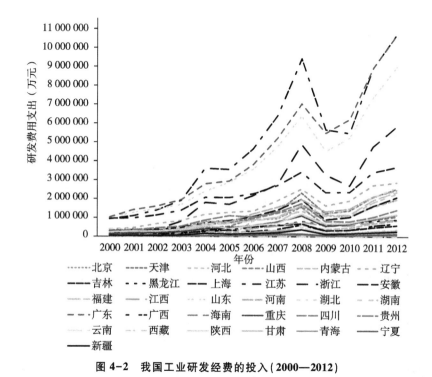

图4-2 我国工业研发经费的投入(2000—2012)

以2000年为起点,在所有省(市)中,江苏省、广东省、山东省、上海市四省(市)工业研发经费投入起点最高,但这四省(市)中,江苏省、广东省、山东省总体增长最快,并在2012年成为工业研发经费投入较高的省份;其他省(市)起点都比较低,但浙江省后来居上,增长十分迅猛,在2012年成为工业研发经费投入第四高的省份。无一例外,排名靠前的这四个省份都是东部经济大省(市),在全国经济发展中也名列前茅。浙江省后来居上的原因可能是我国加入世界贸易组织后,开放的全球市场对浙江省小企业造成了比较大的冲击,使浙江省逐渐意识到了研发和科技含量的重要性,从而在2000—2012年逐渐加大了对工业研发经费的投入。

一般来说,我国东部省(市)的经济发展要好于中部省(市),中部省(市)一般要好于西部省(市)。由图4-2可以看出,江苏省、广东省、山东省、上海市等东部省(市)明显在工业研发经费投入数量上和工业研发经费投入增长速度上都要高于其他省(市),位列第一梯队,湖北省、湖南省在内的一些中部省(市)则位列第二梯队,广西壮族自治区、宁夏回族自治区等西部省(市)则位列第三梯队,从侧面反映了我国经济转型发展在东中西部省(市)的不同。

由附录表A2可知,我国在进入21世纪后的十几年里,尽管大部分省(市)工业房屋平均造价在不同年份变化趋势和幅度都不一样,但所有省(市)的工业房屋平均造价总体呈上升状态,说明我国各省(市)的工业房屋逐渐进入了市场配置阶段。

在2000—2012年间,我国各省(市)的工业房屋价格并没有一个比较统一的变化趋势,这可能是各省(市)对于工业房屋开发力度和卖地推升GDP的强度不一致造成的,各省(市)对于工业房屋开发的支持力度不一样,政府财政收入来源不一样,财政收入大小不一样,自然而然,不同省(市)工业房屋平均造价变化趋势相差较大。

以2000年为起点,上海市、北京市、海南省、广东省四个省(市)起点最高,云南省、浙江省、福建省的价格相对低一点。最终,上海市、海南省、西藏自治区三个省(市)的工业房屋平均造价数值在2012年达到最高值,广东省、浙江省、北京市、重庆市等省(市)则位列第二梯队,河南省、黑龙江省及一些西部省份则位列第三梯队。所有省(市)中,西藏自治区的工业房屋平均造价增长速度最快,上海市数值最高,海南省则同时保持较高的增长速度和较大的增长数值。其中,西藏自治区可能是受西部大开发政策的影响,国家逐渐增大了对西藏自治区的建设投入,特别是2001—2006年青藏铁路的开工通车,不仅加强了西藏自治区与国内其他地区人员、资源的往来,而且加强了西藏自治区与国内其他地区的联系,为西藏自治区的经济发展注入了一针强心剂。此外,在西藏自治区建设工业房屋和在内地建设工业房屋成本也大不一样。海南省可能是由于20世纪90年代房地产泡沫破裂后,经过一段时间的萧条,各地涌向海南的炒房资金重新聚集,加之海南的旅游开发价值逐渐得到认可,开发力度越来越大,使得海南房价逐步回升。上海市则是由于其悠久的国际大都市地位,全世界的人员和资金都

第四章 综合成本上涨对产业核心技术升级影响的实证研究

会被其吸引,加之上海市处于长江出海口,是天然的海港基地,其重要的地理位置使得上海市的房价不断攀升。

由附录表 A3 可知,在 2000—2012 年间,尽管我国部分省(市)工业职工年平均工资在部分年份(如西藏自治区在 2005 年出现下降)有所不同,但工业职工年平均工资水平整体呈现相当明显的弹性上涨趋势,2012 年各省(市)工业职工年平均工资是 2000 年工业职工年平均工资水平的 5—6 倍,说明我国加入世界贸易组织后,经济越来越开放、发展形势越来越好,工业职工的收入水平也随之提高。

在 2000 年,上海市起点最高,工业职工年平均工资位列第一梯队,浙江省、北京市、天津市等部分东部省(市)则位列第二梯队,中西部的其他省(市)相对较低。除少部分省(市)在某些年度工业职工年平均工资出现一定幅度的下降外,其他省(市)在这 12 年内都处于不同程度的上涨状态。可以说,我国的劳动力价格水平在 2000—2012 年基本上一直处于较高的增长状态。

由附录表 A4 可知,我国各省(市)2000—2012 年对于治理污染经费的投入并无一个特定的变化趋势,每个省(市)投入治理污染经费数额不同,其每年投入治理污染经费数额的变化趋势也不同,但这并不一定意味着经费投入低的省(市)对环保不重视,经费投入高的省(市)对环保重视,也有可能是各省(市)环境污染程度(高污染、重工业企业多的地区往往投入治理污染经费数额较大,污染程度低、以旅游、轻工业等为主要收入来源的地区往往投入治理污染经费数额较小)、地理环境(一些地区多山地,污染气体不容易排出,一些地区多河流、多大风天气,污染物更容易排出)、环境改善程度(一些地区开始几年经费投入较大,后面几年由于环境已有较大改善而减小了经费投入)和人口数量(人口多的地区在其他条件相同时往往要比人口少的地区投入更多的治理污染经费)等情况不同造成的。

在 2000 年,山东省对于治理污染经费的投入最大,起点最高,治理污染经费投入一直保持着不同程度的上涨,到 2007 年达到峰值后下降,到 2010 年才继续上涨。青海省与海南省对于治理污染经费的投入最低,这可能是由于青海省处在高原地区,人口较少,经济发展缓慢且工业企业较少,污染程度低,环境破坏少;而海南省虽然是一个人口大省,但是海南省主要以旅游收入作为居民和政府主要收入来源,因此会限制污染大的工业企业发展(以旅游为主要收入来源的地区为了保护旅游资源,往往不允许污染程度较高的企业在当地建设厂房基地),加之海南省是一个大岛屿,四面都有海风,地形较为开阔,污染物特别是污染气体容易扩散,这些因素影响了海南省的治理污染经费的投入。

(二)实证结果

本节实证数据为面板数据,为避免出现伪回归现象,需要对数据进行平稳性检验,而数据平稳性检验最常用的方法为单位根检验。为了确保单位检验的准确性,同时克服单位根检验方法自身的局限性,本节同时采用 ADF 检验法和 PP 检验法对数据进行单位根检验(变量均已对数化)。本节实证研究均使用 Eviews8.0 进行数据分析,具体检验结果如表 4-3 所示。

表 4-3 各指标单位根检验结果

指标	Levin…prob.**	ADF-F 检验	ADF-PP 检验
因变量			
LNR&D	0.0000	0.9986	0.5532
控制变量			
LNGDP	1.0000	1.0000	1.0000
自变量			
LNLR	0.9077	1.0000	0.9925
LNLD	1.0000	1.0000	1.0000
LNCY	0.0000	0.1919	0.3037
LNPE	0.0000	0.0000	0.0000
因变量			
△LNR&D	0.0000	0.0000	0.0000
控制变量			
△LNGDP	0.0000	0.0000	0.0000
自变量			
△LNLR	0.0000	0.0000	0.0000
△LNLD	0.0000	0.0000	0.0000

（续表）

指标	Levin···prob.**	ADF-F 检验	ADF-PP 检验
△LNCY	0.0000	0.0000	0.0000
△LNPE	0.0000	0.0000	0.0000

注：△表示一阶差分。

从单位根检验结果我们可知，LNLD、LNLR 与 LNGDP 单位根检验的 p 值在 5%水平下并不显著，说明存在单位根，数据序列非平稳。其他三个变量单位根检验结果为 5%水平下显著，说明数据序列平稳。继续对以上变量的一阶差分序列进行单位根检验，结果如表 4-3 下半部分所示。从分析结果可知，LNLD 单位根检验结果为 5%水平下显著，说明在 5%的显著水平下，这几种检验方法均拒绝单位根假设。因此，可认为 LNLD 序列在 5%的显著性水平下平稳，LNLD 属于一阶单整。同理，LNLR、LNCY、LNPE、LNR&D、LNGDP 也都是一阶单整。

由于本节所选择的变量均为一阶单整，可能存在协整关系，因而应该对面板数据进行协整检验。结果如表 4-4 所示：

表 4-4 协整检验结果

ADF	ADF-Statistic	PP-statistic
prob	0.0000	0.0000

通过 Eviews8.0 软件进行协整检验，ADF-Statistic 和 PP-statistic 的 p 值（均为 0.0000）表明，由于协整检验的假设是"不存在协整关系"，检验结果在 5%水平下显著，可以说明在实验数据范围内，数据序列保持整体平稳，即它们在长期存在着一定的均衡发展关系，协整检验通过。下一步则是要确立所使用的模型类型，通过建立混合模型和截距维的固定效应模型并通过似然比检验来验证其冗余性以确定或否定混合模型，结果如表 4-5 所示。

表 4-5 混合效应、固定效应和随机效应回归分析结果

变量	混合效应	固定效应	随机效应
R^2	0.7238	0.9430	0.7658
Adjusted-R^2	0.7202	0.9376	0.7627

(续表)

变量	混合效应	固定效应	随机效应
F 值	199.6998	171.4694	249.1386
p 值	0.0000	0.0000	0.0000
似然比检验		0.0000	
Hausman 检验			0.0000

通过似然比检验来进行模型的冗余性检验,结果发现,prob=0.0000,即表示零假设固定效应模型的小概率事件发生,说明模型冗余,混合模型不为优,因此应当摒弃混合模型。

否定混合模型后,建立随机效应模型并进行 Hausman 检验,Hausman 检验的结果发现,prob=0.0000,小概率事件发生,拒绝零假设,所以应当选择固定效应模型。

此时,通过不断增减变量个数来验证指标对因变量的解释强度,结果如表4-6所示。其中 Model1、Model2、Model3 和 Model4 分别是四大自变量对于因变量 LNR&D 的单独解释程度模型,分别在 0.01、0.05、0.01 和 0.01 解释水平下显著。Model5 是全模型,全模型拟合结果如下:

$$LNR\&D = 2.9192 - 0.4497LNLD + 0.3907LNLR + 0.1023LNCY + 1.6034LNPE + $$
$$0.8915LNGDP + 0.8568D_1 + \cdots + 0.2247D_{30} \qquad (4.2)$$

$R^2 = 0.9431$,Adjusted-$R^2 = 0.9376$,$F = 171.4694$。

其中 $R^2 = 0.9431$,Adjusted-$R^2 = 0.9376$,这两个值都极为接近1,说明模型的拟合优度很高。

表4-6 各项成本对产业核心技术升级影响的实证研究

自变量	Model1	Model2	Model3	Model4	Model5
LNLD	-0.5664***				-0.4497***
LNLR		0.2781**			0.3907***
LNCY			0.1431***		0.1023***

（续表）

	Model1	Model2	Model3	Model4	Model5
LNPE				1.9259***	1.6034***
控制变量					
LNGDP	1.4079***	0.8399***	0.9914***	1.0658***	0.8915***

注：*、**、***分别表示在置信水平0.1、0.05、0.01下显著。

对于 F 统计量，在给定置信水平 $\alpha=0.05$，$F(K-1, N-K)$ 其中分子自由度 = $k-1=4$，分母自由度 = $N-K=13-5=8$，查表可知 $F_{0.05}(4,8)=3.84$，而表 4-6 中 $F=171.4694$，远大于 3.84，说明回归方程显著，即"当地工业房屋平均造价""工业职工年平均工资""工业投资治理污染资金量"等变量联合起来对"规模以上企业研究经费内部支出"有显著影响。对于 T 统计量，在给定置信水平 $\alpha=0.05$，$T_{0.05}(N-K)=T_{0.05}(8)=2.306$，所有变量的 T-statistic 均大于 2.306，且 p 值均为 0，说明"当地工业房屋平均造价""工业职工平均工资水平""工业投资治理污染资金量""当地价格指数"分别对"规模以上企业研究经费内部支出"有显著影响。

五、结论及对策建议

（一）结论

本实验中，$\beta_2=-0.4497$，$\beta_3=0.3907$，$\beta_4=0.1023$，$\beta_5=1.6034$，说明在其他因素不变的情况下：

当地工业房屋平均造价每上升 1%，规模以上企业研究经费内部支出减少 0.4497%。根据模型结果，验证了假设 H 4-1，说明土地要素成本确实会对研发经费的支出造成一定的负面影响，从而影响工业技术的开发，对核心技术的升级造成一定的打击。

工业职工年平均工资每上升 1%，规模以上企业研究经费内部支出增加 0.3907%。根据模型结果，验证了假设 H 4-2，说明提高工业职工劳动力要素水平会提高研发经费的支出，从而有效提高核心技术升级的水平。

综合成本上涨对我国产业核心技术升级影响的研究

工业投资治理污染资金量每上升1%,规模以上企业研究经费内部支出增加0.1023%。根据模型结果,验证了假设 H 4-3,说明环境要素成本会在一定程度上提高研发经费的投入。

当地价格指数每上升1%,规模以上企业研究经费内部支出增加1.6034%。根据模型结果,验证了假设 H 4-4,说明生产要素成本的增加会提高研发经费的支出。

(二) 对策建议

1. 补偿企业土地费用,科学调控土地价格

根据众多学者的研究,土地价格的升高对第二产业即工业产生较为明显的"挤出效应"。工业企业对于土地的需求量往往极为巨大,加之用地指标的约束和工业用地的机会成本等,无论是租地还是买地,过高的地价都会对工业企业造成极大的资金负担,从而挤压研发资金的投入,研发经费的减少会影响工业企业核心技术的研发,即对于工业核心技术的升级有较大的负面影响。在国家出于整体经济战略考虑、无法有效降低地价水平的情况下,就需要政府科学调控土地价格和合理推进土地资本化。东部发达地区可以通过产业转移的方式缓解土地成本上涨的压力,合理引导东部传统制造业的企业或生产环节转移到中西部地区;但同时也要规避在产业转移过程中出现产业"空心化"的现象。一方面,地方政府应优化现有土地使用结构,保证本地区龙头企业和高端项目的用地需求;另一方面,在新的项目用地审批方面,地方政府则应该保证用地质量与用地效率,通过提高土地容积率、每平方产出等硬性指标提高土地利用价值,推动东部地区的产业转型升级。中西部地区的地方政府应利用土地要素成本相对较低的比较优势进行产业承接,加速对中西部地区新增项目用地的审批流程,保证符合条件的转移项目迅速落地。在具体项目承接上,地方政府应制定严格的引进标准,避免高污染、高能耗项目破坏中西部区域生态环境。同时,为避免中西部地区以恶性竞争方式吸引投资项目,应杜绝土地财政的发展模式,严格落实土地最低出让标准。各级地方政府应该建立完善的土地出让金管理制度,不断提高地方土地的利用效率,建立土地价格数据库以掌握土地价格变化幅度,与国家宏观经济政策和产业政策协调发展。

2. 提高科研人员奖励,合理引导劳动力的流动

而占国民收入较大比重的财政收入和企业利润,大部分用于投资,通过生产出口商品赚取更多的外汇和利润。因此,社会财富出现两极分化,低端劳动者的生活条件、收入水平改善较为缓慢,这无疑在很大程度上打击了工薪阶层参与所在产业技术转型升级的积极性。针对这个问题,企业应当给予研发人员适度的物质鼓励,如提高奖金额度、按研发成果提高研发人员的工资等,从而能够有效地激发他们的研发热情,催生出更多更好的研发成果。同时,企业可以实行股权激励计划,鼓励高层次技术人才持股。股权激励不仅可以激励高层次技术人才的研发主动性,而且可以长久地保持企业的生产效率。在知识经济时代,人力资本对经济发展和技术进步的重要性愈加明显,企业对智力资本的依赖程度也日益加深。因此企业应该为技术性人才提高稳定的生活环境,激励技术人才对企业技术创新的能动作用,推动企业发展和产业升级。

我国国土广阔,劳动力要素流动自由,容易导致劳动力要素分配不均、劳动力价格不公平等问题。政府应当通过合理布局产业,有序引导劳动力在产业间和区域间的分配和流动。经济较发达的东部地区应引导劳动密集型产业向外围转移,引进高新技术产业人才以满足新兴产业和现代服务业的发展需求,制定人才引进战略,吸引并留住高层次创新人才。中西部地区应加速工业化和城镇化建设步伐,做好产业转移的前期基础工作,充分发挥劳动力对产业发展的聚集作用,引导劳动力向中西部经济增长中心或中心城镇聚集,为承接产业转移做好物质基础和人力保障。

3. 适当加大治理污染经费投入,减少高投高耗高污染现象

传统制造业是我国经济增长的支柱,并在产业结构中占据重要地位。但是这一产业结构并不合理,传统制造业呈现"大而不强"的特征,包括产业集中度低、资本结构不合理、核心技术缺失等。产业升级战略提出后,依靠资源消耗、环境污染的传统制造业企业陷入经营困境。对传统制造业的改造,需从调整产业布局、创新运作流程、延伸产业链、提高技术水平入手,使得高科技真正融入对传统制造业的改造,减少对环境的破坏,提高经济效益与环境成本的比值。本研究结果表明,环境成本对于研发经费支出有一定的积极影响。一方面,环境成本上升会促使产业中企业加大研发资金投入,以适应新的环境要求;另一方面,产业中企业在环保方面的支出会给企业带来比较正面的社会影响,为企业带来良好的声誉。而且,企业在环保研发方面的投入也能带来其他研发成果,这对于企业来说也是有利的。

4. 加强基础学科技术教育,推动创新成果商业化

推动以技术创新带动的产业升级,核心在于提高技术创新能力。技术创新能力的提高是我国经济持续发展的必要条件。提高技术创新能力应培养创新意识,壮大创新队伍,提高全民知识水平和创新素质,加强基础学科和应用学科建设,从长期为我国经济发展、产业发展提供人力资源和知识基础。同时,国家应对制造业企业进行适当扶持,激发制造业企业的创新动力。对于产业中企业对技术的研发投入,应给予优惠政策,鼓励企业自主进行创新活动。在税收方面,对技术创新企业应予以税收优惠或退税政策。在补贴方面,应加大对企业研发投入的补贴。对勇于创新、敢于创新的企业应有针对性地提高固定资产折旧率,以加速企业技术改造的进度。促进产业升级,除了靠技术创新拉动,提高劳动者素质也是重要的保障。提高劳动者素质应从以下几个方面着手:建立科学的用人机制,不断培养人才,通过劳动者教育和专业技能培训,培养管理层的创新思维,提高劳动生产率;建立完善的人力资源保障制度,不断吸引人才,减少人才流失。产业技术的吸收能力主要由人力资本的质量决定,而产业技术的吸收能力又对产业技术的创新起到了决定性的作用。因此人力资本数量和质量的提升能够提高产业生产效率,促进产业核心技术升级。在我国现阶段,人力资本的积累能够极大地促进劳动密集型产业向资本密集型、技术密集型产业转变,拥有丰富人力资本的企业才能进行持续的技术创新。

另外,还应促进技术专利成果的转化,实现技术创新成果的商业化应用,主要应从以下几个方面着手:第一,建立和完善技术产权交易市场,降低技术专利交易成本,推动技术专利由持有者向需求者的顺利转移。第二,深化科研机构的体制改革,促进政府、工业企业与高校、科研机构之间形成"政产学研用"相结合的创新机制,发挥市场导向机制和资源配置机制,引导科研机构和高校重视基础性研究和应用性技术研发,实现应用型技术研发成果在科研机构与工业企业之

间的顺畅转移。第三,建立产业技术联盟,由龙头企业牵头,组织产业内各企业合作,攻克产业技术障碍,提高产业整体创新效率和核心技术水平。

5. 加强政府引导,推动新兴工业发展

政府应当引导大型国有企业的科技研发活动,鼓励大型国有企业设立专门的研发机构,规定企业研发投入的最低比例,通过强制性手段提高企业的研发强度,巩固现有技术优势,缩短技术创新成果到产业化应用的时间。政府可通过采购等行为,加大市场需求,逐步引导企业通过技术创新建立竞争优势。另外,政府应推动产业创新投资基金平台的建立,提高产业工业化、信息化水平,加强产业融资能力和技术创新能力。

政府还应制定相应的产业政策,鼓励发展新能源、新材料、新科技等高新技术新兴产业。我国传统产业现在面临的最大矛盾是工业增长的需要与资源环境的约束,只有通过开发新能源、利用新材料、研发新科技才能够走出传统的高能耗、高污染的发展模式,实现资源节约、环境友好的发展战略。开发新能源一方面可以改善传统产业能源利用率低的问题,另一方面也可以提升其技术创新效率,激活传统产业的创新活力,实现传统产业的良性发展,进而推动传统产业的升级转型。为此,政府应发展低碳经济、绿色经济和循环经济,制定相关战略,为产业中企业提供适当的政策优惠和财政补贴,以国有企业为主进行节能减排技术、低碳技术的创新研发,通过技术推广提高整个产业的低碳水平。另外,政府还应该通过产业规制手段强化产业准入门槛,特别是新兴产业的技术门槛,不能让不具备核心研发能力的企业进入新兴市场,破坏市场结构,扰乱市场竞争秩序。政府还应取消行政性和歧视性的进入管制,通过产权结构改革等方式鼓励更多资本形态进入制造业,积极引进民间资本和战略性投资者进入新兴产业,并严格淘汰产业的落后产能。

6. 快速加大研发投入,利用后发优势缩小差距

利用资源和劳动力价格的相对优势,我国通过技术引进和技术模仿实现了经济的快速发展,但国外产业对先进技术的封锁导致我国产业在核心技术层面无法突破,在全球价值链分工中处于被动位置。如今随着资源和劳动力相对优势的弱化,我国产业中企业利润被进一步压缩,因此依靠研发投入和技术创新作

综合成本上涨对我国产业核心技术升级影响的研究

为基础性动力的发展模式成为我国产业升级的必然选择。我国产业目前有一定的自主创新能力,处在工业化中级阶段,只有快速加大研发投入,才能够实现产业升级。

实现我国产业升级,除了依靠加大研发投入,还须学习国外产业升级的成功经验。比如,通过自主研发先进技术找到合适的细分市场。通过技术转让或占据价值链高端等方式,使先进技术企业获得超额收益。同时,我国产业还可以利用后发优势,快速追赶,甚至"弯道超越"。发达国家的竞争优势来源于先进技术,虽然我国现阶段的技术水平离发达国家尚有不小差距,但后发国家在追赶中可以充分借鉴发达国家技术研发过程中的成功经验和失败教训,通过技术模仿和技术引进实现低成本的技术创新,缩短与发达国家的技术差距。而新材料、新技术延伸出的新产业则是我国实现"弯道超车"的机会,在新兴产业上,我国与发达国家均处于起步阶段,技术的突破需要知识经验的积累,此时通过加大研发投入,加速知识积累,完全有可能超越发达国家。

7. 采取适应本地状况的产业转型升级措施,推动劳动密集型企业由东向西转移

20世纪90年代至今,我国工业经历了生产要素价格的上涨。为满足工业化和城镇化高速发展的需要,大量生产要素资源被消耗。尽管国家出台相关政策对生产要素价格的形成机制进行改革,但在市场机制下,巨大的需求得不到满足,生产要素价格居高不下,直接导致我国企业在国际竞争中的比较优势渐渐丧失。企业为了维持竞争优势,需要进行技术和管理的创新,进而带动产业技术的创新,所以说生产要素价格的上涨在一定程度上促进了产业核心技术的升级。同时,我国各地区各级地方政府也应该用宏观调控的手段防止生产要素价格过度扭曲,因地制宜地推进本地区产业升级,根据本地区的资源要素禀赋、产业结构、相对优势等情况,遵从经济运行规律,制定相应产业政策,选择适应本地产业结构的转型方案。另外,各级地方政府应把握产业长期规划与短期规划之间的关系,在短期规划时应强调引导企业优化资源配置,在长期规划时则应注重以技术升级促进经济发展转型。

本节的研究受限于数据资料等因素还不够完善。第一,由于企业的劳动力成本没有做详细的分类,因此我们无法区分科研类员工劳动力成本和非科研类员工劳动力成本对企业创新的影响有何不同。第二,债权人和股权人性质的不同导致了企业的资本成本对资本回报的预期不一致,本节由于难以获得详细的数据资料而用整体的资本成本进行估算,可能会影响最终的结论。

第二节 综合成本对专利数量的影响
——制造业面板数据实证研究

一、研究背景

自20世纪90年代以来,中国制造业一直保持较快速度的增长。根据联合国工业发展组织公布的资料,中国制造业在1991—1995年、1995—2000年、2000—2006年间,增加值的年均增长率分别为12.3%、8.3%与10.3%,这不仅大幅度超出同期的世界平均增长率(1.7%、3.3%与1.7%),而且也远高于发展中国家的平均增长率(4.9%、4%与5%)。[1] 根据国家统计局数据,2008年在全球制造业排行榜上,美国排名第一,中国和日本并列第二。[2] 2011年,中国有超过200种制造业产品的产量居世界首位,中国制造业的总产值比美国大约多了将近20%。这表明中国已成功超越美国,成为全球制造业第一大国。

虽然中国制造业位居全球首位,但与世界先进水平依然存在较大差距,中国制造业的发展存在以下五个方面的问题:第一,制造业的竞争优势层次偏低,增值能力较差。2008年,中国制造业人均产值增加值约为日本的1/13。第二,中国制造业缺乏关键技术,自主创新能力较弱。阻碍中国国际竞争力和制造业发展水平提高的一个重要因素,就是缺乏拥有自主产权的品牌和技术。中国许多行业的技术依然停留在仿制的低层次阶段。第三,中国制造业产业结构不合理,规模效益差。第四,资源和能源利用效率偏低,技术含量(科技贡献率)处在较

---

[1] United Nations Industrial Development Organization, www.unido.org, 访问时间2019年11月1日。
[2] 国家统计局, www.stats.gov.cn, 访问时间2019年11月1日。

低层次。第五,低附加值产品和高附加值产品比重不均。中国制造业整体上还处在国际分工体系的低端环节,出口产品结构仍以初级制成品为主。即便是拥有高技术的产业,生产的大部分产品也主要是经过加工组装的劳动密集型产品。但中国对国外供给的原油、氧化铝、铜矿和矿铁石等资源的依赖程度较大,这些资源价格的上升,会加重成本,严重挤占制造业的附加值。

随着市场经济的发展,中国制造业企业面临的竞争环境越来越激烈。在社会经济快速发展的背景下,能否拥有核心技术是衡量企业竞争力的关键性因素。企业要想在如此激烈的竞争环境中寻求发展,必须立足于企业自身的资源基础,根据企业的战略需求,制定合理的技术创新策略。制造业在中国国民经济中具有重要的战略地位,技术创新是企业生存和发展的基础,是提高竞争力的重要手段。随着国民经济发展脚步的加快,中国制造业发展理念正在变化,原有的发展模式难以为继,必须依靠技术创新实现转型和产业发展。

二、文献回顾

(一)熊彼特的创新理论

创新理论首先是由经济学家熊彼特提出。熊彼特在其著作《经济发展理论》(Theory of Economic Development)中写道,创新是把一种新的生产要素和生产条件的"新结合"引入生产体系。熊彼特认为创新是企业家对生产要素的新结合,具体包括五种形式:引入一种新产品,采用一种新的生产方法,开辟新的市场,获得原材料或半成品的新供给来源,以及建立新的企业组织形式。前四种被随后的创新理论研究者称为技术创新,第五种被称为组织创新。社会发展伴随着科技的不断进步,人们对创新的认识也是在不断变化的。虽然后来的研究者对熊彼特创新理论中的观点进行了延伸和拓展,但基本未对其理论本身有所修改,因此可以认为该理论是所有创新研究的理论基石。

熊彼特的创新理论认为创新是生产过程内生的,经济发展就是整个社会不断从内部革新经济结构、实现"创造性破坏"的过程。熊彼特的"创造性破坏"理论指出,具有较高创新能力的企业可以凭借其技术创新的优势,逼迫生产率较低

第四章 综合成本上涨对产业核心技术升级影响的实证研究

的企业退出市场,所以技术创新是一个"创造性破坏"的过程。熊彼特从微观企业角度出发,论述要素成本上升等外在压力对于企业生产率和技术创新的重要性。"创造性破坏"理论的作用机制主要有以下两个方面:一方面,相较于创新能力较低的企业而言,创新能力较高的企业更容易接受逐渐上涨的薪酬水平。创新能力较高的企业能够从差异化的产品上获取超额垄断租金,还可以凭借独特的创新技术阻碍潜在竞争者进入行业,从而获取技术创新带来的排他性的市场垄断优势。另一方面,工资水平的上涨会降低企业的平均利润率,导致一直处于利润率最低水平的企业出现亏损或者被迫退出市场。此时,劳动力成本上涨主要通过两个途径提高生产率,一是把生产效率低的企业逐出市场,最终存活下来的是生产效率高的企业;二是企业被迫提高生产效率,生产效率低的企业在面临被淘汰的外部压力时,生产效率高的企业为了维持原来的利润目标,会"倒逼"企业进行技术创新以提高生产效率、实现利润目标。所以在市场完全竞争条件下,"创造性破坏"本质上是一种通过优胜劣汰的方式,使技术水平偏低的企业退出市场,保留技术水平较高的企业,这样有利于整个行业和产业技术水平的提升。

熊彼特创新理论的另一个基本观点认为企业家进行创新的目的是获得利润。熊彼特写道:"变革的目的是减少单位产品费用,从而在现有的价格与新的成本之间创造一个差距,这个差距就是企业家的利润"。[①] 熊彼特对企业进行创新的原因也进行了分析,他认为企业家进行创新的目的是为了获得利润。这一观点成为企业成本影响企业技术创新的理论基础。本节的研究标的是综合成本对产业中企业自身技术创新的影响,理论依据是创新本身就包含着经济上的意义,因为企业的创新活动必然会影响企业的经济效益和竞争力。

(二)希克斯要素稀缺诱导创新理论

约翰·希克斯(John Hicks)提出的要素稀缺诱导创新理论认为创新主要是为了节省劳动力,而技术创新的方向与生产要素相对价格的变化有关,技术创新

---

① 〔美〕约瑟·熊彼特著,何畏、易家详等译:《经济发展理论——对于利润、资本、信贷、利息和经济周期的考察》,商务印书馆,1991年,第170页。

综合成本上涨对我国产业核心技术升级影响的研究

是为了更经济地利用相对稀缺的要素。希克斯假设生产中只存在两种生产要素——资本和劳动力。而创新的效果有三类:节约劳动力的技术创新、节约资本的创新和中性的技术创新。在之后的研究中,希克斯做出了相应的修正:一项可以获得利润的创新引起了一个冲击,在短暂的阵痛后是利润率的上升和工资的上涨,这就造成了某种要素的稀缺。如若没有新的创新出现,原有创新的冲击会衰竭。

索尔特(Salt)在1960年出版的《生产率和技术变革》(*Productivity and Technological Change*)一书中,批判了希克斯的理论。索尔特认为企业家的兴趣在于减少总成本,而不是劳动力成本或工资成本那样的特定成本。由于产品市场和要素市场都是处于完全竞争的状态,每一种要素都是按照其边际产品的价值购买,因此所有要素对于企业来说昂贵程度都是一样的,竞争企业缺乏追求节约某种特定要素的积极性。

虽然索尔特试图证明由要素稀缺导致的技术创新发展方向存在问题,但在本质上均认为要素稀缺会诱导技术创新。企业作为竞争市场的一分子,综合成本的不断上涨势必会影响企业的竞争力和绩效,而持续进行技术创新不但可以增强企业的竞争力水平,还可以降低相应的成本。在工业时代,机器的广泛使用能够节约企业的劳动力成本。互联网的快速发展可以降低企业营运和销售的成本。企业的技术创新与其成本有着紧密的联系,本节试图量化研究各类成本对于产业中企业技术创新的影响程度。

(三) 技术创新影响因素

国外学者关于技术创新影响因素的研究起步较早,根据学者们的研究成果,可以知道这些因素大部分来源于企业职能和战略环境。Damanpour and Gopalakrishnan 指出,技术创新会受到很多不同因素的影响,其中环境因素是影响技术创新的决定性因素。[①] 环境因素主要包括企业环境和竞争环境两类,具体包括企业规模、产权结构、以往绩效等。

---

① Damanpour, F., and Gopalakrishnan, S., "The Dynamics of the Adoption of Product and Process Innovations in Organizations", *Journal of Management Studies*, 2001, 38(1), 45—65.

第四章 综合成本上涨对产业核心技术升级影响的实证研究

企业规模对企业技术创新的影响,最早来源于熊彼特在《资本主义、社会主义和民主政治》(Capitalism, Socialism and Democracy)一书中的观点:企业的技术创新行为随着企业规模的扩大而以更快的速度增加。其后的研究均通过使用不同的样本,结合定量的方法,验证企业规模和企业技术创新的相关程度。现有文献关于企业规模对企业技术创新影响的研究结论主要包括以下三类:企业规模与企业技术创新存在正相关关系;企业规模与企业技术创新之间存在负相关关系;企业规模与企业技术的关系是非线性关系,而是倒 U 形函数的关系。除了上述结论,也有部分研究发现两者之间并不存在显著联系。因为研究的结论均依赖于数据样本和具体变量指标的选取,所以即使各个学者的研究结论不尽相同,但实际上这也丰富和发展了熊彼特的假说。

学者们关于外资是否参股与企业技术创新关系的研究结论也没有统一。有的研究者认为,外资会为本国企业带来外国母公司的科技资源(技术、知识、研发成果)和非科技资源(财务、营销),进而提高企业的技术创新能力,从而外资参股与企业技术创新绩效之间存在显著正相关关系。有的研究者则认为在外资企业,重要的管理和运营职能(特别是研发)往往会缺失,这会使外资企业的技术创新相对不足。

而有关绩效对企业技术创新的影响的文献较少,已有研究均得到两者之间存在正相关关系的结论。已有的较好的绩效水平是企业进行技术创新的必要条件,同时会鼓励企业进行技术创新以保证自身的市场地位和竞争力。

企业技术创新的影响因素是复杂且多样的,不仅只有上述因素。本节是从综合成本出发,研究综合成本对产业中企业技术创新的影响。

三、概念模型与假设提出

(一) 概念模型

在比较优势理论的视角下,产业综合成本的变化是导致产业升级的主要因素之一,但国内外的研究均没有系统全面地分析综合成本上涨对产业中企业术创新的影响,大部分文献都集中于探讨劳动力成本对企业技术创新的影响。

Hicks 提出提高工资可以促进企业的技术创新。① David 发现美国企业面对劳动力成本提高时,更倾向于通过技术创新降低单位劳动成本。② 李平等认为工资水平的提高可以激励企业进行技术创新,随着员工薪资的减少,企业创新能力会下降。③ 林炜使用 1998—2007 年间中国工业企业数据库,发现随着劳动成本的上涨,企业创新能力会上升。④ 而对其他类型成本的研究,并未像劳动力成本的研究那样形成完善的体系。柯东昌和李连华利用中国中小板和创业板上市公司 2007—2011 年的面板数据,发现资本成本降低会促使企业加大研发强度。⑤

结合上述分析,本轮实证研究采用综合成本上涨—专利数量增加的理论研究框架。为证明各变量之间的关系是否与理论分析一致,本轮实证研究使用面板数据来检验三类综合成本与专利技术价值的影响关系。概念模型如图 4-3 所示。

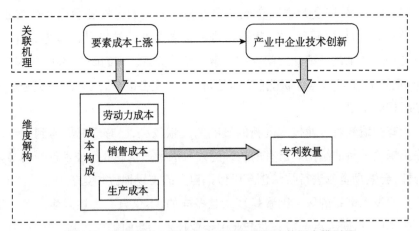

图 4-3 要素成本上涨对企业专利数量影响的概念模型图

---

① Hicks, J. R., *The Theory of Wages* (2nd ed.), Springer, 1963.

② David, P. A., *Technical Choice Innovation and Economic Growth: Essays on American and British Experience in the Nineteenth Century*, Cambridge University Press, 1975, 364—367.

③ 李平、宫旭红、张庆昌:"工资上涨助推经济增长方式转变——基于技术进步及人力资本视角的研究",《经济评论》,2011 年第 3 期,第 69—76 页。

④ 林炜:"企业创新激励:来自中国劳动力成本上升的解释",《管理世界》,2013 年第 10 期,第 95—105 页。

⑤ 柯东昌、李连华:"资本成本与研发投入的互动关系研究",《现代管理科学》,2014 年第 10 期,第 96—98 页。

(二)假设提出

面对资源要素成本上涨的压力,产业中企业为取得在市场中竞争优势,应该不断进行技术升级。成本上涨迫使产业中企业无法依靠过去的要素禀赋优势进行生产经营,从而产生转型升级的内部推动力。这往往会推动产业中企业以技术创新模式进行转型,通过降低单位成本和扩大单位产出来实现竞争优势。综合成本上涨"倒逼"产业中企业核心技术升级的路径分析如图4-4所示。

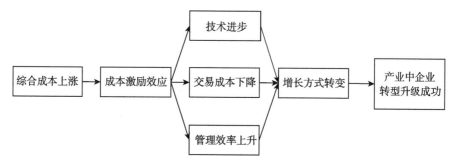

图4-4 综合成本上涨"倒逼"产业中企业核心技术升级的路径分析

本节从综合成本的角度出发,尝试建立我国制造业企业的劳动力成本、销售成本、资本成本与制造业企业技术创新之间的关系。根据比较优势理论,劳动力成本的上涨会促使企业家加大资本的投入,促进创新。而薪酬的提升会加大员工的工作热情和创新动力。销售成本的上涨同样会促使企业家加大对包括资本在内的要素的投入,因而能够有效促进企业进行技术创新。在企业成长理论的分析框架下,本节认为可以将企业资源视为企业拥有并控制的全部要素的总和,而企业成本是企业全部要素的成本化体现。企业作为竞争市场的一分子,自身成本的不断上涨,势必会影响企业的竞争力和绩效,不断地进行技术创新一方面可以增强自身的竞争力水平,另一方面也可以不断降低成本以提高经营绩效。因此劳动力成本、销售成本和资本成本上涨,会促进产业中企业进行技术创新。综上所述,本节做如下假设:

H 4-5 综合成本上涨会促使产业中企业进行技术创新。

本节认为综合成本由劳动力成本、销售成本与资本成本组成,每一个具体成本与产业中企业技术创新之间的假设如下:

H 4-6 劳动力成本与产业中企业技术创新之间存在显著的正相关关系,即劳动力成本的上涨会促进产业中企业技术创新水平的提升。

H 4-7 销售成本与产业中企业技术创新之间存在显著的正相关关系,即销售成本的上涨会促进产业中企业技术创新水平的提升。

H 4-8 资本成本与产业中企业技术创新之间存在显著的正相关关系,即较高要求的资本成本会加大产业中企业技术创新的力度。

四、研究设计

(一)核心变量测度

1. 核心技术水平

核心技术水平用上市公司各年度申请的专利数量来衡量,该数据来自中国专利数据库。

2. 劳动力成本

劳动力成本采用支付职工及为职工支付的现金来衡量,该数据来自各上市公司年报。

3. 销售成本

销售成本用销售费用与销售收入之比来衡量,该数据来自各上市公司年报。

4. 资本成本

资本成本用加权平均资本成本来衡量,本节中使用预期税后收益即$E(Ri)$衡量资本成本。

5. 企业异质性

本节用技术人员占企业员工总数比重、国有股份所占比例、企业毛利润和公司治理指数来衡量研究人员比重、所有制结构、企业规模和公司治理水平。前三项所需数据均可以从上市公司年报中获得。另外,本节构建了量化公司治理指数的指标体系,包含3个大项、8个小项:股东关联关系与董事会运作(是否与股东存在关联关系,董事长和总经理是否兼任,上市公司是否设有独立董事);关

第四章 综合成本上涨对产业核心技术升级影响的实证研究

键人物的激励(董事长/总经理是否持股,董事长/总经理是否领取薪金,上市公司是否分配现金股利);信息披露透明度(注册会计师是否出具非标准无保留意见,上市公司是否收到交易所公开谴责)。该指标体系共有8个问题,答案只有是(取值为0)和否(取值为1)两种选择。该指标体系得分通过以下方式计算:首先把每个小项的得分加总得到每个大项的总分,其次将总分除以8(该指标体系下的问题个数)再乘以10,就能得到该指标体系的得分。最后,赋予三个大项的权重(分别为0.4、0.35、0.25),计算出公司治理指数的加权平均值。

(二)样本选取与数据来源

本轮实证研究使用企业2004—2013年间的面板数据进行研究,但受限于我国上市公司会计信息的披露质量,许多数据无法得到。根据现有平衡面板数据的要求及中国证监会公布的行业分类表,本节选取各个行业2003年之前的上市公司。为了计算资本成本,需要剔除同时发行B股的企业、ST/PT类企业及2003年以来发生亏损的企业。为了估算资本成本需要保证上市公司连续10年未出现亏损,且未变更公司主营业务。最终本节选取34家上市公司2004—2013年的财务数据作为研究样本,这34家上市公司作为各类制造业的代表,其上市年限均大于10年。本节实证研究涉及的变量名称与符号如表4-7所示。

表4-7 涉及变量

	变量名称	变量符号
因变量	专利数量	PATENT
自变量	劳动力成本	LABOR
	销售成本	DEAL
	资本成本	WACC
控制变量	研究人员比重	EDU
	所有制结构	GOV
	企业规模	PROFIT
	公司治理水平	OWNSHIP

（三）检验方法

在处理面板数据时，通常需要先做单位根检验，然后进行协整检验再确定模型。为了保证回归参数估计的无偏性，需要在面板数据回归模型中检验个体固定效应的影响，即将模型设定为个体固定效应模型。面板数据个体固定效应回归模型为：

$$Y_{it} = \alpha + X_{it}\beta + \varepsilon_i + U_{it} \quad (4.3)$$

其中，ε_i 为不可观测的非时变异质因素。单位根检验是为了检验序列是否存在单位根，防止因序列不平稳在回归分析存在伪回归。另外，本节采用 ADF 检验作为协整检验，以观察所有特征根是否都在单位圆内，如果在单位圆内，则序列平稳，如果有一个特征根存在且为 1 或者在单位圆以外，则该序列是非平稳。有如下假设检验：

$$H_{0:\rho} = 0 \leftrightarrow H_{1:\rho} < 0 \quad (4.4)$$

其中，$\rho = \phi_1 + \phi_2 + \cdots + \phi_p - 1$。ADF 检验统计量为 $\tau = \hat{\rho}/S(\hat{\rho})$，其中 $S(\hat{\rho})$ 为 ρ 参数的样本标准。

五、实证研究结果分析

（一）描述性统计

本轮实证研究主要变量的描述性统计如表 4-8 所示。附录表 A5 到表 A8 为详细的数据。从表 A5 可以看出，34 家上市公司在 2004—2013 年间，专利数量基本都呈上升趋势。在 2009 年之前，所有上市公司每年的专利数量都在 200 项以下；在 2010 年，有 5 家上市公司的专利数量快速增加到 200 项及以上，说明我国制造业的核心技术正在升级，企业越来越注重创新能力的提升。不过有 4 家上市公司的专利数量经历骤增后，在 2013 年出现不同程度的下跌，这 4 家上市公司分别为中国石化、中联重科、三一重工和长电科技。

表4-8 主要变量描述性统计

	变量名称	变量符号	观测数	均值	标准差	最小	最大
因变量	专利数量(项)	PATENT	340	73.37	15.98	0.00	127.00
自变量	劳动力成本(千万元)	LABOR	340	173.95	615.57	2.30	5 573.00
	销售成本(千万元)	DEAL	340	322.64	1 314.15	0.00	4 435.90
	资本成本(千万元)	WACC	340	136.61	541.89	1.70	12 409.00

如表A6所示,34家上市公司在2004—2013年间,劳动力成本普遍呈现逐年上升的趋势,上升速度较快。由此可见,近年来,我国制造业劳动力成本的上升压力在不断增加。但是,2012—2013年间,有7家上市公司的劳动力成本出现了不同程度的下降,其中下降幅度最大的是中联重科。

如表A7所示,同一时期这34家上市公司的资本成本也普遍呈现逐年上升的趋势,上升速度较快,说明这些上市公司一直面临着融资成本增加的压力。但是通过对比,发现其中有15家上市公司(分别为好当家、兖州煤业、大亚科技、两面针、金发科技、鄂尔多斯、东方钽业、新兴铸管、东方电气、中联重科、三一重工、宇通客车、泰豪科技、宁波韵升、百利电气)的资本成本在2013年有所下降,原因在于这些上市公司的经营状况和融资规模稳定,能够较好地控制资本成本。不过两面针公司很特殊,其资本成本在2007年骤增之后一直保持较低水平,因为2006年两面针公司决定执行股权分置改革方案,这个方案的执行有利于企业控制资本成本的上涨。

如表A8所示,这34家上市公司在2004—2013年间的销售成本普遍呈现逐年上升的趋势,说明我国制造业企业越来越重视市场需求,同时面临着销售成本上涨的压力。不过通过对比发现,销售成本上涨最快的是中联重科,在2012年突然增加到了337.6亿元,因为2012年机械产业不景气,中联重科调整了产品结构,导致销售成本骤增。还有3家上市公司在2011年之后出现销售成本下降的情况,这3家公司分别为三一重工、泰豪科技和宁波韵升。这3家上市公司销售成本下降的可能原因是,在"十二五"期间,上市公司注重市场和消费者的需求,同时市场结构发生了较大变化,所以会投入较多的销售成本去了解和适应市场。

(二)实证回归

1. 单位根检验

由于回归数据为平衡面板数据,在时间上存在自相关,因此需要对上述数据进行标准化处理。在进行标准化处理后,使用 Eviews8.0 统计软件进行面板数据的平稳性检验,结果见表 4-9。可以看出,变量 LABOR 为非平稳,但经过一阶差分处理后检验结果通过了单位根检验。

表 4-9 单位根检验结果表

	变量名称	单位根检验过程	ADF	p 值
因变量	PATENT	LEVEL	137.7050	0.0000
自变量	LABOR	LEVEL	30.7121	1.0000
		1st difference	373.3110	0.0000
	WACC	LEVEL	131.3880	0.0000
	DEAL	LEVEL	127.9070	0.0000
控制变量	EDU	LEVEL	85.4850	0.0745
	GOV	LEVEL	145.5450	0.0000
	PROFIT	LEVEL	126.9850	0.0000
	OWNSHIP	LEVEL	134.4580	0.0000

2. 协整检验

由于变量中存在一阶平稳变量,因此需要对回归数据进行协整检验。本节选择的回归变量个数较多,协整检验使用 KAO 方法。检验结果(见表 4-10)显示可以继续进行回归检验。

表 4-10 协整检验结果

变量符号	ADF	p 值
PATENT		
LABOR	−2.1103	0.0174
WACC		
DEAL		

(续表)

变量符号	ADF	p 值
EDU		
GOV		
PROFIT		
OWNSHIP		

3. 回归结果

由于数据类型为面板数据,因此要进行回归模型选择。通过面板数据模型选择的相似比检验及 Hausman 检验后,本节最终确定选择个体固定效应模型。本节面板数据为 34 家上市公司 10 年间的数据,横截面个数大于时序个数,在进行个体固定效应回归时,应当采用截面加权估计法,回归结果见表 4-11。

表 4-11 面板数据回归结果表

因变量	PATENT
自变量	
LABOR	-4.2387**
	(0.0163)
WACC	10.5299***
	(0.0000)
DEAL	-0.1022***
	(0.0029)
控制变量	
EDU	-0.0683***
	(0.0000)
GOV	0.0547**
	(0.0315)
OWNSHIP	-0.2279***
	(0.0072)
PROFIT	-0.3459
	(0.5636)

注:*** 1%水平显著;** 5%水平显著;* 10%水平显著。

综合成本上涨对我国产业核心技术升级影响的研究

六、结论及对策建议

（一）结论

本次实证研究将企业成本分为三类：劳动力成本、资本成本和销售成本。从表4-12可以看出，三类成本均对技术创新有显著影响，其中劳动力成本与技术创新之间在5%的显著性水平下存在负相关关系，即劳动力成本每上涨1%，技术创新数量下降4.24%；资本成本与技术创新之间在1%的显著性水平下存在正相关关系，即资本成本每上涨1%，技术创新数量上升10.53%；销售成本与技术创新之间在1%的显著性水平下存在负相关关系，即销售成本每上涨1%，技术创新数量下降0.1%。由于本轮实证研究所选样本是以中低技术制造业为主的传统制造业，同时样本上市公司规模也为公司所处行业的前列，因此上述结论从长期上解释了我国传统制造业在成本压力上涨的情况下的创新战略的选择问题。

劳动力成本与技术创新之间依然存在显著负相关关系，原因在于传统制造业的劳动力成本主要由生产性工人工资组成，普通工人对于企业技术创新能力的贡献相对较低。尤其对于中低技术企业而言，由于所处行业的技术性较低，在过去十年主要依靠密集的生产力进行市场竞争，但是低廉的劳动力成本时代已经过去，劳动力成本高涨直接导致传统制造业企业降低对于技术创新的投入和产出。

资本成本与技术创新之间存在显著的正相关关系，因为上市企业更倾向于投资股权融资这类风险资本，从而促使上市制造业企业寻找使企业能够一直处于竞争优势地位和持续获得高于行业平均收益水平的方法。而对于具有一定规模的中低技术制造业企业而言，技术创新成为其不二之选。另外，上市制造业企业为了兑付股权资本和风险资本的高预期回报，也进行技术创新和升级，通过技术领先创造竞争优势，获得超额收益以支付资金成本。

在互联网信息不发达的过去，传统制造业企业在营销方面的竞争通常体现为广告战，企业不断抢占各大电视、电台的黄金时段推出广告，以此扩大品牌的影响力，销售成本高且效果差。而营销的线下竞争则表现为产品渠道的建设和

第四章 综合成本上涨对产业核心技术升级影响的实证研究

维护,但这方面花费巨大且效果不稳定,企业往往没有控制权,在面对其他替代品的冲击时,可能会丧失已有的优势地位。因此,销售成本的上涨对企业技术创新而言是有抑制作用的,传统模式下的销售成本是不可避免且难以控制的,企业在有限资源的情况下,销售成本上升,研发投入就会下降,进而造成了企业技术创新的不足。

(二)对策建议

1. 加大人力资本投入,提升人力资本储备

人才是企业技术创新的主体,是创新的人力资源保障。企业可以通过优厚的薪资条件和完善的服务举措引进掌握核心技术的领军人才或团队,同时在重点技术和产品上构建高层次人才集群,形成专业技术人才集聚地。之后,再把优势资源向专业技术人才集聚地整合,在领军人才的带领下,着力打造属于企业自己的创新团队。现今中低技术传统制造业企业依然存在创新效率低下、核心竞争力缺乏、科技人才缺乏和科研投入资金不足等问题,因此,中低技术传统制造业企业应当完善科技经费的投入策略,提升资本的贡献率,加大研发投入,提高核心技术水平。

建立以创新人才为驱动,强化人才战略思维,把人力资源开发放在科技创新的优先位置,将高新技术产业增加值、研发成果数量和新产品销售收入等指标纳入科研考评机制,作为考核企业干部遴选和员工升职的重要依据,建立完善的专业技术人员科研评价机制。除此之外,企业还应当重视科技人员的数量和质量。首先,企业需要根据自身的创新科研任务,确定所需要的科技人员数量;其次,针对科技人员工作的质量,建立和完善绩效考评机制;最后,在企业内部组建多个创新团队研发同一个项目,形成内部竞争,提高科技人员的积极性,增加研发创新成功的概率。

2. 优化资本结构,创新融资渠道

根据实证研究结果,资本成本对技术创新产出存在一定的影响,资本成本的上涨有助于中低技术制造业企业技术创新产出的提升。企业资本成本的决定因素一方面与企业自身资本结构相关,另一方面与市场提供的融资渠道相关。因

此,本节给出了相关的建议。

(1) 调整债务水平,合理分配债务结构

首先,企业需切实调整债务总体水平,做好风险预测及分析不同行业企业抵抗风险能力的差异。企业风险的主要来源之一可能是债务融资的不规范。债务总体水平在一定程度上能够保证企业有充足的资金进行技术创新,并且能够为成本利息进行减税。但债务总体水平越高,给企业带来的风险也越大。举债数量超过企业承受水平,可能引发财务风险导致出现经营危机,因此企业必须完善和制定合理的债务融资策略,充分发挥债务资金的作用,使财务风险最小化。

其次,企业应合理地分配债务期限结构,为了避免盲目融资带来的资金浪费,应根据企业自身所处的生命发展阶段和资产数额安排债务期限结构。同时,企业还应结合负债情况,制定负债计划和还款计划,在长期负债和短期负债之间权衡风险和收益,使企业价值最大化。

最后,企业应当对债务类型进行权衡和比较。通常情况下,债务类型可以分为银行信贷债务、融资租赁债务、商业信用债务、公司债券四种。这四种债务模式均需要企业以信誉作为担保。债务人对企业延迟收款或发放贷款都是对企业拥有较好还款能力的信任,在企业资产规模较大和技术创新成果较多的情况下,企业向债务人传递了较好的信号,债务人始终相信企业拥有还款能力。但是企业还要根据实际经营情况,选择合理债务类型,例如在企业往来款方面,可以采取货到付款的方式,尽量减少资金短缺事件的发生。

(2) 协调股权结构,防范股权过度集中风险

企业应根据不同所有权控制者和管理者的风险要求、偏好态度对企业经营产生的影响,协调和确定股权结构。传统中低技术制造业企业的技术创新除了需要国有股份的支持,还应该避免国有股份"一股独大",防止出现国有股份的绝对控股。传统中低技术制造业企业应适当调节国有股份的控股比例,避免因国有股份过高造成市场灵活性下降。本研究表明,法人股份对企业行为有正向激励作用,管理者深入企业管理内部,了解企业技术创新成果创造价值的能力,所以对技术创新项目的投入更加重视,以期能从中获得丰厚的回报。另外,可以适当给予管理者部分股权作为股权激励,这种做法可以使管理者将自身利益与企业所有者的利益联系起来,形成对管理者的激励和约束。同时,企业应综合考

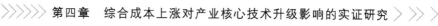

察多方意见再决策,防止股权高度集中。股权集中在一个人(法人)或少数人手里会增加企业风险,不利于群策群力,增大决策失误的可能。

(3) 完善市场机制,加强资金配置效率

从信息经济学的角度看,市场的信息披露机制不健全造成投资者与企业的信息不对称,投资者对企业风险的感知可能会大于或小于企业经营者。因此,完善的市场信息披露机制可以降低投资者与企业之间的信息不对称,有效降低企业的资本成本。Lambert 等认为信息披露不仅可以优化市场的配置效率以降低交易成本,还可以有效抑制管理者的惰性和利益损害行为,在一定程度上改善公司经营效率,减少企业的资本成本。① 除此之外,我国资本市场一直存在投机大于投资等异常现象,在我国的股票市场上时有炒作、操纵股票的情况发生,这使得具有投资价值的企业往往被忽略,无法获得投资,这势必增加企业的资本成本,影响企业的研发投入。由此可见,完善市场监督管理机制可以降低交易成本,提高研发投入。

(4) 加大金融政策支持力度,建立和完善风投机制

本研究表明,资金短缺会阻碍企业进行技术创新。政府加大金融政策的支持力度,以及建立完善风险投资体制机制,能从宏观上为企业带来新的融资渠道,降低企业创新风险。

政府要建立技术创新资金投入的保障机制,满足企业进行技术创新资金的需求。虽然国家有政策支持中小企业的技术创新活动,但银行等金融机构往往因中小企业的资金规模或者风险较大,不愿意对中小企业进行放贷,因此政府可以帮助银行制定扶持技术创新企业的贷款机制。此外,政府对于部分国家提倡、支持的技术创新型产业可以实施低息贷款原则,还可以通过税收优惠等政策扶持有条件的企业在国内主板或中小企业板上市,为企业建立多元化的资金渠道。政府还需要建立一套针对性强、健全和稳定的投资机制来满足企业技术创新中的资金需求,降低企业因资金缺乏造成的交易成本。

政府还应建立公正、科学、合理的科技成果转化评估体系。首先,科技成果

---

① Lambert, R., Leuz, C., and Verrecchia, R. E., "Accounting Information, Disclosure, and the Cost of Capital", *Journal of Accounting Research*, 2007, 45(2), 385—420.

综合成本上涨对我国产业核心技术升级影响的研究

价值评估的不公正和不科学,会降低企业进行技术创新的积极性,同时会增加企业间合作风险,损害合作双方利益。其次,传统企业的投资评价方法和体系不适用于高新技术企业,政府应根据不同类型企业制定针对性较强的评价体系。最后,政府应引导对风险的研究,对风险的来源、种类和影响程度进行评估,深入把控成果转化风险。

3. 完善国家创新体系,降低企业销售成本

(1) 完善人才培养体系,加速培养和引进人才

企业的自主创新受到国家创新体系、政府政策、技术市场和金融市场等多种因素的影响,其中国家创新体系不仅可以为企业技术创新提供必要的基础保障,还可以降低企业交易成本,鼓励企业进行技术创新活动。本研究表明,在一个优良的国家创新体系的影响下,往往会涌现出众多优秀的创新企业。

政府应规范人才市场行为,维护人才、人才中介机构和用人单位的合法权益,加快人才市场建设步伐。发挥政府在校企合作中的重要作用,积极整合社会资源以构建高等院校、科研院所、社会中介机构广泛参与的产学研一体化的共性技术服务中心,解决单个企业无法解决的技术难题。企业技术创新过程是一项高度社会化的活动,这需要政府建立和完善企业技术创新服务体系,建立关于技术创新的信息服务咨询机构,解决企业因人才缺乏而导致的阻碍技术创新发展的问题。政府要充分利用已经建立的科技孵化器、博士后流动站和科研基地,为企业创办技术研发中心提供科技服务咨询。另外,政府要通过构建平台,提供配套资金,为产业界和学界的联合打好基础,以降低企业的交易成本。

(2) 扶持创新企业,实施知识产权战略

政府应当发挥导向作用,引导各类创新要素向企业和产业集聚,形成人才聚集地,提升企业的自主创新能力与产业核心竞争力。产学研合作应逐渐由短期项目向战略合作方向转变,同时深化产学研项目筛选培育机制、中介服务机制、利益共享机制、长效合作机制和诚信管理机制等五大机制。政府还应引进国内外先进科研成果以带动中小企业进行技术创新,帮助中小企业找到销售市场,将高校技术创新成果转化为实际生产力,实现高校与企业的共赢。

政府还可以通过实施知识产权战略,保护企业的创新成果,激发企业的创新热情,提高企业对技术创新活动的积极性。一方面,政府可以根据申请发明专利

第四章 综合成本上涨对产业核心技术升级影响的实证研究

数量的多少对企业进行评级,对不同等级的企业给予不同的奖励和补贴,同时还要积极扶持企业自主创新与产业化项目,集中人才对重大专利技术进行再次开发,促进知识产权科技成果向现实生产力的转化。另一方面,政府可以组织知识产权培训来宣传技术创新的重要性,以增强全社会知识产权意识,这对于营造良好的技术创新环境、市场环境和文化环境都有着重要的意义。

(3)优化配套设施,完善科技服务体系

政府应提供发达的通信网络硬件设备,为企业技术创新提供支持。政府还应聚集力量建设一批规划布局合理、生产要素聚集、人才聚集的科技服务示范区,形成区位优势,营造有利于企业技术创新的环境。政府应为企业建立良好的创新外部环境,在一定程度上可以促进创新研发设计、成果转化、创新决策与管理咨询等一系列专业化机构的发展,完善科技服务体系,为创新型高新技术企业发展提供支撑。

4. 发展先进制造业,提高技术创新绩效

(1)发展先进制造业,改造落后传统产业

先进制造业和现代服务业为经济发展贡献了强劲动力,也为经济转型和产业升级提供了重要的支撑。发展先进制造业和现代服务业可以进一步整合科技资源,还可以为落后传统产业带来新的发展机遇。一方面,需要加强自主创新、先进制造业和现代服务业的有机结合,由自主创新推动技术进步,增加高端产业竞争优势,鼓励建立自主品牌,强化产权保护意识,引导企业走高附加值产品的路线。另一方面,提高先进制造业和现代服务业的产业比重,平衡先进制造业和现代服务业之间的相对结构,注重提升高端产业的比例,加大对先进制造业的投资,带动经济的发展和技术的进步。同时应注意提升现代服务业水平,将现代服务业与先进制造业有机结合,优化结构比重,协同为区域产业升级服务。此外,应注意结合地区实际情况,考虑环境和资源的承载能力,打造高端优势产业,改造和转移传统产业。对于技术含量低、附加值低的传统产业,通过产业转移提高地域的生产效率,淘汰落后产能,实现产业结构优化升级。

(2)增强企业竞争实力,提高技术创新绩效

熊彼特的创新理论认为规模更大的企业更愿意进行创新活动。虽然这一理论未被实证研究认可,但从理论上来说规模是企业实力的一种体现,企业规模实

力能为企业进行高风险的研发活动提供物质保障。科技的不断发展使得技术更新和淘汰越来越快,相对于大规模企业,中小型企业研发活动的风险更大,对市场的控制能力也更弱。当中小型企业研发获得成功时,研发成果转化可能受限于人力、物力、财力等物质条件。研发活动一旦失败,企业可能面临破产的风险。因此,对于致力于通过研发带动企业发展的中小型企业,提升企业规模、增强自身实力就非常有必要。研发投入是企业提高技术创新水平的前提条件,也是提高创新绩效的重要保障。企业技术研发方向的选择要考虑实际市场需求,不能盲目地进行研究开发活动,开展研发项目前,都需要进行可行性研究。只有经过充分论证,才能提高研发投资的效果与效率,增加研发成果产业化的可能性。

第三节 综合成本对产业中企业技术创新的影响
——制造业截面数据的实证研究

一、研究背景

改革开放以来,我国经济实现高速增长,但同时低效益也成为经济高速增长的代价。经济增长的特点主要由投入要素的构成及质量决定,我国过去经济增长的特点是高投入、高消耗、高污染和低效益,但随着国内环境污染加剧及要素成本急剧上升等问题的相继出现,以往的经济增长模式必然要转变。

2014年5月,习近平主席在考察河南省的行程中第一次提出了"新常态"的概念,并在同年9月的亚太经合组织工商领导人峰会上系统阐述了"新常态"的内容:在"新常态"下,我国经济从高速增长转为中高速增长;我国经济结构不断优化升级,第三产业、消费需求逐步成为主体,城乡区域差距逐步缩小,居民收入占比上升,发展成果惠及更广大民众;我国经济从要素驱动、投资驱动转向创新驱动。随后李克强总理在2015年的《政府工作报告》中也提出了"大众创业,万众创新"的理念。不难看出,我国政府已经深刻地认识到创新对于经济发展的重要作用。《中国经济新常态》一书中写道,自改革开放以来,我国经济增长主要依靠劳动力、资本、资源三大传统要素的投入,是一种典型的要素驱动型经济

第四章 综合成本上涨对产业核心技术升级影响的实证研究

增长方式。从当前的情况看,这三大要素均面临着诸多瓶颈的约束,已难以支持我国经济的长期可持续增长。[①] 作为市场的主体,企业首当其冲地承受着日益增长的成本压力,因此对技术创新升级转型的需求更加迫切。《2015 中国企业家成长与发展专题调查报告》一文中明确地显示了企业成本的上涨能够增加企业整体的创新投入,进而推动企业进行创新升级。[②]

内生增长理论主张技术创新是经济增长的内生变量和基本要素。我国经济进入"新常态"以来,以要素驱动和投资规模驱动为主的经济发展传统方式已经无法满足深化改革的需求,以创新驱动发展方式为主的转型成为我国经济深入转型的必由之路。从宏观上来讲,创新不仅能提高社会生产力水平,还能作为综合国力的重要支撑;从微观上来讲,创新是推动企业持续产生竞争优势的重要来源。Hicks 指出生产要素相对价格的变化是对某种特定发明的激励,这一发明的价值在于更经济地利用那些价格变得昂贵的要素,此处发明与创新意义相同,这一理论成为研究成本上涨对企业创新影响的理论基础。[③] 之后的研究主要集中于讨论劳动力成本对企业技术创新的影响,Flaig and Stadler[④]、Fase and Tie[⑤] 和 Vergeer and Kleinkecht[⑥] 分别通过实证研究,证明了劳动力成本是影响企业创新能力的因素之一,劳动力成本上涨使得企业投入相对便宜的资本要素以对冲劳动力成本上涨的影响,资本的大量投入加速了企业的创新进程。林炜使用我国工业企业 1998—2007 年的面板数据,发现企业的创新能力随着劳动力成本的上涨而提升。[⑦]

---

① 中共中央党校经济学教研部:《中国经济新常态》,人民出版社,2015 年。
② 中国企业家调查系统:"新常态下的企业创新:现状、问题与对策——2015 中国企业家成长与发展专题调查报告",《管理世界》,2015 年第 6 期,第 22—23 页。
③ Hicks, J. R., *The Theory of Wages* (2nd ed.), Springer, 1963.
④ Flaig, G., and Stadler, M., "Success Breeds Success.The Dynamics of the Innovation Process", *Empirical Economics*, 1994, 19(1), 55—68.
⑤ Fase, M. M. G., and Tie, A. F., "Wage Moderation, Innovation, and Labour Productivity: Myths and Facts Revisited", *De Econo mist*, 2001, 149(1), 115—127.
⑥ Vergeer, R., and Kleinkecht, A., "Jobs Versus Productivity? The Causal Link from Wages to Labour Productivity Growth", EAEPE Conference Paper, 2007.
⑦ 林炜:"企业创新激励:来自中国劳动力成本上升的解释",《管理世界》,2013 年第 10 期,第 95—105 页。

综合成本上涨对我国产业核心技术升级影响的研究

然而,企业作为创新的主体,在激烈的市场竞争中,不仅要面对劳动力成本上涨的压力,还要承受其他生产要素成本(如资本成本、土地成本、销售成本等)上涨的压力。除此之外,随着环境问题的日益加重,相关的法律与政策赋予了企业更多的责任去保护环境,环境成本的出现成为我国企业面临的一个新的成本压力。是否所有的成本均会推动企业创新?不同类型的企业在面对成本上涨压力时,是否都会表现出相同的创新能力?各类成本上涨对企业技术创新的推动通过何种机制传导?这些问题有待学者进一步的思考和验证。

本节的创新之处在于运用我国制造业上市公司的微观层面数据,试图从成本上涨的角度验证不同类型成本上涨与不同类型企业创新之间的关系,对解释制造业企业的创新行为的新假设进行实证检验。本节的实证检验分为两个阶段进行,第一阶段实证检验的结果表明:除土地成本对技术创新不具有显著影响外,劳动力成本、销售成本、资本成本和研发投入对技术创新均呈现显著影响。第一阶段实证设计中将研发投入作为企业综合成本的一部分,因此研发投入被设计为自变量。但研发投入也可以作为衡量创新水平的一个指标,为证明其在综合成本与技术创新之间的影响,本节设计了第二轮实证检验,将样本分为高技术企业和中低技术企业两类,同时将研发投入设计为中介变量。实证检验的结果表明:高技术企业面临成本上涨时通常选择加大研发以实现技术创新和转型发展,而中低技术企业则一般不会加大技术研发力度;大部分成本对高新技术企业的创新投入具有推动作用,创新投入与创新产出之间存在显著的正相关关系,同时创新投入在部分成本对高新技术企业的创新产出中起中介作用。

产业中企业作为市场经济的主体之一,随着市场竞争环境的不断变化,企业的创新能力逐渐成为企业核心竞争力的主要体现,其中技术创新能力的强弱成为企业能否继续前进的指标。近年来,企业对技术创新能力的投入逐渐成为企业的重点成本投入,但不是所有的成本投入都能够有效地提升企业技术创新能力。因此,对企业成本投入与技术创新能力之间关系的研究很有必要,能够使企业有效地提升创新能力。

二、综合成本对产业中企业技术创新影响概念模型与研究假设

(一)概念模型

在上一轮实证研究中已经介绍过本书的相关理论和研究原理,因此不再赘述,详细情况可参考第四章第二节文献回顾部分。

本轮实证研究采用综合成本上涨导致产业核心技术升级的理论研究框架。为检验各变量之间的关系是否与理论分析一致,本轮实证研究使用多元回归分析中的逐步回归实证方法来检验五种综合成本与专利技术价值的影响关系。本轮实证研究的概念模型如下图4-5所示。

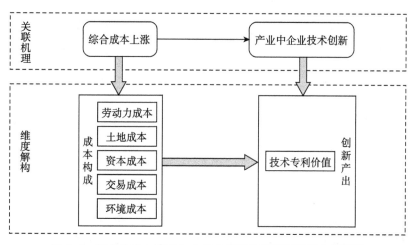

图4-5 综合成本上涨对企业技术专利价值影响的概念模型图

(二)假设提出

熊彼特的创新理论认为创新的目的在于降低产品的单位成本,现有价格与成本之间的差额就是企业家利润的来源。同时,要素稀缺诱导创新理论证明了劳动力成本上涨会促进产业中企业进行技术创新。结合以上两个理论,本节认为综合成本上涨对于产业核心技术升级的具体影响机制应为:在收入不变的情况下,产业中企业综合成本的上涨在短期内会导致企业利润的下降,因为企业难

以拿出资金进行技术改造升级。如果产业中企业想要在竞争激烈的市场上脱颖而出,企业可以选择忽视短期的利润问题,而将利润的一部分拿出来进行技术创新和升级。一旦技术升级成功,企业的生产效率将会领先市场中的其他竞争对手,从而提升企业的竞争力。在实际中企业综合成本的类型是多样的,并非所有的成本与企业的技术创新之间都存在相同的相关关系。只有厘清各类成本对企业技术创新的不同关系,才能够帮助企业在综合成本上涨的情况下,保持技术创新的产出和企业自身的竞争优势。

本章第二节的实证研究已经详细论述了三类综合成本对技术创新产出影响的理论分析,并提出了相应的假设 H 4-6、H 4-7 和 H 4-8。在设计本轮实证研究时,本节沿用之前的三大假设,并加入另外两类综合成本:土地成本和研发成本。王文春和荣昭通过实证分析重点研究了房价上涨对工业企业创新的抑制作用,并得到房价上涨越快、企业创新倾向越弱的结论。[①] 本节认为土地成本的上涨会抑制制造业企业的创新产出,因为企业的逐利性使得管理层将资本用于投资土地及房地产,导致对生产部分投资的不足,进而会对企业的创新产出产生负面影响。徐欣和唐清泉使用企业数据,实证研究了研发投入对专利技术产出具有显著的正相关关系。[②] 本节认为在生产函数理论下,企业的研发成本越高,创新产出的水平会越高。

本节从综合成本的角度出发,尝试建立我国制造业企业综合成本上涨与其技术创新之间的关系,本节的假设条件如下。

H 4-9 综合成本的上涨显著影响产业中企业的技术创新水平。

为一一探讨每一种具体成本对产业中企业技术创新影响的显著性,在假设 H 4-9 的基础上,提出以下 5 个假设。

H 4-10 劳动力成本与产业中企业技术创新之间存在显著正相关关系,即劳动力成本的上涨会刺激产业中企业技术创新水平的提升。

H 4-11 土地成本与产业中企业技术创新之间存在显著负相关关系,即土

[①] 王文春、荣昭:"房价上涨对工业企业创新的抑制影响研究",《经济学》(季刊),2014 年第 13 期,第 465—490 页。

[②] 徐欣、唐清泉:"R&D 投资、知识存量与专利产出——基于专利产出类型和企业最终控制人视角的分析",《经济管理》,2012 年第 7 期,第 49—59 页。

第四章 综合成本上涨对产业核心技术升级影响的实证研究

地成本的上涨会阻碍产业中企业技术创新水平的提升。

H 4-12 交易成本与产业中企业技术创新之间存在显著正相关关系,即交易成本的上涨促进产业中企业技术创新水平的提升。

H 4-13 资本成本与产业中企业技术创新之间存在显著正相关关系,即较高要求的资本回报会促使产业中企业加大技术创新力度。

H 4-14 研发成本与产业中企业技术创新之间存在显著正相关关系,即企业技术创新投入越大,技术创新产出越高。

三、综合成本对专利技术价值实证研究设计

(一) 核心变量测度

在现有文献中,对企业综合成本的定义内涵并没有统一说法,目前大多数研究主要集中在企业综合成本的组成上。在大部分文献中,综合成本是指包括生产成本、销售成本、研发成本等在内的各种生产要素的价格,广泛发生于企业的生产与交易等环节。有的文献采用商务成本来反映企业的综合成本,而对于商务成本的内涵,不同时期不同学者有着不同的看法。《财富》(*Fortune*)杂志认为城市商务成本应该包含应缴税款、商业用地价格和员工薪酬。《伦敦金融与商务竞争力》(Competitiveness of London's Financial and Business Services Sector)报告则使用营运成本来衡量商务成本,即商务成本等于劳动力成本、土地成本、信息成本和管理成本之和。[1] 李峰等认为"商务成本应该是企业在经营过程中扣除技术相关费用外的综合成本,这一成本包括全部生产要素成本、交易成本和其他成本"。[2] 王志雄提出商务成本的内涵应为"企业在设立和商务营运中所发生的直接或间接的成本支出"。[3] 李龙和张莹构建了皖江城市带主要城市商务成

---

[1] Corporation of London, "Competitiveness of London's Financial and Business Services Sector", 1999.

[2] 李峰、安礼伟、赵曙东:"商务成本比较与区域发展战略选择",《南京社会科学》,2003年第9期,第472—476页。

[3] 王志雄:"区域商务成本分析",《上海经济研究》,2004年第7期,第65—70页。

综合成本上涨对我国产业核心技术升级影响的研究

本评价指标体系,认为商务成本由要素成本、营业成本、制度成本和其他成本构成。① 综合前人的研究成果,考虑到指标量化的可行性,本节采用商务成本来反映部分企业综合成本,包括劳动力成本、土地成本、资本成本、销售成本和研发成本。

大多数学者从投入与产出的角度来对企业技术创新能力进行评价,例如德国在进行企业技术创新能力评价时,通常采用技术创新费用占企业销售收入的比例来反映,其中,技术创新费用包括研发投入、产品试验费、产品设计费、专利购买成本等。吴延兵指出大部分实证文献将创新活动分为创新投入和创新产出,创新投入通常使用研发投入或技术人员来衡量,而创新产出往往以专利数量或新产品收入来衡量。② 黄鲁成等也将技术创新能力的投入能力与产出能力进行了量化研究,他们认为企业技术创新的投入能力可以用研发人员比例、研发投入强度来反映,企业技术创新的产出能力可以用每百名研发人员发明专利申请数量来反映。③ 根据已有的研究,本节也从投入与产出角度衡量技术创新活动,以研发费用衡量研发投入,以专利技术价值和专利数量衡量研发产出。

1. 劳动力成本(LABOR)

根据国际劳工组织(International Labour Organization,ILO)给出的定义,劳动力成本是指企业(单位)因雇用社会劳动力而支付的费用。国内外学者对劳动力成本的研究较多,例如李钢等发现,劳动力成本的上涨在一定程度上推动了我国企业的创新研发与技术进步,劳动力成本的上升是产业结构升级的动力。④ 卫兴华和侯为民认为,我国经济增长长期依靠生产要素的投入,粗放式经济增长模式造成产业结构失衡,生产要素配置不均衡与要素价格扭曲的现象一直存

---

① 李龙、张莹:"皖江城市带主要城市商务成本比较分析",《安徽行政学院学报》,2011 年第 10 期,第 67—72 页。

② 吴延兵:"创新的决定因素——基于中国制造业的实证研究",《世界经济文汇》,2008 年第 2 期,第 46—58 页。

③ 黄鲁成、王亢抗、吴菲菲:"战略性新兴产业技术特性评价指标与标准",《科学学与科学技术管理》,2012 年第 7 期,第 103—108 页。

④ 李钢、沈可挺、郭朝先:"中国劳动密集型产业竞争力提升出路何在——新《劳动合同法》实施后的调研",《中国工业经济》,2009 年第 9 期,第 37—46 页。

在。① 劳动力成本的上升可能是改变现有产业结构的契机,成为制造业企业的创新激励。本节选取企业年度财务报表中"应付职工薪酬"科目下的"本期增加"来衡量劳动力成本。该变量表示的是在当年应对劳动力给予的偿付,该数据可以在上市公司年报的附注下的"应付职工薪酬"科目中找到。

2. 土地成本(LAND)

大多数研究将土地成本作为企业要素成本之一。例如,Hanson 认为土地不仅是基本生产要素之一,在产业区位形成中还具有重要作用。② Tabuchi③、Fujita and Krugman④ 探讨了劳动力、土地及不可流动要素在产业中心集聚强化过程中扮演的离心力作用;柴志春等分析了土地价格与宏观经济间的关系,认为土地是经济增长的基本要素。⑤ 杨亚平和周泳宏使用我国 35 个大中城市的面板数据进行实证研究,结果显示土地成本的上涨对工业产业的增长呈现负相关关系。⑥ 本节选取企业年度财务报表中"无形资产"科目下的"土地使用权累计摊销"的本期增加值作为土地要素成本。该变量表示的是当年对于土地实际使用的耗损,该数据可以在上市公司年报附注下的"无形资产情况"科目中找到。

3. 销售成本(SALE)

国内外学者已经对销售成本有较深入的研究。例如,Amit and Hanssens 在对美国制造业企业进行研究时,发现销售成本对公司价值有正面影响。⑦ 徐欣指出技术升级投资对降低企业营业成本有显著的促进作用,同时还对销售成本

---

① 卫兴华、侯为民:"中国经济增长方式的选择与转换途径",《经济研究》,2007 年第 7 期,第 15—22 页。

② Hanson, G. H., "Regional Adjustment to Trade liberalization", *Regional Science and Urban Economics*, 1998, 28(4), 419—444.

③ Tabuchi, T., "Urban Agglomeration and Dispersion: A Synthesis of Alonso and Krugman", *Journal of Urban Economics*, 1998, 44(3), 333—351.

④ Fujita, M., Krugman, P. R., and Venables, A. J., *The Spatial Economy: Cities, Regions and International Trade*, MIT Press, 1999.

⑤ 柴志春、赵松、李众敏:"土地价格与经济增长关系的实证分析——以东部地区为例",《中国土地科学》,2009 年第 1 期,第 9—13 页。

⑥ 杨亚平、周泳宏:"成本上升、产业转移与结构升级——基于全国大中城市的实证研究",《中国工业经济》,2013 年第 7 期,第 147—159 页。

⑦ Amit, J., and Hanssens, D. M., "Advertising Spending and Market Capitalization", MSI Report, 2004, 4—110.

率的上升有显著的缓解作用。① 因此本节选取企业年度财务报表中的"销售费用"衡量销售成本。

4. 资本成本(WACC)

国内现有文献中,研究资本成本与技术创新关系的较为缺乏。柯东昌和李连华以 2007—2011 年我国中小板和创业板上市公司为研究样本,实证检验了企业的资本成本与企业研发投入强度之间的相关关系。② 闫楷文以我国中小创业板相关制造业企业 2010—2012 年数据为样本,发现股权资本成本和债务资本成本呈负相关关系。③ 由于资本成本并未在企业年度财务报表中披露,本节使用以下方法计算加权资本成本:

$$\text{WACC} = K_d \times (1 - T_c) \times \frac{B}{B+E} + K_e \times \frac{E}{B+E} \quad (4.5)$$

其中,WACC 为加权平均资本成本,K_d 为债务资本成本,K_e 为普通权益资本成本,B 为负债,E 为普通股权益,T_c 为所得税率。

债务资本数据无法准确得到,因此按照经典的加权平均资本成本计算公式计算企业资本非常困难。但是资本成本可以近似看作企业所能接受的最低报酬率或投资者所能接受的最低预期收益率。我们可以使用预期税后收益与总资产比值近似算出 WACC,国外许多文献均采用此方法。则企业的 WACC 计算公式如下:

$$\text{WACC}_{it} = \frac{\text{E}(R_{it})}{V_{it}} \quad (4.6)$$

其中,R_{it} 和 V_{it} 分别表示第 i 家企业第 t 期的净收益和总资产,$\text{E}(R_{it})$ 为第 i 家企业第 t 期预期税后收益。Modigliani and Miller 将公司实际净收益 R_{it} 平均值近似表示为 $\text{E}(R_{it})$。④ 那么,第 i 家企业第 t 期的预期税后收益 $\text{E}(R_{it})$ 可近似

---

① 徐欣:"技术升级投资与产品成本优势效应的实证研究——基于产品技术生命周期与工艺创新的视角",《科研管理》,2013 年第 8 期,第 82—89 页。
② 柯东昌、李连华:"资本成本与研发投入的互动关系研究",《现代管理科学》,2014 年第 10 期,第 96—98 页。
③ 闫楷文:"资本成本、企业生命周期与研发投入",厦门大学硕士学位论文,2014 年。
④ Modigliani, F., and Miller, M., "The Cost of Capital Corporation Finance and the Theory of Investment", *American Economic Review*, 1959, 48(5), 261—297.

表示为：

$$E(R_{it}) = \frac{\left(R_{i(t-1)} \times \dfrac{V_{it}}{V_{i(t-1)}} + R_{it}\right)}{2} \tag{4.7}$$

而实际净收益 R_{it} 的计算公式为：

$$R_{it} = I_{it} + N_{it} \tag{4.8}$$

其中，I_{it} 和 N_{it} 分别表示第 i 家企业第 t 期的所有利息支出和税后净利润。

为了所选数据的统一，本节使用的预期税后收益 $E(R_i)$ 作为衡量资本成本的变量。

5. 研发投入（R&D）

研发投入是创新的物质基础，是高技术持续发展的基本前提和重要保障，大多数学者在衡量创新投入时，一般采用研发经费和研发人员两项指标。例如，张华平认为创新投入包括研发经费投入和人员投入两个方面。[①] 封伟毅等在研究技术创新对高技术产业竞争力的影响时，用研发投入和研发人员衡量技术开发。[②] 陈凯华等在衡量高技术产业技术创新活动的投入时，采用了研发经费、研发人员及技术引进三个指标。[③] 考虑到指标的代表性和数据的可获得性，本节用企业年度财务报表中"主营业务"科目下的"研发支出"作为研发投入的度量指标。

6. 产业核心技术水平（PATENT）

本轮实证研究从产业中企业创新产出的角度出发，理论上应该选择企业当年专利发明或申请数量作为变量，但是由于目前数据库不完备等因素，本节选取了制造业上市公司的"无形资产"科目下"专利及专有技术"账面价值当年增加量作为衡量产业核心技术水平的变量。该数据在各企业的财务报表附注下的

[①] 张华平："高技术产业创新投入与产出灰关联分析"，《中央财经大学学报》，2013 年第 3 期，第 6 页。

[②] 封伟毅、李建华、赵树宽："技术创新对高技术产业竞争力的影响——基于中国 1995—2010 年数据的实证分析"，《中国软科学》，2012 年第 9 期，第 154—164 页。

[③] 陈凯华、官建成、寇明婷："中国高技术产业'高产出、低效益'的症结与对策研究——基于技术创新效率角度的探索"，《技术与创新管理》，2014 年第 4 期，第 55—68 页。

"无形资产"科目披露。

(二)样本选取和数据来源

考虑到数据的可得性,本节利用我国2013年上市公司中制造业企业截面数据来确定各变量的参数。另外,本节在实证检验的基础上,修正上述理论模型,使其与我国的实际情况吻合。

根据中国证监会发布的最新上市公司行业分类指引,本节选取沪深主板及中小板的制造业公司作为研究样本,根据资本成本计算的需要,剔除同时发行B股的公司;剔除ST类、PT类公司;剔除当年发生亏损的公司;根据数据的可得性,剔除部分数据无法获得或年报数据披露不完整的公司。最后,我们选择了314家上市公司作为研究样本,本轮实证研究涉及的变量如表4-12所示。

表4-12 涉及变量

	变量名称	变量符号
因变量	产业核心技术水平	PATENT
自变量	劳动力成本	LABOR
	土地成本	LAND
	销售成本	SALE
	资本成本	WACC
	研发投入	R&D
控制变量	所有制结构	GOV
	总资产	ASSET
	收入	INCOME

(三)检验方法

本节研究主题为综合成本上涨对产业核心技术升级的影响,在构建了综合成本上涨对产业核心技术升级的理论模型后,继续构建经济计量模型对理论模型进行检验。本节量化产业核心技术水平,将其作为因变量;对各类要素成本、研发投入成本及交易成本等综合成本予以分类并量化,将其作为自变量;将公司总资产、总收入、国有股及国有法人股比重予以量化并将其作为控制变量。

第四章 综合成本上涨对产业核心技术升级影响的实证研究

(四)检验模型

$$PATENT = \alpha_0 + \alpha_1 LABOR + \alpha_2 LAND + \alpha_3 SALE + \alpha_4 WACC + \alpha_5 R\&D + \alpha_6 GOV + \alpha_7 INCOME + \alpha_8 ASSET + \varepsilon \quad (4.9)$$

式(4.9)对企业的异质性进行了相关的控制。根据对产业中企业核心技术水平影响因素的分析,选取了所有制结构(GOV)、总资产(ASSET)和收入(INCOME)三个变量,分别用国有股及国有法人股占股比例、公司总资产和公司总收入作为衡量指标。为了保证量纲的统一,将国有股及国有法人股占股比例乘以公司总资产,得到两种股票各自实际控制公司资产数量的具体数值。

四、综合成本对专利技术价值影响的实证结果

(一)多元回归结果分析

表4-13 多元回归分析结果

因变量	PATENT
自变量	
LABOR	-0.0312**
	(-2.5053)
LAND	0.0067
	(0.0828)
SALE	0.0160**
	(2.0173)
WACC	0.0216***
	(4.9590)
R&D	0.0874***
	(3.6825)
控制变量	
GOV	0.0087***
	(6.5051)
INCOME	-0.0015***
	(-2.7409)

注:***1%水平显著;**5%水平显著;*10%水平显著。

综合成本上涨对我国产业核心技术升级影响的研究

对式(4.9)采取直接多元回归分析,其总体显著性很高,其 F 值为 22.97;同时变量中除变量 LAND 和 ASSET 结果不显著,其他变量都通过了 t 检验。因此本节剔除了控制变量中并不显著的 ASSET 变量。剔除 ASSET 变量之后,不仅方程整体的拟合优度和整体显著性检验结果有所提高,而且解释变量的 t 检验结果也得到有效提高。表 4-13 为最终结果:变量 LABOR 的系数为 -0.0312,t 值为 -2.5053,即在 5% 显著性水平下,劳动力成本与企业技术创新之间存在负相关关系。变量 SALE 的系数为 0.0160,t 值为 2.0173,即在 5% 显著性水平下,销售成本与企业技术创新之间存在正相关关系。变量 WACC 的系数为 0.0216,t 值为 4.9590,即在 1% 显著性水平下,资本成本与企业技术创新之间存在正相关关系。变量 R&D 的系数为 0.0874,t 值为 3.6825,即在 1% 显著性水平下,研发成本与企业技术创新之间存在正相关关系。此外,控制变量中的 GOV 和 INCOME 系数的 t 值也通过了显著性检验。最后得到多元回归模型如式(4.10)所示:

$$PATENT = 9228115 - 0.032 \times LABOR + 0.0067 \times LAND + 0.016 \times SALE + 0.022 \times WACC + 0.084 \times R\&D + 0.08 \times GOV - 0.05 \times INCOME \quad (4.10)$$

回归结果显示,综合成本中的劳动力成本、交易成本、资本成本和研发成本与产业中企业技术创新水平显著相关。其中,劳动力成本与企业技术创新之间呈显著负相关,虽然验证了两者的显著相关关系,但否定了假设 H 4-10 中提出的正相关关系,也就是说劳动力成本的上涨会导致企业减少技术创新。销售成本和资本成本与企业技术创新呈显著正相关,分别验证了假设 H 4-12 和假设 H 4-13,即来自销售和资本方面的成本压力能有效地刺激企业技术创新的提升。研发成本与企业技术创新之间也存在着显著的正相关关系,有效地验证了假设 H 4-14,即加大企业创新投入能有效地提高企业的技术创新水平。最后,本次实证回归中剔除了土地成本这一重要的解释变量,假设 H 4-11 没有通过检验。

(二) 回归结论

在综合成本的回归分析中,只有劳动力成本与产业中企业核心技术水平成负相关关系,劳动力成本越大的企业在技术创新方面的产出越少。企业的劳动力成本每提高 1 万元时,企业技术创新的价值下降 320 元。造成这一现象的可

第四章 综合成本上涨对产业核心技术升级影响的实证研究

能原因是,在制造业企业的工资构成中,非技术员工工资总和占比达到企业总工资的70%左右,非技术员工对于企业技术创新能力的贡献相对较低。在选择的样本企业里面,大部分企业都属于传统的制造业企业,这类制造业企业以劳动力密集和资本密集为主要特点,因此当劳动力成本快速上涨时,往往不会选择通过技术创新的方式进行企业创新升级转型。同时由于我国低廉的劳动力成本时代已经过去,人力成本高涨导致企业短期内的确有可能降低对于技术创新的投入和产出。

资本成本与产业中企业核心技术水平成正相关关系。资本成本每增加1万元,企业技术创新的价值增长220元。本节实证研究所取的资本成本是指企业资本的预期收益,预期收益越高代表投资者愿意承担的风险越高。企业进行技术升级与创新能够使得投资者,尤其是股权投资者期望的回报更容易得到兑现。股权投资者更乐于投资具备持续研发能力和技术创新能力的团队或公司,技术的更新和运用往往会使企业取得行业的领先地位,以此来获得高于行业平均利润水平的超额利润。为了应付日益增长的资本成本压力,企业应该进行技术创新与升级,只有如此才能够使企业获得竞争优势和超额收益,以负担融资所得到资金的成本。本节实证研究的样本均为在我国沪深A股上市的制造业企业,庞大的股权投资者决定了高额的资本预期回报率。因此,较高的预期资本成本会迫使产业中企业进行技术升级创新,以此来满足企业相关投资者的需求。

交易成本与产业中企业核心技术水平成正相关关系。制造业企业的交易成本主要为企业在市场交易过程中花费的时间和精力。交易成本的大小决定着企业的经营成果,因为交易成本最终要归入企业的费用中。但是,交易成本较高不一定会导致企业技术创新不力。企业有可能将交易成本主要用于前期的市场调研工作,了解市场的基本情况和消费者需求,并以此促使企业进行相应的经营调整,开发新的产品用以满足市场和客户的需求。因此,企业应该更加细致地划分交易成本,加大市场调研的费用,减少其他方面的费用。

研发成本与产业中企业核心技术水平成正相关关系。研发成本每增加1万元,企业技术创新的价值增长840元。本节产业中企业核心技术水平采用的指标是企业的无形资产中专利和专有技术当期增加额,只有企业持续地投入研发活动,才可能产生较多的专利和专有技术的发明和创新。所以,我国制造业企业

综合成本上涨对我国产业核心技术升级影响的研究

可以通过不断地加大研发力度,来促进产业中企业核心技术的升级,提高生产效率。

在企业异质性方面,政府控股对于企业技术创新有着促进作用。政府对企业技术创新有引导作用,这也主要归功于近些年我国出台了鼓励技术创新的相关产业政策,而拥有国有股份的企业会更加细致地贯彻这些政策。另外,企业的收入与企业技术创新之间存在负相关关系,企业收入每增加1万元,企业技术创新的价值降低20元。这并不是说企业应放弃经营成果,而是在提示企业不应过分看重短期经营成果,因为短期收入的增加并不代表企业真实的竞争力,可能是由市场的变化及企业经营策略的改变造成,只有技术改造创新才能有效提高企业竞争力,保持企业的长期竞争优势。

产业中企业的核心技术升级决定着企业的竞争状况。在我国经济结构面临转型的情况下,企业应该重视自身的技术创新。本节从企业综合成本的角度出发,论证了综合成本对产业中企业核心技术升级的影响,提出了综合成本与产业中企业核心技术升级有关联的推论。本节通过收集我国制造业上市公司2013年的截面数据,运用多元回归分析的方式得到了我国制造业中劳动力成本与制造业企业核心技术水平成负相关关系,土地成本与制造业企业核心技术水平没有联系,资本成本、研发成本和交易成本与制造业企业核心技术水平成正相关关系等结论。

制造业属于劳动密集型和资本密集型产业,我国制造业面临着巨大的成本压力,特别是来自劳动力成本、资本成本、交易成本等受市场因素影响较大的成本的压力。劳动力价格上涨、资本预期收益率上升等因素带来的压力,不断要求产业中企业一方面要提高自身的劳动生产率,另一方面要注重创新能力的提升。只有核心技术创新水平提高了,产业中企业才能够在多重成本上涨的压力下生存和发展,并在竞争中处于领先地位。

五、综合成本、研发投入与企业技术创新理论分析与研究假设

在上一轮实证研究中,研发投入被视为企业的一项成本而被设计为自变量,

第四章 综合成本上涨对产业核心技术升级影响的实证研究

但研发投入也可以用来衡量企业技术创新,大量研究都将企业创新能力分为研发投入和研发产出两个方面。在设计本轮实证研究时,本节结合前文结论,尝试将研发投入作为连接综合成本与技术创新之间关系的中介变量,因此建立如下关系:综合成本上涨——研发投入增加——技术升级。为了证明各变量之间的关系是否与理论分析一致,本轮实证研究首先检验综合成本与研发投入的影响关系,即分别研究综合成本的五种成本类别对研发投入变量的影响关系;其次,检验研发投入与技术升级影响关系,即研究研发投入变量对三类技术专利变量的影响关系;最后,在此基础上,根据中介作用的检验步骤,进一步研究研发投入作为中介变量的作用机理,检验其对综合成本与技术升级关系的中介作用。本节研究的概念模型如图 4-6 所示。

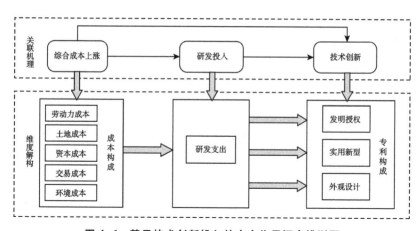

图 4-6 基于技术创新投入的中介作用概念模型图

(一) 综合成本与产业中企业技术创新

上一轮实证研究利用制造业企业的综合成本和专利技术价值数据,检验出综合成本与技术创新产出之间存在显著的相关关系。虽然结论支持除土地成本与劳动力成本外的其他综合成本上涨会"倒逼"产业中企业进行技术升级创新,但这一结论是否适用于全部类型的企业? 企业类型不同是否会影响到最终结果? 为进一步证明综合成本对产业中企业技术创新的影响,实证研究还应将企业分为高技术企业和中低技术企业两类研究标的。因为传统的中低技术企业通常是依靠规模效应来获取利润,在企业面临成本上涨压力时,并不一定会采用技术升级的方式来降低成本,还是会通过价格策略来重获市场优势。但高技术企业往往是依靠核心技术取得竞争优势,在综合成本上涨时,多会牺牲短期利润进行研发与创新,力争通过技术领先来确立市场地位和竞争力。基于此,如图 4-7 所示,本节提出以下假设。

H 4-15 对于高技术企业而言,综合成本上涨会推动企业加大研发力度。

H 4-16 对于中低技术企业而言,综合成本上涨不会对企业研发投入产生显著影响。

H 4-17 对于高技术企业而言,综合成本上涨会促进企业的技术创新产出。

H 4-18 对于中低技术企业而言,综合成本上涨不会对企业技术创新产出产生显著影响。

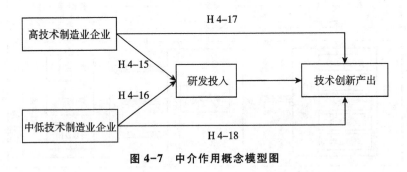

图 4-7 中介作用概念模型图

(二) 研发投入与企业技术创新

国外在研究研发投入对企业技术创新产出影响的命题始于 20 世纪 60 年代。Mueller 使用专利数量作为衡量企业技术创新产出的指标,对 6 个产业连续 3 年的数据进行回归分析,得出研发投入与技术创新产出之间存在正相关关系的结论。① 随后大量的实证研究均在产业层面得到了相同的研究结果,如

---

① Mueller, D. C., "Patents, Research and Development, and the Measurement of Inventive Activity", *Journal of Industrial Economics*, 1966, 15(5), 26.

第四章 综合成本上涨对产业核心技术升级影响的实证研究

Pavitt[1]、Pakes[2]、Hall and Ziedonis[3] 均使用了美国产业数据作为样本,研究了产业的研发投入对企业技术创新产出的正向影响关系。同时,在微观层面的研究也取得了类似的结论,Griliches and Mairesse 使用 1966—1975 年 133 家美国企业的数据进行实证研究,得到企业的研发投入与专利技术产出的相关系数为 0.4,同时企业的研发投入对专利数量的累计效应弹性约为 0.6。[4] Koeller 发现企业通过研发投入能够形成长期的无形资产,该无形资产能够为企业带来超额收益。[5] Khanam and Au 将制造业划分为高科技制造业和低科技制造业,使用 1972—2000 年加拿大制造业企业数据,得出了研发投入对产出产生正向影响的结论,并指出高科技制造业企业的研发回报远远高于低科技制造业企业。[6] Hall 等运用意大利企业数据发现,产品创新和工艺创新对所有企业、高科技企业和非高科技企业的生产效率均有显著正影响。[7]

国内类似的研究起步相对较晚,并且主要集中于探讨在宏观和产业层面的研发投入对技术创新的影响。朱月仙和方曙[8]、魏剑等[9]分别使用了我国的省级面板数据进行实证研究,均得到了研发投入与技术创新产出之间存在显著正相关关系的结论。另一部分学者通过产业层面的数据,探讨了我国各产业的研发

---

[1] Pavitt, K., "R&D, Patenting and Innovative Activities: A Statistical Exploration: R&D Policy", *Research Policy*, 1982, 11(1), 33—51.

[2] Pakes, A., "On Patents, R&D, and the Stock Market Rate of Return", *Journal of Political Economy*, 1985, 93(2), 390—409.

[3] Hall, B.H., and Ziedonis, R. H., "The Patent Paradox Revisited: An Empirical Study of Patenting in the US Semiconductor Industry, 1979—1995", *RAND Journal of Economics*, 2001, 32(2), 101—128.

[4] Griliches, Z., and Mairesse, J., "Productivity and R&D at the Firm Level", Nber Working Papers, 1981, 339—374.

[5] Koeller, C.T., "Innovation, Market Structure and Firm Size: A Simultaneous Equations Model", *Managerial and Decision Economics*, 1995, 16(3), 259—269.

[6] Khanam, B., and Au, E., "Countributions of R&D Capital to Productivity Growth", Annual Congress of the Canadian Economic Association, 2004.

[7] Hall, B.H., Lotti, F., and Mairesse, J., "Innovation and Productivity in SMEs: Evidence for Italy", NBER Working Paper No. 14594, 2008.

[8] 朱月仙、方曙:"专利申请量与 R&D 经费支出关系的研究",《科学学研究》,2007 年第 1 期,第 123—127 页。

[9] 魏剑、肖国华、王江琦:"我国专利产出分析与技术转移研究",《科技管理研究》,2011 年第 24 期,第 126—129 页。

投入与技术创新的情况,例如朱平芳和徐伟民①、逢淑媛和陈德智②分别对我国不同产业的研发现状进行研究,通过使用产业的面板数据得出研发投入对技术创新有显著影响的结论。

近些年,国内对于微观企业层面的研究也逐渐增多,主要得益于我国上市公司会计制度的完善,以及国家专利数据库的建立。冯文娜通过问卷调查的方式搜集了山东省高新技术企业研发投入与创新产出的相关数据,得出研发投入对专利产出、新产品产出和创新绩效都具有显著正相关关系的结论。③ 徐欣和唐清泉基于三种不同技术产出类型,分析 2002—2006 年我国制造业上市公司数据,认为制造业的研发投入强度越大,各种类型专利产出数量越多,同时国有企业对三种技术产出都配置了相应资金,而民营企业则主要关注发明专利的创新。④ 基于现有文献,本节提出假设 H 4-19：

H 4-19 研发投入越大,产业中企业的技术创新产出水平越高。

（三）研发投入在综合成本与企业技术创新中的中介作用

目前,学术界并没有实证研究来证明企业综合成本的上涨会对企业的技术创新造成影响。但依据新结构经济学的理论,要素禀赋结构决定要素相对价格,要素相对价格最终决定一国的最优产业结构。随着产业整体的技术进步,技术的外溢效应凸显,会使微观企业的研发成本下降。资本价格的上涨与研发成本的下降会改变要素的相对价格,进而不断推动企业进行技术创新。企业在综合成本上涨的压力下,会通过加大研发投入的方式提高技术创新水平;同时这种技术创新会迅速改变现有产业的竞争状态,进而促进产业核心技术水平的升级。由此可见,综合成本上涨对产业核心技术升级的作用是通过研发投入推动的,研

---

① 朱平芳、徐伟民：“上海市大中型工业行业专利产出滞后机制研究”,《数量经济技术经济研究》,2005 年第 9 期,第 136—142 页。
② 逢淑媛、陈德智：“专利与研发经费的相关性研究——基于全球研发顶尖公司 10 年面板数据的研究”,《科学学研究》,2009 年第 10 期,第 1500—1505 页。
③ 冯文娜：“高新技术企业研发投入与创新产出的关系研究——基于山东省高新技术企业的实证”,《经济问题》,2010 年第 9 期,第 74—78 页。
④ 徐欣、唐清泉：“R&D 投资、知识存量与专利产出——基于专利产出类型和企业最终控制人视角的分析”,《经济管理》,2012 年第 7 期,第 49—59 页。

发投入在综合成本上涨与产业核心技术升级中起到了中介作用。基于此,本节认为综合成本上涨可以有效地促进企业加大研发投入水平,进而促进产业中企业创新能力的提升,因此提出假设 H 4-20:

H 4-20 对于高技术制造业企业而言,企业研发投入是综合成本上涨倒逼企业技术创新的中介变量。

六、中介作用实证研究设计

(一) 核心变量测度

1. 自变量测度

本轮实证研究中,综合成本大部分使用与上一轮实证研究一样的变量,包括劳动力成本、土地成本、销售成本、资本成本和研发投入。但由于本轮实证研究将研发投入作为中介变量,为检验其中介作用,将研发投入从综合成本中去掉。同时,由于近年来环境问题越来越受到公众关注,本节在上一轮实证研究的基础上,在综合成本变量中加入环境成本(CITY)变量。

环境成本一般由两个部分组成:一部分是企业在生产经营过程中由于污染环境而不得不承担的环境补偿,另一部分是企业预防和治理环境污染的费用和成本。我国为了加强城市的维护建设,扩大和稳定城市维护建设资金的来源,对有经营收入的单位和个人征收城市维护建设税。迄今为止,我国较少有文献研究城市建设维护税费与企业技术创新的关系,更多关注的是环境成本。从短期来看,环境成本上升会给企业技术创新带来压力;从长期来看,环境成本上升有利于形成企业自身的竞争优势。因此,本节选取企业年度财务报表中的"应交税费"科目下的"城市建设维护税费"来衡量环境成本。

劳动力成本、土地成本、销售成本和资本成本的测度方式与上一轮实证研究的方式保持一致。

2. 中介变量与因变量测度

大多数学者从技术创新投入和创新产出的角度研究企业的技术创新。例如,Jaffe 认为衡量创新的指标包括研发投入、发明和专利申请数量,以及新产品种类和数量。① 吴延兵指出大部分实证文献将创新活动分为创新投入和创新产出,创新投入通常使用研发投入或技术人员数量来衡量,而创新产出往往以专利数量或新产品收入来衡量。② 基于现有文献,本节选取研发费用和专利数量作为衡量企业技术创新的指标。

研发投入作为中介变量,其测度方式与上一轮实证研究保持一致,均采用企业年度财务报表中"主营业务分析"下的"研发支出"作为技术创新投入的度量指标。

许多研究都将专利数量作为衡量创新产出和技术进步的指标。在20世纪70年代以后,专利数量作为创新产出水平的衡量指标得到了广泛应用。Shane③、Hall and Ziedonis④ 等利用专利数量作为技术创新能力的指标对公司价值进行了研究。陈春晖和曾德明⑤、徐欣和唐清泉⑥将专利数量作为衡量企业创新产出的指标,并将专利分为发明授权、实用新型和外观设计三种,其中发明授权的专利技术含量最高。于明洁和郭鹏在衡量创新产出指标时指出专利数量(尤其是发明专利)可以代表科技成果产出。⑦ 基于现有文献,本节选用制造业企业的发明授权、实用新型和外观设计这三种专利数量作为创新产出度量指标。

3. 控制变量测度

现有衡量企业规模的指标较多,学者们最常用到的是企业总资产、销售收入

---

① Jaffe, A. B., "Technological Opportunity and Spillovers of R&D: Evidence from Firms' Patents, Profits, and Market Value", *American Economic Review*, 1986, 76(5), 984—999.

② 吴延兵:"R&D 与生产率——基于中国制造业的实证研究",《经济研究》,2006 年第 11 期,第 60—71 页。

③ Shane, S., "Cultural Influences on National Rates of Innovation", Social Science Electronic Publishing, 1993, 8(1), 59—73.

④ Hall, B. H., and Ziedonis, R. H., "The Patent Paradox Revisited: An Empirical Study of Patenting in the U.S. Semiconductor Industry, 1979—1995", *The Rand Journal of Economics*, 2000, 32(1), 101—128.

⑤ 陈春晖、曾德明:"我国自主创新投入产出实证研究",《研究与发展管理》,2009 年第 1 期,第 18—23 页。

⑥ 徐欣、唐清泉:"R&D 投资、知识存量与专利产出——基于专利产出类型和企业最终控制人视角的分析",《经济管理》,2012 年第 7 期,第 49—59 页。

⑦ 于明洁、郭鹏:"基于典型相关分析的区域创新系统投入与产出关系研究",《科学学与科学技术管理》,2012 年第 6 期,第 85—91 页。

第四章 综合成本上涨对产业核心技术升级影响的实证研究

和员工人数等。Scherer 指出企业规模可用总资产、年销售收入或者职工人数来表示。[①] 孙晓华和王昀在研究企业规模对生产效率及其差异的影响时,选取企业总资产作为企业规模的衡量指标。[②] 温军等[③]、孙早和肖利平[④]在研究异质性、企业规模与研发投入时,以公司总资产的对数衡量企业规模。基于现有文献,本节选取企业年度财务报表中合并资产负债表下的"资产总计"作为衡量企业规模的控制变量。

有学者认为国有股比例与企业创新之间存在关系。Jefferson and Jian 发现国有股的参与有助于企业提高整体生产效率和创新能力[⑤];Choi 等使用我国上市公司数据,发现专利授权存在时滞,国有股比例与专利授权之间存在延迟的正相关关系。[⑥] 基于现有文献,本节选取年度财务报表中的"国有股和国有法人股占总股本的比重"来衡量国有股比例。本节实证研究涉及的变量如表 4-14 所示。

表 4-14 涉及的变量

	变量	原始符号	对数符号
因变量	发明授权	INVENT1	LNIT1
	实用新型	PATENT1	LNP1
	外观设计	PATENT2	LNP2
中介变量	研发投入	R&D	LNR&D

---

① Scherer, F. M., "Firm Size, Market Structure, Opportunity, and the Output of Patented Inventions", *American Economic Review*, 1965, 55(5), 1097—1125.

② 孙晓华、王昀:"企业规模对生产率及其差异的影响——来自工业企业微观数据的实证研究",《中国工业经济》,2014 年第 5 期,第 57—69 页。

③ 温军、冯根福、刘志勇:"异质债务、企业规模与研发投入",《金融研究》,2011 年第 1 期,第 167—181 页。

④ 孙早、肖利平:"融资结构与企业自主创新——来自中国战略性新兴产业 A 股上市公司的经验证据",《经济理论与经济管》,2016 年第 3 期,第 45—58 页。

⑤ Jefferson, G. H., and Jian, S., "Privatization and Restructurting in China: Evidence from Shareholding Ownership, 1995—2001", *Journal of Comparative Economics*, 2006, 34(1), 146—166.

⑥ Choi, S. B., Lee, S. H., and Williams, C., "Ownership and Firm Innovation in a Transition Economy: Evidence from China", *Research Policy*, 2011, 40(3), 441—452.

（续表）

	变量	原始符号	对数符号
自变量	劳动力成本	LABOR	LNLR
	土地成本	LAND	LNLD
	销售成本	SALE	LNSE
	资本成本	WACC	LNCL
	环境成本	CITY	LNCY
控制变量	国有股比例	GOV	GOV
	总资产	ASSETS	LNAS

（二）样本选取和数据来源

由于以往年份的数据不全，本节最终使用了 2013 年和 2014 年制造业上市公司的相关数据，数据主要来自中国证券监督管理委员会发布的上市公司行业分类结果、深沪股票交易所上市公司年度财务报表，以及中华人民共和国国家知识产权局的公司资料。

上一轮实证研究使用 2013 年的截面数据进行分析，但构建模型选择的指标类型过于单一，用专利的账面价值衡量企业的核心技术水平，但是这一指标仅仅代表着企业在专利产出方面的成绩，因此在本轮实证研究中加入研发成本作为衡量企业技术投入的指标。另外，本轮实证研究加入了环境成本，同时还分析了研发投入在成本影响创新过程中的中介作用，总体上比上一轮实证研究更加具体。

本节以制造业为研究对象，按照 ISIC Rev.2 分类标准将产业细分为 14 个制造业项目，并根据 OECD 产业研发含量分类及我国工业制造业发展实际，将 14 个制造业项目划分为高技术制造业和中低技术制造业，具体分类如表 4-15 所示。

第四章 综合成本上涨对产业核心技术升级影响的实证研究

表 4-15 制造业技术含量分类

类别	项目
高技术制造业	化学工业,机械设备制造业,电气机械及光学器材制造业,交通运输设备制造业
中低技术制造业	石油加工、炼焦及核燃料加工业,橡胶与塑料制品业,其他金属矿产制品业,金属制品业,食品饮料制造及烟草加工业,纺织业,服装皮革及鞋类制品业,木材制品业,纸浆、纸张、纸制品、印刷及出版,其他制造业及可再生品

注:①金属制品业不包括机械及设备。②电气机械及光学器材制造业主要包括办公机械和计算机,电气机械及器材,广播,电视和通信设备及装置,医疗,精密和光学仪器,钟表。③其他制造业及可再生品主要包括家具及其他制成品,二次原料再生制品。

资料来源:李金昌、项莹,"中国制造业出口增值份额及其国别(地区)来源——基于 SNA-08 框架下《世界投入产出表》的测度与分析",《中国工业经济》,2014 年第 8 期,第 84—93 页。引用时稍做整理。

(三) 检验方法

按照 Freedman and Schatzkin[①]、MacKinnon 等[②]、温忠麟和叶宏娟[③]的研究,如果自变量 X 通过变量 M 来影响因变量 Y,则称 M 为中介变量。当一个变量能够在某种程度上解释自变量和因变量之间关系时,我们就认为它可能起到了中介作用,中介作用的检验方法如图 4-8 所示。

---

① Freedman, L. S., and Schatzkin, A., "Sample Size for Studying Intermediate Endpoints within Intervention Trails or Observational Studies", *American Journal of Epidemiology*, 1992, 136(9), 1148—1159.

② Mackinnon, D.P., Lockwood, C.M., Hoffman, J.M., West, S.G., and Sheets, V., "A Comparison of Methods to Test Mediation and Other Intervening Variable Effects", *Psychological Methods*, 2002, 7(1), 83—104.

③ 温忠麟、叶宝娟:"中介效应分析:方法和模型发展",《心理科学进展》,2014 年第 5 期,第 731—745 页。

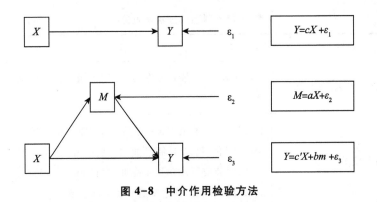

图4-8 中介作用检验方法

如果系数 c 显著,则 X 对 Y 的影响显著;如果系数 a 显著,则 X 对 M 的影响显著;如果系数 c' 完全不显著,系数 b 显著,则说明 X 对 Y 的影响全部由 M 传导实现,M 是 X 影响 Y 的全部中介变量;如果系数 c' 和系数 b 都显著,则说明 M 是 X 影响 Y 的部分中介变量。

(四)检验模型

根据以上检验方法,构建如下模型。

第一,构建综合成本与专利数量的计量模型,如式(4.11)所示:

X_i 是综合成本,包括劳动力成本(LNLR)、土地成本(LNLD)、资本成本(LNCL)、销售成本(LNSE)和环境成本(LNCY)。Z_i 是影响三种专利数量和研发投入的控制变量,包括 GOV 和 LNAS。PAT 是发明授权(LNIT1)、实用新型(LNP1)和外观设计(LNP2)这三种专利的数量。

$$PAT = gX_i + a_i Z_i + e_1 \tag{4.11}$$

第二,构建综合成本与研发投入的计量模型,如式(4.12)所示:

$$LNR\&D = gX_i + a_i Z_i + e_1 \tag{4.12}$$

第三,构建研发投入与专利数量的计量模型,如式(4.13)所示:

$$PAT = b_i LNR\&D + a_i Z_i + e_1 \tag{4.13}$$

第四,构建综合成本、研发投入与专利数量的计量模型,如式(4.14)所示:

$$PAT = g' X_i + b_i' LNR\&D + a_i Z_i + e_1 \tag{4.14}$$

七、中介作用检验实证结果

(一) 描述性统计

根据本书对高技术制造业企业的定义,我国共有高技术制造业上市公司419家,因数据缺失、财务报表信息不全、被列为ST或*ST类企业、数据异常等原因剔除129家,剩余290家,共得到580个样本值。中低技术制造业上市公司有249家,因数据缺失、财务报表不全、被列为ST或*ST类企业等原因剔除160家,剩余89家企业共178个样本值。

由于各指标数据在量级上相差较大,所以进行对数处理。但是为了数据的准确性,本节使用原始数据做描述性统计。

从表4-16和表4-17可见,高技术制造业企业与中低技术制造业企业的发明授权专利均呈现出下降的趋势,这在一定程度上反映出制造业企业对发明授权专利重视程度的弱化。

Barney指出,发明授权专利创新程度高、对企业价值影响程度大,但是其研发周期长、研发难度大的特点可能会使追求短期效益的企业不得不减少甚至放弃对这类专利的关注和投入。[①] 实用新型专利拥有实用性较强和实用价值较大的特点,其研发投入与研发难度介于发明授权专利和外观设计专利之间,但高技术制造业企业以10.38%的速度增长,中低技术制造业企业以11.27%的速度下降,这进一步显示出中低技术制造业企业创新动力和创新能力的不足。

高技术制造业企业和中低技术制造业企业的外观设计专利均呈现上升的趋势,从数值上看,我国制造业企业专利数量保持增长,但外观设计专利往往创新程度相对较低,这类专利的上涨暴露出我国制造业企业侧重短期创新行为的特征,在长期上不利于制造业企业的核心技术升级转型。同时,中低技术制造业企业的外观设计专利增长率为11.40%,远高于高技术制造业的3.41%,说明中低技术制造业企业的短期创新行为特征更加明显,这也是中低技术制造

---

① Barney, J. B., "Firm Resources and Sustained Competitive Advantage", *Journal of Management*, 1991, 17(1), 22—99.

业企业在转型过程中需要重点关注的问题。

高技术制造业企业和中低技术制造业企业研发投入的增长率分别是 18.87% 和 6.36%，高技术制造业企业研发投入的增长速度明显高于中低技术制造业企业，一方面说明我国制造业企业对研发的重视；另一方面也显示出高技术制造业企业更加重视企业创新能力和科技水平的提高。同时，从专利数量和研发投入的均值上看，高技术制造业企业各种类型的专利至少 3 倍领先中低技术制造业企业，高技术制造业企业的研发投入至少 2 倍于中低技术制造业企业，这一现象充分说明，高技术制造业企业比中低技术制造业企业更加重视技术创新能力和技术创新效率。

表 4-16 高技术制造业企业原始数据——均值表

变量	2013 年均值	2014 年均值	增长率(%)
INVENT1	12.96	3.15	-75.69
PATENT1	35.26	38.92	10.38
PATENT2	11.45	11.84	3.41
R&D	28.46	33.83	18.87
LABOR	7.71	9.17	18.94
LAND	8.19	9.87	20.51
SALE	68.71	76.95	11.99
CITY	5.56	5.73	3.06
WACC	N/A	0.06	N/A
GOV	0.23	0.20	-13.04
ASSETS	132.70	151.93	14.49

注：此处发明授权、实用新型和外观设计的单位为"项"，研发费用和销售成本单位为"千万元"，土地要素成本和环境成本的单位为"百万元"，劳动力成本和总资产的单位为"亿元"。

表 4-17 中低技术制造业企业原始数据——均值表

变量	2013 年均值	2014 年均值	增长率(%)
INVENT1	3.91	0.61	-84.40
PATENT1	11.27	10.00	-11.27
PATENT2	3.42	3.81	11.40

(续表)

变量	2013年均值	2014年均值	增长率(%)
R&D	14.00	14.89	6.36
LABOR	7.72	8.42	9.07
LAND	8.41	7.71	-8.32
SALE	55.99	60.13	7.39
CITY	5.74	99.12	1 626.83
WACC	N/A	0.09	N/A
GOV	0.09	0.15	66.67
ASSETS	134.14	149.97	11.80

注：此处发明授权、实用新型和外观设计的单位为"项"，研发费用和销售成本的单位为"千万元"，土地要素成本和城市建设维护税费的单位为"百万元"，劳动力成本和总资产的单位为"亿元"。

(二) 不同类型制造业企业综合成本对研发投入的回归差异比较分析

为避免不同成本之间的多重共线性，本节逐一检验各类型成本对研发投入的影响。结果如表4-18、表4-19所示。

表4-18 高技术制造业企业实证回归结果

	LNR&D				
	(1)	(2)	(3)	(4)	(5)
LNLR	0.391*** (7.021)				
LNLD		0.019 (0.518)			
LNSE			0.172*** (4.199)		
LNCY				0.086*** (2.512)	
LNCL					0.306*** (3.619)

(续表)

	LNR&D				
	(1)	(2)	(3)	(4)	(5)
GOV	−0.026	−0.011	−0.001	−0.014	0.023
	(−0.871)	(−0.367)	(−0.035)	(−0.478)	(0.565)
LNAS	0.349***	0.670***	0.566***	0.645***	0.457***
	(6.283)	(17.912)	(13.876)	(18.913)	(0.413)
Adj-R^2	0.504	0.462	0.478	0.473	0.545
F	197.439	166.908	177.079	173.625	116.584

注：*** 1%水平显著；** 5%水平显著；* 10%水平显著。

表 4-19 中低技术制造业企业实证回归结果

	LNR&D				
	(1)	(2)	(3)	(4)	(5)
LNLR	0.183				
	(1.194)				
LNLD		0.048			
		(0.621)			
LNSE			0.317***		
		(3.672)			
LNCY				−0.084	
			(−1.122)		
LNCL					0.030
				(0.161)	
GOV	−0.022	−0.024	−0.008	−0.010	0.020
	(−0.312)	(−0.326)	(−0.108)	(−0.132)	(0.192)
LNAS	0.134	0.279***	0.111	0.316***	0.242
	(0.874)	(3.607)	(1.284)	(4.248)	(1.291)
Adj-R^2	0.080	0.075	0.139	0.079	0.039
F	6.141	5.761	10.549	6.080	2.179

注：*** 1%水平显著；** 5%水平显著；* 10%水平显著。

表 4-18 第(1)列和表 4-19 第(1)列分别为高技术制造业企业和中低技术

制造业企业劳动力成本对研发投入的回归结果。其中,高技术制造业企业劳动力成本和研发投入显著正相关,回归系数是0.391,即高技术制造业企业劳动力成本上涨1%,其研发投入会提高0.31%;中低技术制造业企业劳动力成本虽然与研发投入呈正相关关系,但结果并不显著。可能的原因是,高技术制造业企业的员工以技术性人才为主,提高其收入能够激发其创新的动力,进而影响到企业的创新和技术进步;而中低技术制造业的员工以非技术性员工为主,企业整体可能面临员工学历不高、研发能力不强等问题,导致劳动力成本的上涨无法刺激企业提高研发投入。

表4-18第(2)列和表4-19第(2)列分别为高技术制造业企业和中低技术制造业企业土地成本对研发投入的回归结果。对于制造业企业而言,虽然土地成本的上涨会使企业增加研发费用的投入,但是这一结论并不显著,说明了土地成本与制造业企业技术创新的相关性不强,即土地成本的上涨无法刺激制造业企业的创新行为。

表4-18第(3)列和表4-19第(3)列分别为高技术制造业企业和中低技术制造业企业销售成本对研发投入的回归结果。其中,高技术制造业企业销售成本和研发投入显著正相关,回归系数是0.172,即高技术制造业企业销售成本上涨1%,其研发投入会提高0.172%;中低技术制造业企业销售成本和研发投入显著正相关,回归系数是0.317,即中低技术制造业企业销售成本上涨1%,其研发投入会提高0.317%。可能的原因是,随着产业转型升级的加快推进,我国制造业越来越注重市场需求,拓宽市场渠道有利于企业加大研发投入,进而促进创新和技术的进步。

表4-18第(4)列和表4-19第(4)列分别为高技术制造业企业和中低技术制造业企业城市建设维护税费成本对研发投入的回归结果。其中,高技术制造业企业城市建设维护税费成本和研发投入显著正相关,回归系数是0.086,即高技术制造业企业城市建设维护税费成本上涨1%,其研发投入会提高0.086%;中低技术制造业企业城市建设维护税费成本对研发投入却呈负相关关系,结果不显著。可能的原因是高技术制造业企业采用比较环保的生产方式,环境成本较小,所以对企业创新的刺激作用不强;中低技术制造业企业由于生产污染大,因此在治理城市污染问题时需要补偿高额的治理费用,导致城市建设维护税费成

本的上涨抑制了中低技术制造业企业进行研发方面的投入。

表4-18第(5)列和表4-19第(5)列分别为高技术制造业企业和中低技术制造业企业资本成本对研发投入的回归结果。其中,高技术制造业企业资本成本和研发投入显著正相关,回归系数是0.306,即高技术制造业企业资本成本上涨1%,其研发投入会提高0.306%;中低技术制造业企业资本成本虽然对研发投入呈正相关关系,但结果不显著。可能的原因是高技术制造业企业存在研发风险高和周期长的特点,更受风险资本的青睐,而风险资本对于回报预期越高越能激发企业创新的动力,进而促进企业的创新和技术进步;而中低技术制造业企业一般会采取风险较低的融资方式,导致资本成本的上涨无法刺激中低技术制造业企业加大研发投入。

通过以上分析发现,除土地要素成本外,劳动力成本、销售成本、环境成本和资本成本上涨能够刺激高技术企业创新动力,进而影响到企业创新和技术进步;除销售成本外,劳动力成本、土地要素成本、环境成本和资本成本上涨都不能够刺激中低技术制造业企业的创新动力。

由表4-20可知,高技术制造业企业平均技术人员数量至少两倍于中低技术制造业企业,高技术制造业企业的各种专利平均数至少3倍于中低技术制造业企业,高技术制造业企业的平均研发投入至少2倍于中低技术制造业企业。这一现象充分说明,高技术制造业企业比中低技术制造业企业更加重视技术创新能力和技术创新效率;同时也说明中低技术制造业企业的技术人员配置不合理,从事创新活动人员的技术水平不高,这将严重制约中低技术制造业企业的创新能力提升和产业升级,中低技术制造业企业应增加科技投入,通过提高研发强度和质量来提升自身的创新能力。

表4-20 高技术制造业企业与中低技术制造业企业技术创新比较

	技术人员（人）	研发投入（千万元）	发明授权（项）	实用新型（项）	外观设计（项）
高技术制造业企业	1 010	11.71	6.50	38	93.50
中低技术制造业企业	374	4.37	0	2	2

注:以上数据为技术人员、研发投入和专利数量的平均值。

第四章 综合成本上涨对产业核心技术升级影响的实证研究

根据以上分析,综合成本上涨对高技术制造业企业的研发投入有较大的影响。接下来我们尝试通过多元回归分析,探讨综合成本上涨与高技术制造业企业的三类技术创新产出之间的关系。

(三)高技术制造业综合成本对三类专利的回归结果分析

由表4-21第(1)列可知,在1%的显著性水平下,劳动力成本与发明授权专利数量显著正相关,回归系数是0.234,即劳动力成本上涨1%,高技术制造业企业的发明授权专利数量会提高0.234%。由第(3)列可知,在1%的显著性水平下,销售成本与发明授权专利数量显著正相关,回归系数是0.179,即销售成本上涨1%,高技术制造业企业会提高0.179%。由第(6)列可知,在1%的显著性水平下,研发成本与发明授权专利数量显著正相关,回归系数是0.304,即研发成本上涨1%,高技术制造业企业的发明授权专利数量会提高0.304%。由第(2)列、第(4)列和第(5)列可知,土地要素成本、城市建设维护税费和资本成本与企业发明授权专利数量正相关,但是都未通过显著性检验。根据上述结论,重视劳动力成本、销售成本和加大研发投入加大的路径较为合适,为提高高技术制造业企业发明授权产出水平的有效路径。

由4-22表第(1)列可知,在1%的显著性水平下,劳动力成本与实用新型专利数量显著正相关,回归系数是0.303,即劳动力成本上涨1%,高技术企业的实用新型专利会提高0.303%。由第(6)列可知,在1%的显著性水平下,研发投入与实用新型专利显著正相关,回归系数是0.407,即研发费用成本上涨1%,高技术制造业企业的实用新型专利会提高0.407%。由第(2)列、第(3)列、第(4)列和第(5)列可知,土地要素成本、销售成本、城市建设维护税费成本和资本成本与实用新型专利数量正相关,但是都未通过显著性检验。根据上述结论,提高劳动力成本和研发投入为提高高技术制造业企业实用新型专利产出水平的有效路径。

表4-21 高技术制造业企业综合成本上涨对发明授权专利数量的影响

	LNIT1					
	(1)	(2)	(3)	(4)	(5)	(6)
LNLR	0.234***					
	(3.130)					

(续表)

	LNIT1					
	(1)	(2)	(3)	(4)	(5)	(6)
LNLD		0.007***				
		(0.140)				
LNSE			0.179***			
			(3.347)			
LNCY				0.049		
				(1.014)		
LNCL					0.078	
					(0.65)	
LNR&D						0.304***
						(5.782)
GOV	0.009	0.017	0.027	0.015	0.067	0.020
	(0.219)	(0.419)	(0.682)	(0.390)	(1.184)	(0.517)
LNAS	0.108	0.303***	0.190***	0.285***	0.211*	0.100
	(1.442)	(6.218)	(3.560)	(6.367)	(1.839)	(1.896)
Adj-R^2	0.105	0.089	0.109	0.092	0.081	0.139
F	23.528	19.930	24.456	20.527	9.440	32.226

注:***1%显著性水平;**5%显著性水平;*10%显著性水平。

表4-22 高技术制造业企业综合成本上涨对实用新型专利数量的影响

	LNP1					
	(1)	(2)	(3)	(4)	(5)	(6)
LNLR	0.303***					
	(4.125)					
LNLD		0.038				
		(0.787)				
LNSL			0.115			
			(2.154)			
LNCY				0.039		
				(0.871)		

(续表)

	LNP1					
	(1)	(2)	(3)	(4)	(5)	(6)
LNCL					0.027	
					(0.228)	
LNR&D						0.407***
						(8.011)
GOV	-0.017	-0.004	0.001	-0.008	0.005	-0.002
	(-0.441)	(-0.101)	(0.028)	(-0.211)	(0.090)	(-0.054)
LNAS	0.080	0.316***	0.259***	0.322***	0.321**	0.060
	(1.085)	(6.556)	(4.893)	(7.264)	(2.714)	(1.179)
Adj-R^2	0.135	0.110	0.116	0.112	0.110	0.199
F	31.117	24.947	26.252	25.277	12.888	48.857

注：***1%显著性水平；**5%显著性水平；*10%显著性水平。

由表4-23第(1)列可知，在1%的显著性水平下，劳动力成本与外观设计专利数量显著正相关，回归系数是0.31，即劳动力成本上涨1%，高技术制造业企业的外观设计专利会提高0.31%。由第(3)列可知，在1%的显著性水平下，销售成本与外观设计专利数量显著正相关，回归系数是0.413，即销售成本上涨1%，高技术制造业企业的外观设计专利会提高0.413%。由第(4)列可知，在1%的显著性水平下，城市建设维护税费成本与外观设计专利数量显著正相关，回归系数是0.17，即城市建设维护税费成本上涨1%，高技术制造业企业的外观设计专利数量会提高0.17%。由第(5)列可知，在10%的显著性水平下，资本成本与高技术制造业企业的外观设计专利数量显著正相关，回归系数是0.207，即资本成本上涨10%，高技术制造业企业的外观设计专利数量会提高0.207%。由第(6)列可知，在1%的显著性水平下，研发投入与高技术制造业企业外观设计专利数量显著正相关，回归系数是0.322，即研发投入成本上涨1%，高技术制造业企业的外观设计专利数量会提高0.322%。由第(2)列可知，土地要素成本与高技术制造业企业外观设计专利数量正相关，但是都未通过显著性检验。根据上述结论，提高劳动力成本、销售成本、城市建设维护税费成本、资本成本和研发成本,为提高高技术制造业企业的外观设计专利产出水平的有效方法。

表4-23 高技术制造业企业综合成本上涨对外观设计专利数量的影响

	LNP2					
	(1)	(2)	(3)	(4)	(5)	(6)
LNLR	0.31*** (4.173)					
LNLD		0.017 (0.340)				
LNSL			0.413*** (8.078)			
LNCY				0.17*** (3.837)		
LNCL					0.207* (1.739)	
LNR&D						0.322*** (6.133)
GOV	-0.076 (-1.950)	-0.065 (-1.627)	-0.038 (-0.996)	-0.067* (-1.700)	-0.096* (-1.704)	-0.062 (-1.617)
LNAS	0.034 (0.459)	0.288*** (5.917)	0.019 (0.373)	0.220*** (4.973)	0.122 (1.023)	0.078 (1.488)
Adj-R^2	0.115	0.089	0.181	0.112	0.102	0.145
F	26.193	19.832	43.668	25.348	11.958	33.617

注:*** 1%显著性水平;** 5%显著性水平;* 10%显著性水平。

根据以上回归分析,有以下几点发现:第一,土地成本与高技术制造业企业三类专利数量呈正相关关系,但结果不显著。可能的原因是,近几年我国土地价格上涨迅速,很多高技术制造业企业投资房地产,挤占企业研发费用,因此土地要素成本上升不能加大研发投入。第二,高技术制造业企业劳动力成本与研发费用和三类专利数量呈正相关,且相关系数较高,结果显著。可能的原因是,高技术制造业企业的员工以技术性人才为主,提高其收入能够激发其创新的动力,提高企业的创新投入和产出。第三,高技术制造业企业销售成本与三类专利数量呈正相关,但与实用新型专利数量结果不显著,而与发明授权专利数量和外观设计专利数量结果显著,其中与外观设计专利数量回归系数较高。可能的原因是,高技术制造业企业注重前期的市场需求调研,产品的外观设计能够吸引消费者,激发高技术制造业企业加大研发投入,促进其外观设计创新的产出。第四,城市建设维护税费成本与高技术制造业企业三类专利数量呈正相关,但只有与外观设计专利数量通过显著性检验。受到国家环境促进政策的影响,高技术企业在设计产品的外观时,通常采用环保材料,环保材料价格通常较为昂贵,所以能够刺激高技术制造业企业外观设计创新的产出。第五,资本成本与搞技术制造业企业三类专利数量呈正相关关系,但显著性不强。可能的原因是,高技术制造业企业研发风险高、研发周期长,同时风险资本对收益有过高的预期,导致资本成本对高技术制造业企业创新产出的影响不明显。

(四)高技术制造业中介作用回归分析

从图 4-9 和表 4-24 可以看出,在路径 C 的检验中,劳动力成本的回归系数 $c=0.234(t=3.13)$,销售成本的回归系数 $c=0.179(t=3.347)$,说明劳动力成本、销售成本与发明授权专利数量的关系呈正相关显著,土地要素成本、环境成本和资本成本对发明授权专利数量的影响不显著。在路径 A 的检验中,劳动力成本和销售成本的回归系数分别是 $a=0.391(t=7.021)$ 和 $a=0.172(t=4.199)$,说明劳动力成本和销售成本的提高可以有效提高高技术制造业企业的研发费用。在路径 C′ 的检验中,用劳动力成本检验的回归系数 c' 不显著,$b=0.279(t=5.096)$,用销售成本检验的回归系数 $c'=0.13(t=2.459)$,$b=0.282(t=5.311)$。根据检验结果,如果在不同指标的作用下,c' 显著、b 显著,则说明中介变量是不完全显著即部分中介;如果在不同指标的作用下,c' 不显著、b 显著,则说明中介变量是完全显著即完全中介。因此,劳动力成本对发明授权专利数量的作用可以完全通过研发投入来实现,研发投入是劳动力成本影响发明授权专利数量的完全中介变量。销售成本对发明授权专利数量的作用不完全通过研发投入来实现,研发投入是销售成本影响发明授权专利数量的部分中介变量。根据估计中介作用大小的计算公式 $ab/(c'+ab)$,研发投入影响下的中介作用大小约为 0.27。根据上述结论,高技术制造业企业可以通过提高劳动力成本和销售成本促进研发投入,进而有效提高发明授权专利的产出水平。

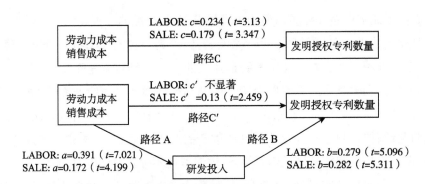

图4-9 综合成本上涨对发明授权专利数量的影响——以研发投入为中介变量

表4-24 综合成本上涨对发明授权专利的影响——以研发投入为中介变量

	LNIT1		LNR&D		LNT1	
	(1)	(2)	(3)	(4)	(5)	(6)
LNLR	0.234***		0.391***		0.125	
	(3.130)		(7.021)		(1.633)	
LNSE		0.179***		0.172***		0.130**
		(3.347)		(4.199)		(2.459)
LNR&D					0.279***	0.282***
					(5.096)	(5.311)
GOV	0.009	0.027	−0.026	−0.001	0.016	0.027
	(0.219)	(0.682)	(−0.871)	(−0.035)	(0.405)	(0.703)
LNAS	0.108	0.190***	0.349***	0.566***	0.011	0.031
	(1.442)	(3.56)	(6.283)	(13.876)	(0.146)	(0.509)
Adj-R^2	0.105	0.109	0.504	0.478	0.142	0.149
F	23.528	24.456	197.439	177.079	24.906	26.269

注:***1%显著性水平;**5%显著性水平;*10%显著性水平。

从图4-10和表4-25可以看出,在第(1)列路径C的检验中,劳动力成本的回归系数$c=0.303(t=4.125)$,说明劳动力成本对实用新型专利数量影响显著正相关。在第(2)列路径A的检验中,劳动力成本回归系数$a=0.391(t=7.021)$,说明劳动力成本的提高可以有效提高企业高技术制造业企业的专利研发费用水平。在第(3)列路径 C′的检验中,用劳动力成本检验的回归系数 $c' = 0.156$($t = 2.129$),$b = 0.376$($t = 7.114$),说明劳动力成本对实用新型专利的作用不完全通过研发投入来实现,研发投入是劳动力成本影响实用新型专利数量的部分中介变量。根据估计中介作用大小的计算公式 $ab/(c'+ab)$,研发投入的中介作用大约为 0.56。劳动力成本通过假设 H 4-19 和 H 4-20 的检验。

表 4-25 综合成本上涨对实用新型专利数量的影响——以研发投入为中介变量

	LNP1 (1)	LNR&D (2)	LNP1 (3)
LNLR	0.303*** (4.125)	0.391*** (7.021)	0.156** (2.129)
LNR&D			0.376*** (7.114)
GOV	−0.017 (−0.441)	−0.026 (−0.871)	−0.007 (−0.201)
LNAS	0.080 (1.085)	0.349*** (6.283)	−0.052 (−0.708)
Adj-R^2	0.135	197.439	0.204
F	31.117	197.439	38.001

注:*** 1%显著性水平;** 5%显著性水平;* 10%显著性水平。

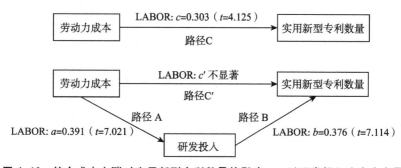

图 4-10 综合成本上涨对实用新型专利数量的影响——以研发投入为中介变量

从图 4-11 和表 4-26 可以看出,在路径 C 的检验中,劳动力成本、销售成本、环境成本和资本成本的回归系数分别是 $c = 0.31$($t = 4.173$)、$c = 0.413$($t = 8.078$)、$c = 0.17$($t = 3.783$)和 $c = 0.207$($t = 1.739$),说明劳动力成本、销售成本、环

境成本和资本成本对外观设计专利数量影响是显著正相关,土地要素成本对外观设计专利数量的影响不显著。在路径 A 的检验中,劳动力成本、销售成本、环境成本和资本成本回归系数分别是 $a=0.391(7.021)$、$a=0.172(t=4.199)$、$a=0.086(t=2.512)$ 和 $a=0.306(t=3.619)$,说明劳动力成本、销售成本、环境成本和资本成本的提高可以有效提高高技术制造业企业的专利研发费用水平。在路径 C' 的检验中,用劳动力成本检验的回归系数 $c'=0.2(t=2.641)$,$b=0.282(t=5.175)$;用销售成本检验的回归系数 $c'=0.369(t=7.254)$,$b=0.258(t=5.049)$;用环境成本检验的回归系数 $c'=0.144(t=3.322)$,$b=0.302(t=5.743)$;用资本成本检验的回归系数 $b=0.424(t=5.346)$,c' 不显著。根据以上结果,可以得出劳动力成本、销售成本和环境成本对外观设计专利数量的作用不完全通过研发投入来实现,研发投入是劳动力成本、销售成本和环境成本影响外观设计专利数量的部分中介变量。根据中介作用的计算公式 $ab/(c'+ab)$,可以得出研发投入是资本成本影响外观设计专利的完全中介。

表 4-26 综合成本上涨对外观设计专利数量的影响——以研发投入为中介变量

	LNR&D			
	(1)	(2)	(3)	(4)
LNLR	0.391*** (7.021)			
LNSE		0.172*** (4.199)		
LNCY			0.086*** (2.512)	
LNCL				0.306*** (3.619)
GOV	-0.026 (-0.871)	-0.001 (-0.035)	-0.014 (-0.478)	0.023 (0.565)
LNAS	0.349*** (6.283)	0.566*** (13.876)	0.645*** (18.913)	0.457*** (5.413)
Adj-R^2	0.504	0.478	0.473	0.545
F	197.439	177.079	173.625	116.584

（续表）

	LNP2							
	（5）	（6）	（7）	（8）	（9）	（10）	（11）	（12）
GOV	-0.076	-0.038	-0.067*	-0.096*	-0.069	-0.037	-0.062	-0.105*
	(-1.950)	(-0.996)	(-1.7)	(-1.704)	-1.804	-1.010	-1.632	-1.962
LNAS	0.034	0.019	0.22***	0.122	-0.064	-0.127**	0.025	0.073
	(0.459)	(0.373)	(4.973)	(1.023)	-0.857	-2.199	-0.455	-0.609
LNLR	0.310***				0.200***			
	(4.173)				2.641			
LNSE		0.413***				0.369***		
		(8.078)				7.254		
LNCY			0.170***				0.144***	
			(3.837)				3.322	
LNCL				0.207*				0.077
				(1.739)				0.662
LNR&D					0.282***	0.258***	0.302***	0.424***
					5.175	5.049	5.743	5.346
Adj-R^2	0.115	0.181	0.112	0.102	0.153	0.215	0.159	0.181
F	26.193	43.668	25.348	11.958	27.218	40.520	28.316	16.979

注：*** 1%显著性水平；** 5%显著性水平；* 10%显著性水平。

（五）结论分析

企业作为市场经济的参与主体，其技术创新活动深刻地影响着国家经济发展与产业升级转型。随着我国经济的快速发展，综合成本上涨已经成为一种必然趋势。本节以我国制造业企业综合成本上涨为切入点，通过对制造业企业综合成本上涨现状的分析，结合前人研究结论，提出综合成本上涨是否会"倒逼"我国制造业企业技术创新的命题，并假设研发费用是综合成本影响制造业企业技术创新产出的中介变量。运用我国制造业上市公司财务报表披露的相关数据和中介作用模型，本节阐述并验证了上述假设和推论，厘清了综合成本上涨对专利数量的影响路径。

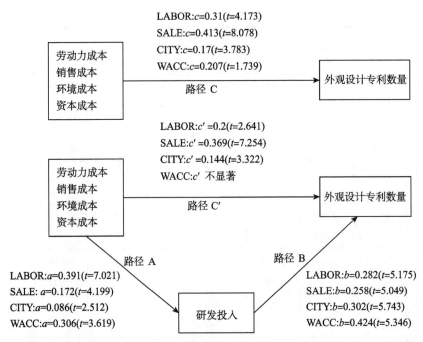

图 4-11 综合成本上涨对外观设计专利数量的影响——以研发投入为中介变量

本节建议制造业企业应当投入更多的研发经费用以支持发明授权专利的创新。劳动力成本上涨可以提高高技术制造业企业发明授权、实用新型和外观设计专利的数量,销售成本上涨可以提高高技术制造业企业实用新型和外观设计专利的数量,环境成本和资本成本上涨可以提高高技术制造业企业外观设计专利数量,技术创新投入上涨可以提高高技术制造业企业技术创新的产出。中低技术制造业企业的销售成本与研发投入正相关,其他成本与研发投入相关性不显著,说明除销售成本外其他成本的上涨不能促进中低技术制造业企业的技术创新。

结合中介作用回归结果,可得以下结论:研发投入是劳动力成本影响发明授权专利数量的完全中介变量,是销售成本影响发明授权专利数量的部分中介变量,是劳动力成本影响实用新型专利数量的部分中介变量,是劳动力成本、销售成本、环境成本影响外观设计专利数量的部分中介变量,是资本成本影响外观设计专利数量的完全中介变量。这说明综合成本上涨可以提高高技术制造业企业研发投入水平,而研发投入与发明授权专利数量、实用新型专利数量和外观设计专利数量是呈正相关关系,企业加大创新投入可以提高创新产出,综合成本的上涨一定程度上可以提高企业的技术创新能力,进而"倒逼"高技术制造业企业进行转型。

中低技术制造业企业的综合成本与研发投入水平呈负相关关系,说明综合成本上涨不会提升其研发投入水平。由于技术创新是高投入、高风险的,只有有一定实力的高技术制造业企业才有能力承担技术创新的投入与风险,中低技术制造业企业由于实力薄弱,资金和资源不足,难以实现技术创新,所以中低技术制造业企业不倾向或难以实施企业的转型升级,这也证实了本书的观点,技术创新是实现转型升级的关键因素。中低技术制造业企业应提高研发经费的投入规模和投入强度,以提高企业核心技术水平。

八、政策建议

(一)调整投入方向,注重专利质量

我国制造业企业的发明授权专利数量出现明显下降的趋势,外观设计专利数量在快速上升。这种现象对我国制造业企业核心技术的升级是不利的,我国制造业企业应该合理配置研发过程中的资金与人员,调整研发投入比例,加大研发力度,以发明授权专利为主,重视发明授权专利的产出,提升企业的创新水平,实现规模报酬的递增。制造业企业还应在研发管理中注重机制的建设,通过建立决策机制和管理机制提升研发管理的效率,保障研究开发活动的高效开展。高技术制造业企业在提升发明授权专利比重、调整产出结构的同时,应注意研发风险和研发周期的控制,加大成果转换力度和方式。提升制造业企业将科技成果(或专利技术)转化为产品的能力,才能提高企业的创新投入与产出效率。同时,企业应通过加强与市场的联系,降低市场对制造业企业研发产品的感知风险,充分挖掘市场机会,让新技术和新产品迅速被市场接受,降低资本成本。

(二)加大研发投入,提高研发强度

我国制造业企业技术创新水平低、核心技术水平落后的根本原因是技术创新经费投入不足、研发投入强度较弱。因此,加大对技术创新的投入力度,提高

综合成本上涨对我国产业核心技术升级影响的研究

研发强度是我国制造业企业提高创新能力和核心技术水平的必然选择。另外,企业作为市场重要的参与主体,根据市场需求的变化有针对性地调整企业自身的研发方向与研发投入结构,能够更容易将研究成果市场化,扩大企业的市场份额,为企业带来绩效。因此,我国制造业企业应该通过增加研发投入金额,加大研发投入规模,并合理分配长短期研发经费,重视核心技术的研发,加速将专利投入市场。这样不仅有利于制造业企业提高盈利能力,而且可以提高制造业企业的创新绩效,提升自主创新能力。另外,制造业企业还应树立自身的创新意识,加大技术创新力度,成为产业核心技术的引领者,在当今社会竞争如此激烈的市场中获得创新活动为企业带来的经济效益和优势地位。

(三)实施专利战略,加强专利保护

在我国制造业企业整体技术创新能力偏低的情况下,更强的专利保护措施可以激励企业从事更多的研发活动,更加注重专利组合的运用及专利的价值化,有效地阻止技术模仿行为,还可以抑制管理者的偷懒和利益损害行为,改善企业的经营效率。因此,我国制造业企业要坚持"增强自主创新能力、建设创新型国家"的发展战略,完善市场监督管理机制,增强专利保护意识。同时,政府应该在政策上给予倾斜,在资金上给予扶持,在机制上给予保障,各级政府应设立专利基金,通过多渠道、多形式的融资方式扩大融资来源,优先扶持那些有广阔市场前景、高技术含量、高附加值的专利技术的实施。另外,我国的知识产权机制、知识产权立法和执法体系应不断完善。知识产权的执法力度应加大,通过执法来使得整个制造业重视知识产权法律保护,激励科技人员创造出更多的知识产权成果。

(四)引进专业人才,制定激励政策

高技术制造业企业的劳动力成本既能推动企业的创新投入,又能加大创新的产出。因此,高技术制造业企业应该采取持续激励的方式刺激企业创新。而中低技术制造业企业的劳动力成本既不能促进创新投入,也不能刺激企业技术创新的产出。可能的原因是中低技术制造业企业的研发人员水平有限和经验不足等,因此中低技术制造业企业应该在招聘环节根据企业研发需求,引进高精尖技术人才,提升中低技术制造业企业的技术创新能力。

另外,中低技术制造业企业应提高科技人才在企业员工总数中所占的比例,实现研发人员的合理占比,提高高精尖技术人才在研发人员中所占的比例。而且,企业应加强员工的培训,在生产过程中不断组织员工进行学习。随着企业研发资金的投入和高技术型人才的引进,中低技术制造业企业自主创新将进入良性循环,企业的自主创新能力尤其是核心技术水平将得到根本性的扭转。

(五)保证土地供应,提升土地储备能力

近几年我国土地价格快速攀升,土地要素成本对我国制造业企业形成了巨大压力。我国制造业企业可以利用不同地域工业用地的价格差异,把工厂向地租较低和土地增量相对宽裕的区域转移,在土地收购环节严格控制土地收购成本,多渠道筹集土地收购储备资金,建立土地收购储备资金保障与风险防范机制,提升企业土地储备能力,以应付未来土地要素成本的上涨。同时,政府应坚决杜绝"以土地换经济增长"的发展模式,完善土地出让金的管理制度和土地储备监督机制,建立城市土地储备信息发布机制,合理控制储备土地的市场投放量,形成相对合理的土地供给结构。

(六)创新销售方式,控制销售成本

销售成本是我国制造业企业较难控制的成本之一。我国制造业企业在努力扩张市场、保证市场战略顺利执行的同时,还要合理控制销售成本。企业的研发活动应与市场活动有效结合,以市场需求为核心来进行市场调研、研究开发和营销活动,向消费者传递和展示产品优势和特征,刺激消费者的潜在需求,树立品牌形象,通过这些方式增强企业的软实力,从而使企业的市场活动和研发投入有的放矢并发挥最大作用。同时,我国制造业企业还应从传统销售模式向电子商务模式转变,通过互联网创新销售模式和营销思维,树立全新的营销理念,以此降低企业销售成本,提升企业利润空间,为企业发展提供良好支持,以应对激烈的市场竞争。

(七)使用环保材料,建立环保形象

我国制造业企业在生产经营中存在一种"先污染,后治理"(或不治理)与

"实污染、虚治理"的现象,加上我国制造业企业本身就有高污染、高耗能和治理环境资金规模有限等特点,经济的增长以生态环境遭受损害为代价,造成较大的社会性亏损。因此,我国制造业企业首先应该保证产品整个生产过程的"环保性",选择绿色材料,优先选择可再生材料,在设计产品外观时,采用绿色工艺和绿色包装,把对环境的损害程度降到最低。其次,企业资源利用要合理,减少生产过程中废弃物的排放,提高单位产品的生产效率,降低单位产品的能源消耗,打造企业绿色、环保的形象。最后,企业应着重分析产品生命周期各环节中的污染程度,优化供应链各环节的生态设计,严格执行国家有关环境保护方面的法律法规,从全局出发,将污染造成的环境损失内部化,从而提高企业的市场竞争能力和可持续发展能力。

(八)平衡融资比例,拓宽融资渠道

由于我国制造业部分企业规模小、营业收入不稳定,银行对这些企业存在信贷歧视,加上银行为降低贷款风险,对贷款的单位要求严格,贷款程序复杂,造成我国制造业企业融资困难。因此,企业应该优化融资结构,拓宽融资渠道,加强与社会各方面资金提供者的合作,通过政府扶持、风险投资、地方政府设立创新基金、政府专项孵化基金、产业投资基金、风险投资基金等的帮助,满足企业研发的资金需求。合理的资本结构不仅可以促进产业中企业技术创新,而且在企业日常经营过程中起着重要的作用。企业应构建合理的资本成本结构,使用多种融资手段,充分利用股权融资与债券融资的优势。同时,企业应当不断创新融资方式,通过引入基金信托等长期股权和互联网融资等新型债权的方式,尽可能地融通资金,降低企业经营风险。另外,虽然银行贷款较为烦琐,但是在 2013 年 7 月 20 日起我国全面放开了对金融机构贷款利率管制,利率的市场化加剧了银行业的竞争,这有利于降低企业的贷款成本,拓宽企业融资渠道,改善企业融资状况,降低企业创新风险,增加企业创新能力。合理的资本成本可以帮助企业达到更佳的经营绩效,面对日益提高的资本预期回报率,企业应该适时控制自身成本,提高经营的成果和效率,不断地提高技术水平以获得超额收益。

(九)发挥政府作用,维持市场稳定

国有企业在技术创新中拥有独特的优势,也应当在技术创新中发挥带头作用。国有企业的资金充足且技术优势明显,但是经营效率较低。民营企业的资金短缺,技术落后,但是经营灵活且更容易抓住市场机会。因此,国有企业与民营企业可以在企业产权独立的基础上,通过国有企业的注资、技术合作等方式,提高两者的技术创新能力。

另外,政府还应发挥其在技术创新中的作用,制定知识产权保护的法律和政策,促进科研成果的转化。增强自主创新能力,加快科学技术进步,除了要加大科技方面的投入,也需要体制和机制的保证,维持市场稳定,针对不同的产业要有不同的产业政策。对于过度竞争的产业,应改变其低成本竞争和价格战的竞争环境,通过提高产业的技术创新水平,引导企业将竞争层次建立在差异化竞争之上,从而促进产业的良性竞争。但对于垄断性产业,则应当适当引入竞争机制,强化竞争意识,通过营造竞争环境促使企业进行技术创新,提高生产效率,激活持续技术创新的主动性。除此之外,政府还应通过政策导向与政策扶持,建立良好的市场环境,保护自主研发企业的专利产权,惩治扰乱市场竞争秩序与不正当竞争的违法者,并加大执法力度,维持市场环境稳定,使得企业勇于创新、敢于创新,进一步提高我国制造业企业的技术创新能力。

第五章 我国综合成本现状及对产业核心技术升级影响的分析

第一节 引 论

一、问题提出

自从加入世界贸易组织后,我国凭借劳动力红利、廉价原材料和税收优惠等优势迅速成为"世界加工厂",国内经济得以腾飞。然而,随着经济的发展,国内各项成本也水涨船高,各行各业的发展均遭遇到了一定的挑战。全球经济虽已逐渐走出2008年金融危机的阴霾,但内需不足、外需不振、产能过剩、环境恶化等问题还是将国内众多产业推至转型的风口浪尖。于是,人们将目光聚焦在如何从低成本驱动的发展模式转向核心技术引领的发展模式。如何促进产业核心技术升级已成为各界人士热论的一大议题。

二、背景分析

随着改革开放进程的不断推进,我国的经济发展从追求速度向质量为先转变。政府接连出台各类文件以促进高技术新兴产业的发展,加速高污染落后产

第五章 我国综合成本现状及对产业核心技术升级影响的分析

能的淘汰,各产业发展模式也逐渐将重心放在可持续化、绿色化、先进化之上。2014年年底,我国政府首次提出"中国制造2025"的概念,彰显了我国成为创新驱动、智能转型、绿色发展的制造业强国的决心。制造业强国的一大标志就在于具备产业核心技术优势。因此,我国政府在政策上大力支持各产业的技术研发投入与技术成果的商业化,促使产业真正朝着价值链高端转型。本节以产业核心技术为切入点,在综合成本不断上涨的背景下,研究综合成本上涨对核心技术发展的作用机理,从而能窥探其对产业转型的影响,为现今如火如荼的产业转型提供参考。

现有文献着重综合成本同产业升级之间的相关性研究,尤其是某一子成本(如要素成本中的劳动力成本和交易成本)的上涨对产业升级的影响,而专门研究综合成本上涨与产业核心技术相关性的很少。不过,部分有关综合成本与产业升级之间影响的研究涉及了产业核心技术,何祎男指出综合成本上涨的背景下,需通过核心大企业来推动技术升级,并运用品牌及专有技术产生溢价能力来消化增加的成本。[①] 本书可以丰富理论体系,引发更多学者对此进行更深入的研究。深入研究综合成本的上涨对我国产业核心技术升级的影响既是寻找实际问题解决方案的必要探索,也是充实相关理论的必要历程。

第二节 我国综合成本上涨的现状分析

一、要素成本变动趋势分析

综合成本中的要素成本是指企业各项活动所耗费的各个要素所形成的成本支出,一般包括劳动力成本、原材料成本和土地成本等。改革开放后我国经济发展迎来了快速增长期,不过,随之而来的还有要素成本的上涨。

[①] 何祎男:"产业升级大潮再起——成本'倒逼'产业升级",《浙江经济》,2008年第17期,第30—32页。

(一) 劳动力成本变动趋势

劳动力成本大幅增长,行业间、地区间的差距均变大。劳动力成本是指基于劳动者的劳动生产活动而给予劳动者的所有报酬,主要可分为两类:一类是以货币形式支付的薪资,如工资、津贴;另一类则是以非货币方式提供的福利,如在职培训。姚先国和曾国华指出,在我国劳动力成本构成中,工资比重在 80% 左右[①],所以本部分采用职工工资来表现劳动力成本的变化。

从图 5-1 可以看出,2001—2014 年间我国劳动力成本变化的三个特点。第一,各行业劳动力成本的平均水平逐年递增。第二,各行业劳动力成本增长幅度越来越大,自 2008 年起增长越发明显。第三,不同行业之间的增长情况不一样,其中金融业等服务业职工的平均工资水平最高且增速最快;制造业的平均工资水平在所有行业中属于中等偏下,一直略低于所有行业的平均水平值;而农林牧渔业的平均工资是最低的,且增长量也是相对最小的。

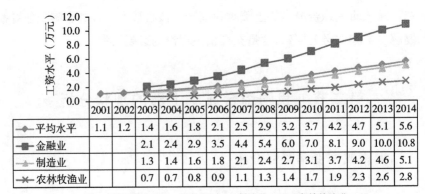

图 5-1 我国城镇单位就业人员平均工资(2001—2014)

资料来源:国家统计局,《中国统计年鉴》(2003、2015),中国统计出版社,2003 年、2015 年。由于年鉴统计的行业分类标准在 2003 年发生变化,故 2001 年、2002 年只显示了城镇单位就业人员的平均工资,没有显示当年各行业的具体情况。

---

① 姚先国、曾国华:"劳动力成本对地区劳动生产率的影响研究",《浙江大学学报》(人文社会科学版),2012 年第 5 期,第 135—142 页。

第五章 我国综合成本现状及对产业核心技术升级影响的分析

从图 5-2 可以看出,2001—2014 年间我国东部、中部、西部三个地区的平均工资水平都逐年提高,但是彼此之间也存在差异。东部地区劳动力成本最高,且同其他地区之间的差距逐年加大,其次是西部地区,中部地区处于最低水平,中、西部的差距相对较小,不过中、西部之间的差额呈现出连年增大的趋势。

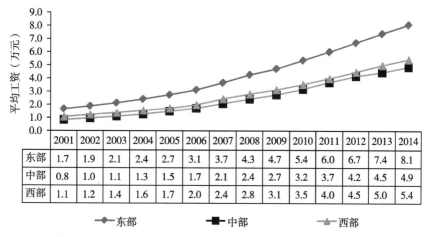

图 5-2 我国各地区城镇单位在岗职工平均工资(2001—2014)

资料来源:国家统计局数据库,http://data.stats.gov.cn/easyquery.htm?cn=E0103,访问时间 2018 年 12 月 22 日。

(二)原材料成本变动趋势

原材料是产业生产的必需品,尤其是对制造业企业而言,原材料的价格甚至可以影响到产业中企业的生存。随着市场经济的不断推进,资源的稀缺性越发凸显,原材料成本也是节节攀升。如图 5-3 所示,原材料成本出现过下降,但总体水平仍居高位。生产者购进价格总指数(以 2001 年为基期)从 2001 年的 100 持续增高到 2008 年的 151,之后因为全球金融危机在 2009 年降为 139,两年后迅速回升并在 2011 年达到峰值 166,2011—2014 年出现缓慢下降的趋势,但仍处于高水平,2014 年的总指数高达 157。同时,图 5-3 也显示了高于平均水平的原材料生产者购进价格指数在 2001—2014 年的变化情况。这些原材料的变化趋势基本与总指数保持一致,主要区别在于涨幅的不同。有色金属材料及电线类和燃料、动力类这两大类别原材料的购进价格指数涨幅是最大的。从2005年起,这两类原材料购进价格指数远远高于其他类别原材料,至2014年分别达到193和208。黑色金属材料类在2001—2011年间的购进价格指数稍高于总指数,2012—2014年则快速降低并小于总指数水平。而农副产品类则正好相反,从2011年起开始逐渐高于总指数水平。

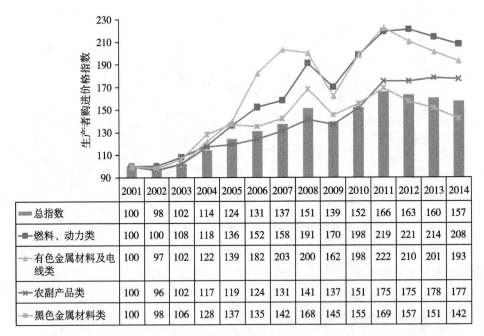

图5-3　2001—2014年我国工业生产者购进价格指数变化(高于平均水平部分)

资料来源:国家统计局,《中国统计年鉴》(2015),中国统计出版社,2015年。

图5-4显示了低于平均水平的原材料生产者购进价格指数在2001—2014年的变化情况。2001—2003年,各类原材料价格水平相差不多,从2004年起化工原料类、建筑材料及非金属类、纺织原料类、木材及纸浆类等原材料的购进价格指数逐渐同总指数水平拉开了距离。但是这些原材料的价格仍呈现出上涨的趋势,至2014年分别达到131、136、132和119。

第五章 我国综合成本现状及对产业核心技术升级影响的分析

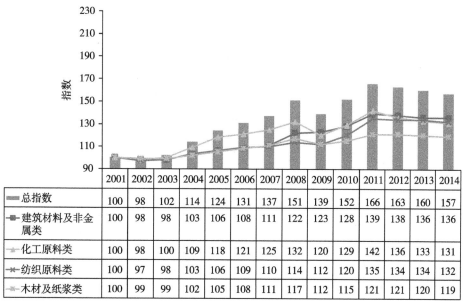

图 5-4 2001—2014 年我国工业生产者购进价格指数变化（低于平均水平部分）

资料来源：国家统计局，《中国统计年鉴》（2015），中国统计出版社，2015 年。

（三）土地成本变动趋势

土地成本可用土地价格来表示，一般而言，土地价格越高则土地成本也越高。随着城镇化的发展及土地财政的需要，我国的土地价格不断走高。如图 5-5 所示，我国各类用地的平均土地价格基本保持增长的态势，且不同年份增长幅度各不相同。从时间阶段上看，2009—2015 年的土地价格上涨幅度较 2001—2008 年的更大；从土地类型上看，商业、居住、工业用地的涨幅依次递减。由于经济危机，土地价格在 2007—2009 年间出现过很小幅度的下降，而后继续上涨。经过这些年的增长，2015 年商业用地平均价格为 6 729 元/平方米，居住用地则为 5 484 元/平方米，工业用地为 760 元/平方米，而综合用地平均地价为 3 633 元/平方米。①

---

① 原国土资源部：《2015 年中国国土资源公报》，http：//www.mnr.gov.cn/sjpd/gtzygb/，访问时间 2018 年 12 月 22 日。

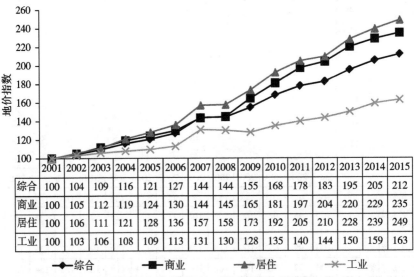

图 5-5　2001—2015 年我国地价指数变化（以 2001 年为基期）

资料来源：原国土资源部，http://www.mnr.gov.cn/，访问时间 2018 年 12 月。由于统计口径发生改变，2001—2008 年的全国水平以 35 个重点城市平均地价水平表示，数据来源于原国土资源部的《2007 年中国城市地价状况分析报告》和《2008 年中国城市地价状况分析报告》；2009—2015 年的全国水平以 105 个主要监测城市的平均地价水平表示，数据来源于原国土资源部的《中国国土资源公报》（2009—2015）。根据上述数据计算得到各年我国各类土地的地价指数。

根据图 5-6，我国各个地区综合地价的差异随着时间的推移越来越大。2003—2005 年间，各个地区的综合地价变化较小，而 2005—2008 年间，各个地区出现较大幅度的提价，其中东南地区的综合地价水平最高，西北地区的地价水平最低。2009—2015 年间，东部地区的地价远远高于中部及西部地区，且地区之间的差距在不断加大，西部地区地价也高于中部地区。

二、环境成本变动趋势分析

本节综合成本架构中的环境成本主要是指企业内部环境成本，即由企业所承担的企业生产经济活动中为保护生态环境所支出的各项费用。徐泓和余立峰

第五章 我国综合成本现状及对产业核心技术升级影响的分析

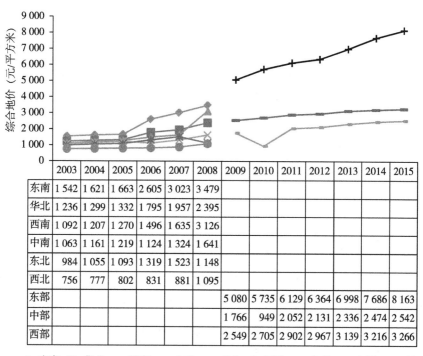

图 5-6 我国各地区综合地价变化（2003—2015）

注：2003—2008 年我国区域划分为东南、华北、西南、中南、东北、西北，且以 35 个重点城市为样本对象；而 2009—2015 年区域划分标准改变以东部、中部、西部为类别进行划分，且以 105 个主要监测城市为样本对象。

资料来源：原国土资源部地价检测板块数据，http://www.mnr.gov.cn/tdsc/djxx/djjc/index.htm，访问时间 2018 年 12 月。其中 2005 年及 2010—2015 年年度数据以该年第四季度数据表示。

认为环境成本是耗费自然资源价值和相关生态资源的价值体现，是产品和服务在生产、运输、提供、消费、回收等过程中为处理环境污染、生态破坏所耗费的所有费用。[1] 王立彦按照是否属于企业承担将环境成本分成两类：一类是可计量的且由企业承担的环境成本，即内部环境成本；另一类是虽由企业活动导致的但

---

[1] 徐泓、余立峰："企业环境成本计量研究"，《经济与管理研究》，2013 年第 8 期，第 116—120 页。

却未被计入企业成本体系的环境成本,即外部环境成本。① 前者包括排污费、环保设备投资、因造成环境污染或者生态破坏而支付的罚款等费用;后者包括政府为治理区域性环境生态问题而支出的本应由企业承担的治理费用、环境降级费用、开采资源对环境维持和生态平衡的资源价值成本等现今企业并未承担的各项成本。本节所指环境成本即为前者。

我国改革开放四十年来,高速经济的发展一直伴随着严峻的环境问题。为了实现经济的可持续发展,我国保护环境生态系统的意识越发强烈,越来越多的环保法规得以确立并实施,工业企业在环境问题上承担越来越多的责任。由此,我国各产业企业的环境成本也日益增加。如图 5-7 所示,以排污费和废水废气处理费用为例,2001 年我国排污费每户平均缴费 0.8 万元,而 2014 年已经达到 5.9 万元;针对工业企业的废水设施运行费用虽没有大幅上涨,但仍然处于波动走高的状态,从 2001 年的每个企业 27.4 万元上升至 2014 年的 42.7 万元;针对工业锅炉或炉窑废气设施运行费用飞速上涨,2001 年每台工业锅炉还仅需要 6.7 万元,到了 2014 年已经增加到 83.2 万元。

三、交易成本变动趋势分析

交易成本的思想源于科斯的《企业的性质》(the Nature of the Firm)一文。但科斯在 1937 年②和 1960 年③并未严格定义"交易成本",而常用"使用价格机制的成本"或"市场交易的成本"来描述交易成本。现有文献中,交易成本的概念尚未统一,纷繁多样。本书认为综合成本里的交易成本指的是企业为能够顺利运行各项交易活动而产生的除要素成本及环境成本以外的总成本。

结合前人的研究,交易成本可划分为以下三类:第一类为市场性交易成本,是直接性交易活动时因进行"交易"产生的内部及外部费用;第二类为管理性交

---

① 王立彦:"环境成本与 GDP 有效性",《会计研究》,2015 年第 3 期,第 3—11 页。
② Coase, R. H., "The Nature of the Firm", *Economica*, 1937, 4(16), 386—405.
③ Coase, R. H., *The Problem of Social Cost*, Palgrave Macmillan UK, 1960.

第五章 我国综合成本现状及对产业核心技术升级影响的分析

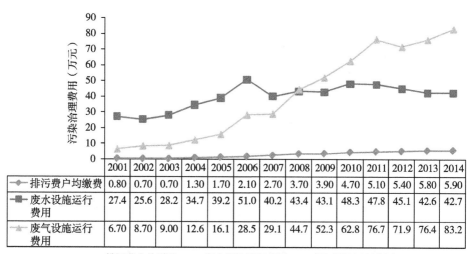

图 5-7 我国企业有关污染治理的支出情况（2001—2014）

注：排污费户均缴费是指排污费解缴入库每户平均缴费（万元），废水设施运行费用是指每个重点调查工业企业的废水监测和治理设施平均运行费用（万元/年），废气设施运行费用是指每台工业锅炉或炉窑所用的废气监测和治理设施的运行费（万元/年）。

资料来源：依据2001—2014年《全国环境统计公报》和《中国环境统计年报》的相关数据计算获得。

易成本，是支持交易并维持组织运行的费用；第三类为政治性交易成本，是为配合政府法律规章的实施而产生的费用。

本节采取了几个指标来代表这三类交易成本（如表5-1所示），我国市场性交易成本、管理性交易成本、政府性交易成本这三类交易成本在全球范围内并不具备优势。体现第一类交易成本的"物流绩效指数"在2007—2014年间处于全球中上水平且有所提高，这得益于我国越发完善的道路建设及物流业。我国"企业注册的启动程序"和"创办企业所需时间"的情况有所改善，但是在全球排名中仍属于世界末尾水平，说明管理性交易成本在全球范围的竞争力很弱。而代表政府性交易成本的"总税率"和"营商便利指数"两个方面也不具备优势。

表 5-1 我国企业交易成本的部分状况

年份	市场性交易成本		管理性交易成本				政府性交易成本		
	物流绩效指数：综合分数	物流绩效排名①	企业注册的启动程序（数量）	企业注册的启动程序排名②	创办企业所需时间（天）	创办企业所需时间排名③	总税率（占商业利润的百分比）	总税率排名④	营商便利指数⑤
2007	3.32	30							
2008									
2009									
2010	3.49	27							
2011									
2012	3.52	26							
2013			13	176	34.40	150	68.70	177	
2014	3.53	28	11	167	31.40	150	68.50	177	83
2015			11	170	31.40	158	67.80	177	84

资料来源：世界银行数据库，http://data.worldbank.org.cn/indicator，访问时间 2018 年 12 月 22 日。表格中空白处表示该年份的数据并未披露。

综上所述，我国综合成本整体呈现出上涨的趋势，不同子成本的涨幅及涨势各不相同，其中交易成本虽有略微的改善，但是相较于要素成本、环境成本的大幅提高，综合成本仍然增加。

---

① 指在全球 169 个国家和地区中的排名。物流绩效指数的综合分数是根据清关程序的效率、贸易和运输质量、相关基础设施的质量、安排价格具有竞争力的货运的难易度、物流服务的质量、追踪查询货物的能力以及货物在预定时间内到达收货人的频率所建立的对一个国家的物流的认知。

② 指在全球 188 个国家和地区中的排名。

③ 指在全球 189 个国家和地区中的排名。

④ 指在全球 189 个国家和地区中的排名。总税率用于度量企业在说明准予扣减后的应缴税额和强制性缴费额占商业利润的比例。扣缴税款（如个人所得税）、收缴和汇给税务部门的税款（如增值税、销售税或商品及服务税）不包括在内。

⑤ 营商便利指数是指在全球 189 个国家和地区中的排名，第一位为最佳。排名越高，表示法规环境越有利于营商。该指数为世界银行营商环境项目所涉及的十个专题中的国家百分比排名的简单平均值。

第三节 我国产业核心技术升级的现状分析

一国产业的核心技术状况同该国的整体技术水平息息相关,而技术水平的提高不是一蹴而就的,而是需要通过持续的技术研发投入及不断完善的技术发展环境才能获得令人满意的技术产出结果,由技术进步的数量积累引发技术水平的质的飞跃。因此,本节通过对研发投入、发展环境、产出结果这三个相互影响的方面来分析我国产业核心技术升级的现状。

一、我国产业核心技术的研发投入现状

(一)我国研发投入现状

我国研发投入持续增长且投入金额总额与增速均已全球领先。我国对研发的投入一直十分重视,经费和人员投入不断增加。第一,我国的研发经费内部支出(如图5-8所示)从2001年起持续增加,至2014年已高达13 016亿元人民币。在2015年,联合国教科文组织发布了一份报告《科学报告:面向2030年》(UNESCO Science Report: Towards 2030),称我国研发支出占据了全球研发支出总额的1/5,以8个百分点落后于美国,成为世界第二。[1] 第二,我国研发人员投入逐年增加,从2001年0.96百万人/年增长为2014年的3.71百万人/年,增幅达288%。截至2014年,我国的研发人员数量在全球总量中占比19.1%,比第一名欧盟低了2.9个百分点,比第三名美国高了2.4个百分点。[2]

---

[1] 张娟:"中国研发支出全球第二科技出版物在全球占比翻番",http://news.youth.cn/gn/,访问时间2018年12月22日。

[2] 同上。

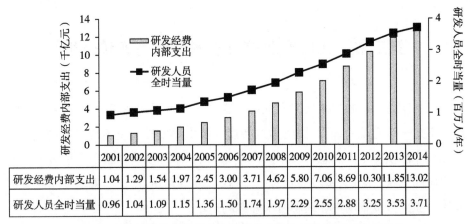

图 5-8 我国研发经费内部支出和研发人员全时当量（2001—2014）

资料来源：国家统计局科学技术部，《中国科技统计年鉴》（2015），中国统计出版社，2015年。

（二）我国研发强度现状

我国研发强度节节攀升，但与发达国家间的差距依然存在。研发强度是指研发支出与GDP的比值，能在一定程度上反映一国对于研发的重视程度及技术发展水平。如图5-9所示，我国研发强度从2001年的0.95上升到2013年的2.01，且每年都在持续提高，说明我国越来越重视研发投入，这与我国加入世界贸易组织后一直强调的"科技是第一生产力"的理念相呼应。但是，我国的研发强度同其他发达国家相比仍存在一定的差距，研发强度增长速度较之美国、日本、德国要迅猛许多，较之韩国还是慢了少许。

（三）制造业研发投入现状

我国高技术制造业在技术研发投入上远高于中低技术制造业。制造业是我国产业的重要力量，占据着主导地位。一直以来，我国在国际经济中以制造业大国闻名。制造业技术能力的强弱是衡量一个国家产业核心技术能力的重要指标也是必要指标，而技术水平的高低对制造业的发展至关重要。因此，本部分将制

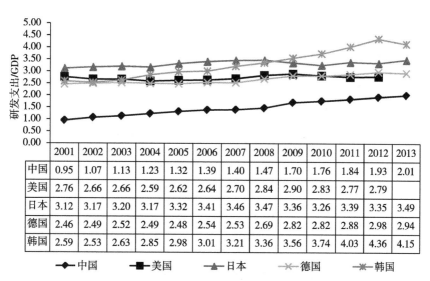

图 5-9 中国、美国、日本、德国和韩国的研发强度对比（2001—2013）

资料来源：国家统计局科学技术部，《中国科技统计年鉴》，中国统计出版社，2015年。其中，2013年美国的研发强度数值缺失。

造业作为研究对象，参考了李金昌和项莹[①]的分类方法，依据 OECD 的行业研发含量分类和行业发展的实际状况将我国制造业划分为高技术制造业、中技术制造业和低技术制造业三大类，如表 5-2 所示。

表 5-2 我国制造业各行业分类

高技术制造业	铁路、船舶、航空航天和其他运输设备制造业；化学原料和化学制品制造业；计算机、通信和其他电子设备制造业；通用设备制造业；汽车制造业；医药制造业；专用设备制造业；仪器仪表制造业
中技术制造业	化学纤维制造业；非金属矿物制品业；有色金属冶炼和压延加工业；橡胶和塑料制品业；金属制品业；电气机械和器材制造业；黑色金属冶炼和压延加工业；石油加工、炼焦和核燃料加工业

---

① 李金昌、项莹："中国制造业出口增值份额及其国别（地区）来源——基于 SNA-08 框架下《世界投入产出表》的测度与分析"，《中国工业经济》，2014 年第 8 期，第 84—96 页。

（续表）

低技术制造业	食品制造业；酒、饮料和精制茶制造业；烟草制品业；农副食品加工业；木材加工和木、竹、藤、棕、草制品业；纺织业；纺织服装、服饰业；皮革、毛皮、羽毛及其制品和制鞋业；家具制造业；造纸和纸制品业；文教、工美、体育和娱乐用品制造业；印刷和记录媒介复制业；其他制造业

注：由于2011年我国国民经济行业划分标准发生了较大的改变，所以此处出于可比性的角度选择了《国民经济行业分类》（GB/T4754—2011）中的制造业作为对象进行划分，该部分的三类制造行业数据为该分类标准下2012—2014年各子行业的数据汇总。

2012—2014年间，高技术制造业最为重视技术投入，而后分别是中、低技术制造业，以下从自主研究与开发投入、技术引进和获取投入两个方面进行分析，前者选择研发投入来代表，后者选取技术获取和技术改造投入来代表。

第一，在研发投入方面，三类制造业都在逐年增加投入，但是如图5-10所示，高技术制造业无论在资金投入（研发经费内部支出）上还是在人员投入（研发人员全时当量）上，都要远远多于中、低技术制造业，而中、低技术制造业之间差距较小。在资金投入上，高技术制造业大致是中技术制造业的3倍、低技术制造业的6倍；在研发人员投入上，高技术制造业大致是中技术制造业的4倍、低技术制造业的6倍。

第二，在技术获取和技术改造经费支出上，三类制造业不仅绝对数从2012年起整体出现减少的趋势，而且同主营业务收入之比也在逐年下降（如图5-11所示）。高、中技术制造业在该方面不分伯仲，高技术制造业只是在绝对数上略微高于中技术制造业，而在占比上则正好相反，但两者都高于低技术制造业。这表明高、中技术制造业对技术获取和技术改造上都较为重视。

结合图5-10和图5-11可发现，三类制造业的研发经费内部支出都高于技术获取和改造经费支出，且幅度越来越大，表明我国制造业相较于技术获取和技术改造更偏向于自主研究与开发。

第五章 我国综合成本现状及对产业核心技术升级影响的分析

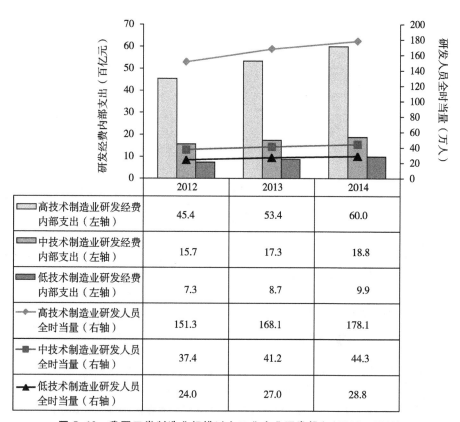

图 5-10 我国三类制造业规模以上工业企业研发投入(2012—2014)

资料来源:国家统计局科学技术部,《中国科技统计年鉴》(2013、2014、2015),中国统计出版社,2013年、2014年、2015年。

(四)我国企业研发投入现状

我国全社会对研发投入持续增加,而企业部门更是其中的中坚力量,且发挥的作用越来越大,但主要贡献集中于少数企业。企业部门的经费内部支出占比,由2001年的60%上升到2014年的77%;研发人员全时当量占比由2001年的56%增长到2014年的77%(如图5-12所示)。

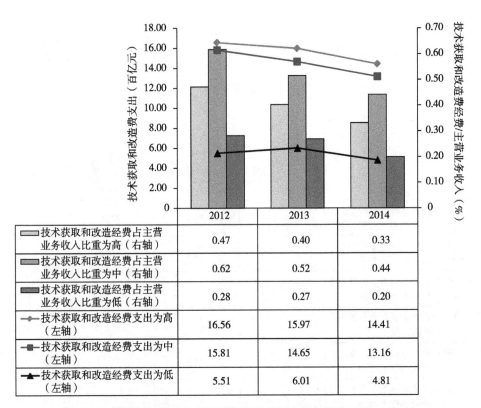

图 5-11 我国三类制造业技术获取和改造经费支出情况（2012—2014）

注：技术获取和技术改造的经费支出＝引进技术经费支出＋消化吸收经费支出＋购买国内技术经费支出＋技术改造经费支出；图中占主营业务收入比重表示的是技术获取和技术改造的经费支出与主营业务之间的比值，以百分比表示。

资料来源：国家统计局科学技术部，《中国科技统计年鉴》（2013、2014、2015），中国统计出版社，2013年、2014年、2015年。

但是，这其中的主要贡献来自少部分的企业，即少数企业肩负了主要的研发投入。正如图5-13所示，2014年我国规模以上的工业企业中存在有研发活动的企业占比也仅有16.90%，不过，该比重从2008年起一直在增加，且企业的研发强度（研发经费内部支出与主营业务收入之比）也在逐年增加，说明越来越多的企业开始重视研发，越来越多的企业有意愿和能力投入资源至研发活动之中。

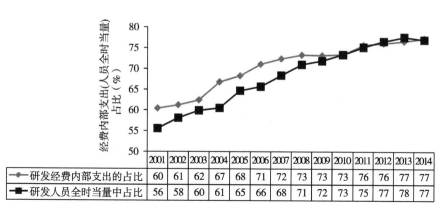

图 5-12　我国企业部门在全国研发投入中的占比情况(2001—2014)

资料来源:国家统计局科学技术部,《中国科技统计年鉴》(2002—2015),中国统计出版社,2002—2015年。

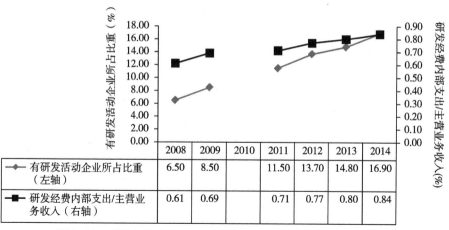

图 5-13　我国规模以上工业企业科技活动投入状况(2008—2014)

注:2010年的数据缺失,因为2011年起规模以上工业企业统计范围改变,因此年鉴做了追溯至2008年的数据调整,但没有披露2010年经调整后的数据。

资料来源:国家统计局科学技术部,《中国科技统计年鉴》(2014、2015),中国统计出版社,2014年、2015年。

(五)东中西部地区研发投入现状

我国各个省份在产业核心技术发展投入方面各不相同,本节将我国划分为东部、中部、西部三个地区,每个地区所包含的省份(含直辖市,下同)数量不同,为了更具备可比性,此处以每个地区的平均数来表示该地区水平。东部地区技术研发投入远远大于中部地区和西部地区,中西部地区之间相差较小。不同地区间的投入差异主要变现在以下三个方面。

第一,研发经费内部支出。如图 5-14 所示,2001—2014 年间各地区研发经费内部支出连年递增,且三个地区之间的差距也日益加大。其中,东部地区的增长幅度最大,其次是中部地区,而西部地区增长相对缓和一些。另外,东部地区的研发经费内部支出远高于其他两个地区,2014 年东部地区研发经费内部支出为 729 亿元/省份,约为其他两个地区同年总和的 1.5 倍。

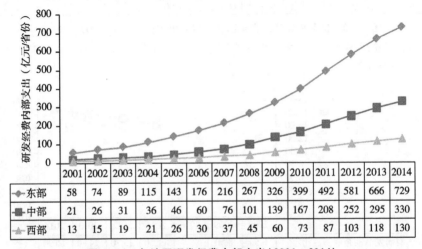

图 5-14 各地区研发经费内部支出(2001—2014)

资料来源:国家统计局科学技术部,《中国科技统计年鉴》(2002—2015),中国统计出版社,2002—2015 年。

第二,研发人员年全时当量。图 5-15 展示了 2001—2014 年各地区研发人员年全时当量的情况,每个地区在该时期都加大了研发人员投入。2001 年,三个地区的研发人员投入水平基本相同,但是从 2002 年起,东部地区的研发人员投入年增量越来越大,其他两个地区同东部地区之间的差距也越来越大,中部地区同西部地区之间的差距也逐渐变大。2014 年东部地区研发人员年全时当量为 20.1 万人/省份,而中部地区为 10.5 万人/省份,西部地区为 3.9 万人/省份。

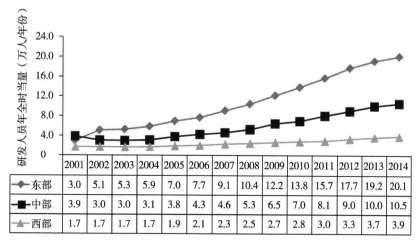

图 5-15　各地区研发人员年全时当量(2001—2014)

资料来源:国家统计局科学技术部,《中国科技统计年鉴》(2002—2015),中国统计出版社,2002—2015 年。

第三,技术市场中技术流向地域的合同金额。图 5-16 表明在我国的技术市场中,技术的主要流向地域为东部地区,且与其他两个地区之间的差距也日益拉大,尤其是 2008 年后,东部地区的技术流入增长迅猛。中部各省份/直辖市的技术流向地域的合同金额稍微比西部地区的多一些,不过两个地区间之间的差额较小。

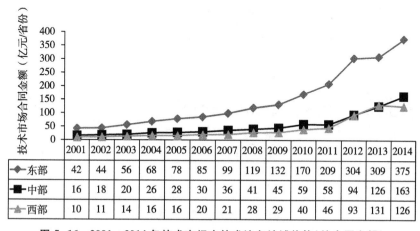

图 5-16　2001—2014 年技术市场中技术流向地域趋势(按合同金额)

资料来源:国家统计局科学技术部,《中国科技统计年鉴》(2002—2015),中国统计出版社,2002—2015 年。

结合上述三个方面可以发现:东部地区在技术发展的投入方面远远高于中部地区和西部地区;中部地区也日益增加研发投入来引进技术;而西部地区虽也加大了研发投入力度,但是较之另外两个地区仍处于落后状态。

二、我国产业核心技术的发展环境现状

我国一直致力于产业核心技术升级环境的改善,营造更好的环境以推动产业核心技术发展,经过多年的努力也取得了实实在在的成绩。我们可获得数据的起始时间为2011年,鉴于数据的纵向可比性,本节使用2011—2015年间我国产业核心技术发展环境的变化及与其他140多个国家之间的差异,具体来说有以下几个方面。

(一)制度现状

本节所使用的制度包含了三个方面的内容:政治环境、监管环境和商务环境(如图5-17所示)。在政治稳定性和政府行政效率方面,我国并不比别的国家具备优势,政治环境得分较低;政府规范能力、法治环境、解除冗员费用三个方面上的严重不足致使我国监管环境不利于技术的发展;处理破产的方便程度属于世界中等水平,纳税的方便程度属于中等略偏下的水平,创业的方便程度较差,这些使得我国商务环境并不利于技术创新。

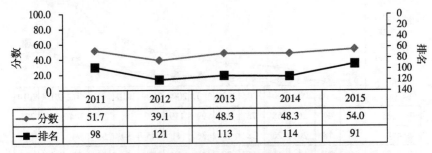

图5-17 我国技术创新环境的制度现状(2011—2015)

资料来源:欧洲工商管理学院(INSEAD)、康奈尔大学约翰森学院(Cornell University the Johnson School)、世界知识产权组织(WIPO),《全球创新指数》(The Global Innovation Index)(2011—2015),http://www.wipo.int/publications/en/details.jsp? id=4064,访问时间2018年12月。

第五章 我国综合成本现状及对产业核心技术升级影响的分析

(二) 人力资本和研发现状

对人力资本和研发投入的提高,有利于产业核心技术的升级。人力资本和研发主要是教育、高等教育、研发投入三个子项的综合衡量。在教育上,2015年我国教育指标排名全球第2位,高等教育在全球排名第115位,这说明我国基础教育体系发展良好,但是在对技术发展最为关键的高等教育上远远落后,难以培育精英人士,不利于促进突破性创新。在研发上,我国对研发的重视度正不断提高。总体而言,如图5-18所示,我国技术创新环境中的人力资本和研发有了较大提高。

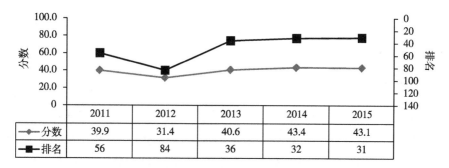

图5-18 我国技术创新环境的人力资本和研发的现状(2011—2015)

资料来源:欧洲工商管理学院、康奈尔大学约翰森学院、世界知识产权组织:《全球创新指数》(2011—2015),http://www.wipo.int/publications/en/details.jsp? id = 4064,访问时间2018年12月。

(三) 基础设施现状

如图5-19所示,我国技术创新环境中的基础设施状态保持良好。基础设施状态主要体现在以下三个方面:第一,信息通信技术(ICT)。我国在该方面持续完善,2015年全球排名第54位。第二,一般基础设施。由于我国资本投资占GDP比重远远领先全球其他国家,而电力产出、物流绩效又属于全球中上水平,因此2015年我国的一般基础设施水平全球排名第3位,这有利于推动产业核心技术的升级。第三,生态可持续性。在该方面我国仍然还有一段较长的路要走,尤其是单位 GDP 的能源消耗亟待改善。

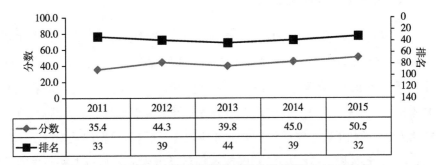

图 5-19　我国技术创新环境的基础设施的现状（2011—2015）

资料来源：欧洲工商管理学院、康奈尔大学约翰森学院、世界知识产权组织，《全球创新指数》(2011—2015), http://www.wipo.int/publications/en/details.jsp?id=4064，访问时间 2018 年 12 月。

（四）市场成熟度现状

市场成熟度主要是通过信用、投资、贸易和竞争这三个方面来进行综合衡量。在信用方面，获得信贷的容易程度、小额信贷总额占 GDP 比重这两个指标我国一直处于世界中等水平，不过国内私人部门信贷同 GDP 的比值一直较高，属于世界前列水平。在投资方面，我国的排名严重下滑，主要原因在于对投资者的保护程度不够且持续恶化，这极其不利于产业核心技术的发展，投资者的安全感低则投资技术研发的意愿也低。在贸易和竞争方面，我国处于世界中等水平，其构成因素中的使用税率和本土竞争强度两个指标都在全球处于中等水平。如图 5-20 所示，我国技术创新环境的市场成熟度出现恶化的趋势。

（五）商业成熟度现状

商业成熟度的分数主要通过综合考量知识型员工、创新关联、知识引进吸收这三个方面的情况而获得。我国知识型员工指标稳步缓慢提升，现已处于全球第 20 名（如图 5-21 所示），但其构成因素中出现两极分化，提供正式培训的公司比例排名全球第一，知识密集型岗位占所有行业岗位总数的比重却排名第 104 位。在创新关联方面，我国一直处于中等水平，各项构成因素里的发展水

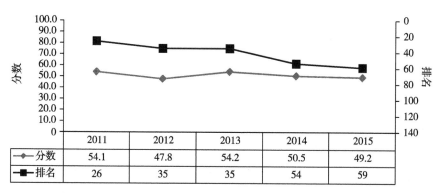

图 5-20 我国技术创新环境的市场成熟度的现状（2011—2015）

资料来源：欧洲工商管理学院、康奈尔大学约翰森学院、世界知识产权组织，《全球创新指数》（2011—2015），http://www.wipo.int/publications/en/details.jsp？id=4064，访问时间 2018 年 12 月。

平也参差不齐，其中集群发展的状态较好，但是研发投资中来自国外资本的比重很小。在知识引进吸收方面，我国在全球的排名持续下滑，主要原因在于外国直接投资净流入同 GDP 的比值和通信、计算机、信息服务进口占进口贸易值的比重下降。

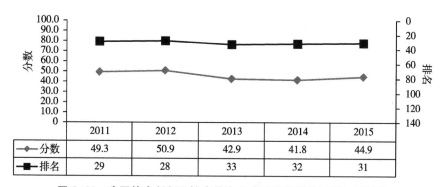

图 5-21 我国技术创新环境中的商业成熟度的现状（2011—2015）

资料来源：欧洲工商管理学院、康奈尔大学约翰森学院、世界知识产权组织，《全球创新指数》（2011—2015），http://www.wipo.int/publications/en/details.jsp？id=4064，访问时间 2018 年 12 月。

三、我国产业核心技术的产出成果现状

(一)企业技术产出成果现状

如图 5-22 所示,2001—2014 年我国三种专利申请授权总数量中企业部门所占的比重基本呈增长态势,其中实用新型类专利所占比重在 2014 年已达71%,发明类专利已达 56.5%,外观类专利已达 52.3%,这说明我国当前产业核心技术升级的重任在企业身上。

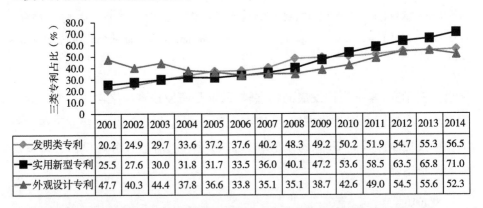

图 5-22 我国三种专利申请授权总数量中企业部门所占的比重(2001—2014)

资料来源:国家统计局科学技术部,《中国科技统计年鉴》(2002—2015),中国统计出版社,2002—2015 年。

(二)专利产出成果现状

发明类专利和实用新型专利是技术升级成果的主要表现。2014 年我国发明类专利和实用新型专利两种专利的有效数量共 3 487 823 项,按国际专利标准分类,共有 8 部类。其中,作业、运输类所拥有的有效专利数量最多,达 837 115项,其次分别是电学类、物理类、人类生活需要类、机械工程类、化学和冶金类、固定建筑物类,最少的是纺织及造纸类,仅有 63 964 项。① 在每一个部类下又会细

---

① 国家统计局科学技术部:《中国科技统计年鉴》(2002—2015),中国统计出版社,2002—2015 年。

分出多个子类,如表5-3所示,基本电器元件类,测量、测试类及电信技术类这三个子类是所有子类里面拥有有效专利数量最多的。从专利拥有情况来看,我国与这三个子类紧密相关的行业核心技术相对于其他行业更具备竞争力。

表5-3 2014年我国按国际专利标准分类的专利有效数量的前八位情况

子类	基本电器元件	测量、测试	电信技术	医学、兽医学、卫生学	工程元件或部件	输送、包装、存储、搬运	家具、家庭日用品或设备	计算、推算、计数技术
专利有效数量(项)	242 092	201 348	187 682	176 222	144 941	125 324	96 533	96 100

资料来源:国家统计局科学技术部,《中国科技统计年鉴》(2015),中国统计出版社,2015年。

(三)制造业产出成果现状

不同类型制造业行业的技术产出成果各异,高技术制造业产出多。2012—2014年间,高技术制造业的技术产出成果远多于中、低技术制造业,且高技术制造业技术产出的增幅也比后两者更大。以下通过对两个指标的对比来分析制造业产出成果现状:一个指标是专利产出情况,以专利申请数量(含发明类、实用新型、外观专利)和发明专利申请数量在专利申请数量中的占比来代表;另一个指标是新产品销售情况,以新产品销售收入及其在主营业务收入中的占比来代表。

第一,如图5-23所示,在专利产出方面,三类制造业的专利申请数量虽然都从2012年起呈现增长趋势,但是高技术制造业所申请的专利数量远多于其他制造业,中、低技术制造业则相差无几,高技术制造业大约是中技术制造业的4.5倍、低技术制造业的5倍。不仅如此,高技术制造业所申请的专利中发明专利[①]的占比高达40%,而中技术制造业所申请的专利中发明专利占比大致在30%左右,中技术制造业所申请的专利中发明专利占比高于低技术制造业。

---

① 发明专利是指对产品、方法或者其改进所提出的新的技术方案,其对产业核心技术的发展具有至关重要的作用。

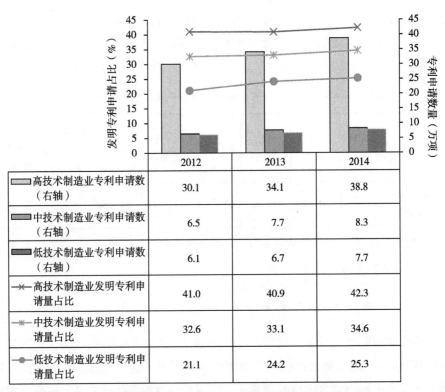

图 5-23 我国三类制造业规模以上工业企业专利申请情况（2012—2014）

资料来源：国家统计局科学技术部，《中国科技统计年鉴》（2002—2015），中国统计出版社，2002—2015 年。

第二，如图 5-24 所示，在新产品的销售中，高技术制造业企业的新产品产出较中、低技术制造业企业更好。无论是新产品销售额还是其占主营业务收入的比重，高技术制造业企业的技术产出成果远多于中、低技术制造业企业，同时，三类制造业企业新产品销售情况都在改善且重要性持续增加。在高技术制造业企业中新产品销售占比已达 20% 以上，表明新产品是企业的一大收入来源。而在中、低技术制造业企业中新产品销售占比仍处于 10% 以下，表明新产品在企业的产品结构中的占比较低。

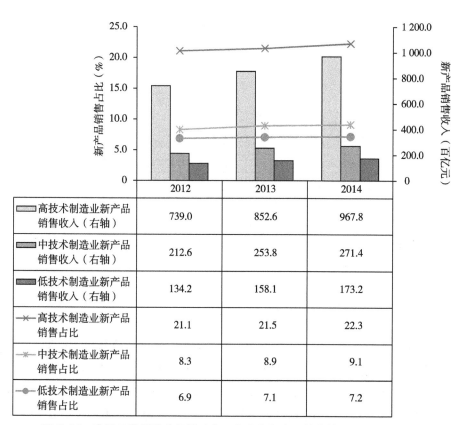

图 5-24　我国三类制造业规模以上工业企业新产品销售情况（2012—2014）

注：新产品销售占比=新产品销售收入/主营业务收入×100%。

资料来源：国家统计局科学技术部，《中国科技统计年鉴》（2013—2015），中国统计出版社，2013—2015 年。

（四）产出成果地区差异现状

我国不同地区的产业核心技术总体水平相差较大。以各地区专利申请受理总量作为衡量指标，我国东部、中部、西部地区彼此间的产业核心技术水平差距逐渐变大。如图 5-25 所示，2001—2007 年中部、东部、西部三个地区的受理总量依次递减，但是差距并不大；2007—2014 年，东部地区和中部地区都开始快速地增加，且两者之间的差距逐渐变小，但同西部地区之间的差距越发加大。

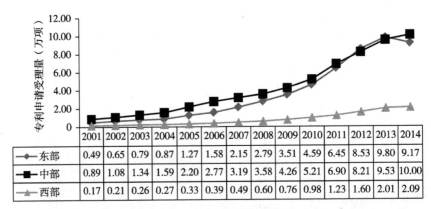

图 5-25 我国各地区国内专利申请受理数量情况（2001—2014）

资料来源：国家统计局科学技术部，《中国科技统计年鉴》（2002—2015），中国统计出版社，2002—2015年。

（五）产出成果进出口现状

我国的技术出口仍远小于技术进口，产业核心技术总体竞争力不强。我国的产业核心技术成果虽然逐年丰硕，但是放眼全球，我国的技术水平仍同发达国家之间存在着较大的差距，还属于技术输入国。另外，我国的技术进口额远大于技术出口额，在2015年时我国知识产权使用费差额为-209亿美元，且依据图5-26，由于我国的技术出口额很小，而技术进口额很大所造成的差额越来越大，进口越来越多。

第四节 我国综合成本上涨对产业核心技术升级影响的状况分析

综合成本上涨对我国各个产业而言是一把双刃剑，在挤压产业中企业利润空间的同时也反作用于企业，激发或是迫使产业中企业求变求新以应对成本压力。综合成本上涨过快容易对企业造成破坏，导致企业无法拿出多余的资本和足够的时间来升级技术以提高竞争优势。除了综合成本上涨的幅度与速度，各个产业本身的行业特征、市场现状、企业决策和运营及政府政策等因素都会影响

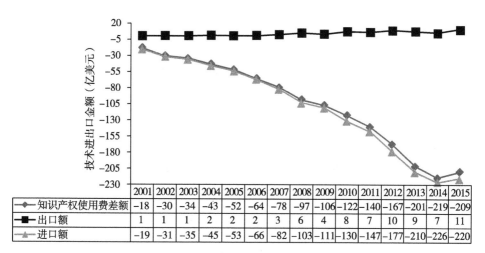

图 5-26 我国技术进出口情况（2001—2015）

资料来源：国家外汇管理局，《中国国际收支平衡表时间序列数据（BPM6）》，http://www.safe.gov.cn/wps/portal/sy/tjsj_szphb，访问时间 2016 年 12 月 30 日。

综合成本上涨对产业核心技术升级的作用。

面对原材料成本的上涨，产业中企业的应对措施主要有三种：一是转移成本压力，通过提高产品的销售价格将成本的增加额转嫁给消费者，即所谓的"高进高出，低进低出"，不过高价容易失去消费者的青睐导致销量下滑。二是通过大批量采购等议价手段来降低原材料的进价，例如沃尔玛凭借其在零售端的地位以低价购进商品，不过该种方法受到企业与上游厂商间议价博弈能力的限制，适合大型企业而不适合中小型企业。三是改进生产技术，降低单位产品所需耗费的资源、开发新技术将生产废料变废为宝或是提高产品的附加值，从而达到缓解或者抵消原材料成本的增加额，不过该方法需要有技术研发投入，而且研发有风险。

应对劳动力成本上涨的方法也不尽相同。最简单直接的方法是公司通过减少员工数量来缓解劳动力成本上涨，这种方法有两种模式：一是减少员工数量的同时保持生产规模基本不变，二是减少员工数量的同时伴随生产规模的减小。企业总是希望能够达到前者，然而前者只存在于两种情况下：一是技术的提高导致生产率的增加，例如用更高效的机器取代人工；二是以少量的薪资或者变相的无报酬加班机制来加大在职人员的任务量，以保持生产规模基本不变。

综合成本上涨对我国产业核心技术升级影响的研究

企业应对土地成本的上涨有两种方式：一是从地价昂贵区域搬迁到地价更低的地区，例如从城市中心搬到边郊区域、从东部地区搬到中西部地区。二是缩减企业办公或/和生产所占据的空间区域，该办法必须科学合理地精简办公/生产场所，以高效利用土地。

企业应对排污费、环保设备投资、污染破坏罚款等环境成本的上涨往往采取以下两类方式：一是减少相关费用，二是规避部分环境成本。第一类方式主要是通过例如改进生产工艺降低污染物排放以减少排污费、投资环保设备公司以降低环保设备的采购价等方式实现；第二类方式则主要通过转移至环保限制较低的区域等方式实现，例如从环保要求高的城市搬迁至环保建设落后的城市来规避严格的环保规制。

除了产业内的企业会采取各种方法来缓解综合成本上涨带来的压力，政府也在致力于提供更好的环境来帮助企业降低社会中一些可控成本，例如交易成本。

不同产业中的企业应对成本上涨的方式各不相同，有的企业采取升级产业核心技术，有的企业采取其他方法。不同的应对举措会造成不同的结果，而这导致综合成本上涨对产业核心技术升级产生两种不同类型的作用机制：一是促进作用，二是抑制作用。从产业转型的角度来看，促进作用的表现形式有两种：一是技术升级使得产业发生转换效应，即产业从价值链的低端向高端转换；二是替换效应，即产业的核心技术实现形式产生颠覆性变化。抑制作用的表现形式也可分为两种：一是综合成本上涨迫使产业转移，即某地域的某产业转移至其他地域；二是转产效应，即某地域内的某产业退出该产业转而生产其他产品。下文将细分产业，对促进作用引发的转换效应和替换效应、抑制作用引发的转移效应和转产效应进行详细阐述。

一、促进作用

国内的某些产业在综合成本上涨的过程中"倒逼"产业的核心技术不断升级，以持续的研发投入来获得专利方面的累累硕果从而实现技术的突破。特别是技术密集型产业和资本密集型产业，在综合成本上涨的十多年间，其产业核心

第五章 我国综合成本现状及对产业核心技术升级影响的分析

技术升级的速度较快、幅度较大,使得国内这两类产业向价值链高端发展,有的产业甚至发生了颠覆性的技术变革而在全球市场上大放光彩。

(一) 核心技术升级引发产业转换效应

本节以我国计算机、通信和其他电子设备制造业为例,来分析核心技术升级引发的产业转换效应。从前文已知,我国基本电器元件类、电信技术类相关行业专利有效数量最多,这表明这些行业核心技术的发展最为显著。这些行业规模大、出口表现较好,且近些年在综合成本上涨的压力下在核心技术升级上取得了不错的成就。

因此,本节选取我国计算机、通信和其他电子设备制造业来研究成本动力下技术升级使产业发生转换效应的现象。2001—2007年间,该行业的成本上涨压力主要来源于原材料成本的增加,有色金属材料及电线类、黑色金属材料类、化工原料类等三种产业主要原材料生产者购进价格指数大幅上涨,2007年比2001年分别增长103%、42%、25%。2008年后,原材料成本虽因金融危机而暴跌,但在2010年、2011年迅速回升,2014年的原材料生产者购进价格指数分别高达192、142、130(以2001年为基期)。2007年后,该产业的成本压力主要来自劳动力成本的上涨,如图5-27所示,该产业的从业职工年平均工资节节攀升,从2007年的5.47万元上涨至2014年的9.58万元,年均增幅达10.75%。不仅如此,该产业员工的年平均工资水平远高于城镇单位所有产业就业人员的年平均工资,同时,该产业的劳动力价格上涨幅度高于社会所有产业的整体水平,两者差额在2007年为3万元,而到了2014年已达到3.94万元。

综合成本的上涨压缩了计算机、通信和其他电子设备制造业的利润空间,企业的发展遭遇挑战,尤其是对于该产业中以代工、仿制等方式运营的企业而言,有效化解综合成本上涨问题不仅是其短期发展的需求,也是其长期生存的要求。如前文所述,综合成本上涨已成不可逆转之势,是产业中企业必须应对的危机。企业必须从自身入手来解决综合成本上涨所导致的问题,主要方法是降低单位产品的成本或是提高产品的附加值。而计算机、通信和其他电子设备制造业主要采取了提高技术来达到降低单位成本和增加产品附加值的目的,主要原因有以下三点。

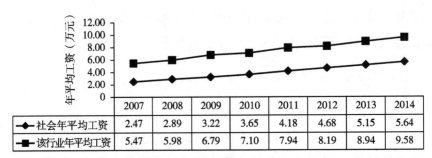

图 5-27 计算机、通信和其他电子设备制造业员工平均工资同社会年平均工资对比（2007—2014）

注：图中该行业年平均工资是指计算机、通信和其他电子设备制造业员工年平均工资，根据国泰安数据库（www.gtarsc.com）的上市公司数据计算而得，计算公式为：员工年平均工资＝（期末应付职工薪酬－期初应付职工薪酬＋支付给职工以及为职工支付的现金）÷员工数；社会年平均工资是指城镇单位所有行业的就业人员年平均工资。

资料来源：国家统计局，《中国统计年鉴》，中国统计出版社，2015 年。

第一，该产业的特质使企业重视技术发展，同时技术优势是该产业的制胜法宝。该产业属于资本密集型、知识密集型、技术密集型，其产业特征决定了该产业最主要的核心竞争力是技术上的领先性和独有性。

第二，我国政府近几年越发重视高技术产业的发展，对于技术密集型产业的支持力度不断加大，这也给计算机、通信和其他电子设备制造业进行技术发展提供了更多的资源。政府的支持在一定程度上帮助该产业应对综合成本上涨，而且很多政府补助的要求是用于企业的技术发展，这也促使该产业更有意愿去进行技术研发的投入。

第三，该产业著名的跨国企业（如微软公司、IBM、三星公司、苹果公司等）的发展经历证明了核心技术优势是企业长盛不衰的必要保证，这些企业经历过且正在经历着综合成本的上涨，但依旧在核心技术上保持领先地位。成功的案例帮助该产业的众多公司树立信心，有助于延长企业在核心技术升级过程中的持久性。

面对综合成本上涨，国内计算机、通信和其他电子设备制造业结合其自身产业特征，借鉴国际成功企业的经验，并在政府鼓励和支持下加大了对产业核心技术升级的投入。如图 5-28 所示，该产业的上市公司在研发方面的资金投入逐年递增，且增加的金额越来越多。2007—2008 年，该产业开发支出的本年增加额仅为几亿元,而到 2014 年已经高达 224.85 亿元,尤其是 2010—2012 年间,该产业开发投入激增,表明众多企业提高了对研发的重视程度及投入程度。

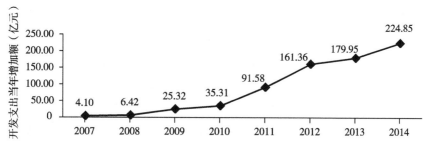

图 5-28 计算机、通信和其他电子设备制造业开发支出当年增加额(2007—2014)
资料来源:根据国泰安数据库(www.gtarsc.com)的数据计算而得。

持续的研发投入推动了该产业技术水平的提高。如图 5-29 所示,该产业的专利申请数量逐年增加,从 2007 年的 7 601 项增加到 2014 年的 14 525 项,近乎一倍的增长。其中,发明、实用新型、外观设计这三种类别专利的份额依次递减,且发明占了专利大多数的申请数量。不过近些年发明的比例有所下降,从 2007 年的 74.6%降为 2014 年的 63%,而实用新型和外观设计的比重分别增加了 11.1 个百分点和 0.5 个百分点,说明该产业技术研发的重心在发明专利方面,同时对实用新型、外观设计专利的重视程度也有所加大。

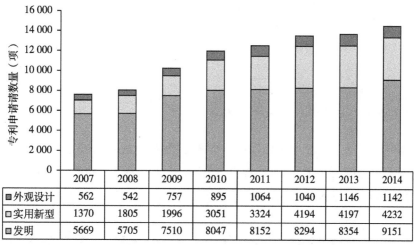

图 5-29 计算机、通信和其他电子设备制造业专利申请数量(2007—2014)
资料来源:根据国泰安数据库(www.gtarsc.com)的数据计算而得。

由此可知,该产业的研发投入可以较为有效地转化成专利等研发产出,研发产出的商业化能够有效地帮助企业以更低的成本提供更具特色的产品,从而获得更高的利润,为之后的研发投入提供更加充足的资金,进入一个良性循环。

综合成本上涨的压力使得计算机、通信和其他电子设备制造业形成一个技术研发的良性循环,从而真正促进了产业核心技术的发展,推动企业从产业价值链的低端向高端升迁。正如图 5-30 所示,我国计算机、通信和其他电子设备制造业所生产的产品进出口价格比①连年攀升,且于 2009 开始突破 1。虽在 2012 年、2014 年分别有一个小幅的回落,但总体趋势说明我国该产业的产品技术含量及附加值在提高,国际竞争优势在不断加强,进一步表明我国该产业的核心技术取得了良好的发展。

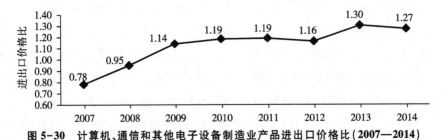

图 5-30 计算机、通信和其他电子设备制造业产品进出口价格比(2007—2014)

注:为兼顾数据的可靠性及可得性,本文在《国际贸易标准分类》(SITC Rev.4 版)中选取了编码为 751、752、759、762、763 这五组的产品来做代表,选取的五组产品均属于该产业且包含了绝大部分的电子设备产品,有较好的代表性。

资料来源:根据联合国商品贸易统计数据库(https://comtrade.un.org/data/)的数据计算而得。

(二) 核心技术升级引发产业替换效应

本节以我国手机产业作为案例分析核心技术升级引发的产业替换效应。在综合成本上涨的情况下,作为计算机、通信和其他电子设备制造业中的一个子产业,我国手机产业取得了良好的发展。如图 5-31 所示,我国手机的产量在

---

① 进出口价格比能够间接反映出口的某种产品包含的技术含量及其附加值的高低。当该指数的数值大于 1 时,说明这个产品是具备强竞争力的,反之则处于竞争弱势。进出口价格比计算的方法为:进出口价格比=出口的某商品单位价格/进口的该商品单位价格=(出口额/出口数量)/(进口额/进口数量)。

第五章 我国综合成本现状及对产业核心技术升级影响的分析

2001—2014 年间持续增加,手机出口额也从 2008 年起大幅提高。2008—2014 年正是智能手机兴盛的时期,也是我国手机行业发展的黄金时期。

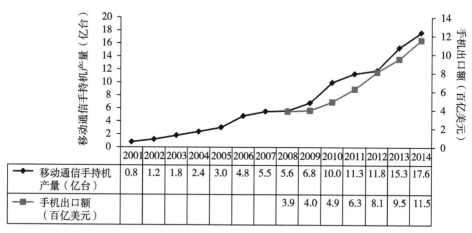

图 5-31 我国手机产量和出口额情况(2001—2014)

资料来源:产量的数据来源于中国经济与社会发展统计数据库(http://tongji.cnki.net),出口额数据来源于中国工业和信息化部的报告《2009 年电子信息产品进出口情况》(http://www.miit.gov.cn/n1146312/n1146904/n1648373/c3483114/content.html)、《2012 年电子信息产品进出口情况》(http://www.miit.gov.cn/n1146312/n1146904/n1648373/c3335502/content.html)、《2013 年手机行业发展情况回顾与展望》(http://www.miit.gov.cn/n1146312/n1146904/n1648373/c3336644/content.html)、《2014 年手机行业发展回顾及展望》(http://www.miit.gov.cn/n1146312/n1146904/n1648373/c3337297/content.html)以及 IT 新闻网的报道"中国 2010 手机出口额增长 23.2%产量达 10 亿台"(http://news.itxinwen.com/2011/0128/219520.shtml),以上网站访问时间为 2018 年 12 月。

在 21 世纪初,我国的国产手机以模仿进口手机著称,一度以"山寨手机"的称号闻名全国。模仿是后发国家的必经之路,在一定程度上为我国手机产业积累了技术发展经验及市场运作经验。然而,随着劳动力成本、土地成本等成本的持续上涨,以低价优势为立足点的传统手机产业在模仿之路上越来越难以进一步发展:一方面综合成本的提高挤压了手机行业本就微薄的利润;另一方面由于没有核心技术,我国手机品牌少有市场话语权。

国内手机产业为应对综合成本上涨做过很多努力,主要围绕着降低成本和提高售价两个方面进行,具体方式例如引进先进管理模式来提高效率、降低不必要的费用,延长付款周期以降低财务成本,提高产品附加值以增加产品售价等。对手机产业而言,提高产品附加值的一大法宝就是技术升级,然而国内投资于核心技术研发的手机厂商并不多,大部分企业仍采用降低成本的战略。

导致这种现象的主要原因是研发风险高。在成本上涨的压力下企业必须更加慎重地分配资源,每一分钱的投资都要获得最佳的收益。如图5-32所示,当传统手机产业的技术趋向成熟,研发的边际投资回报率降低,以有限的资源取得技术上的突破性进展是十分艰难的。对后发国家而言,开始新技术的研发并不容易且伴随很大的不确定性,此时无论是继续原来技术的升级创新还是新技术的确立发展都具有很大的风险。

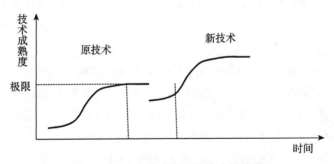

图5-32　产业技术极限及技术链终端

资料来源:王发明、毛荐其,"技术链、产业技术链与产业升级研究——以中国半导体照明产业为例",《研究与发展管理》,2010年第3期,第19—28页。

然而,智能手机的出现给了国内手机厂商一个机会,激发了国内传统手机产业技术研发的热情。首先,苹果手机凭借自身的创新在全球市场上一跃成为霸主,为我国手机制造商树立了一个创新取胜的学习典范,一个清晰的技术升级成功案例更能激发其他手机企业的技术创新热情。其次,智能手机市场需求的激增、传统手机需求的骤降导致我国众多传统手机厂商将焦点放在了智能手机领域,而新领域内研发的边际投资回报率一般较高,这让企业增强了技术研发的信心。最后,智能手机引发的全球手机制造商的大洗牌,使得众多手机制造商有机会在市场资源争夺中获得一席之地。

同时,综合成本的上涨不断侵蚀传统手机产业原先积累的低成本优势,企业所采取的各项降成本的方法也无法很好地将企业的成本继续维持在较低的水

第五章 我国综合成本现状及对产业核心技术升级影响的分析

平,寻求技术突破成了各大手机制造商降低成本或是提高产品附加值的希望。由此,技术研发不再是少数国内手机厂商应对成本上涨的选择,而是整个产业多数企业的选择,国内手机厂商不再一味地以降低成本来应对成本压力,核心技术升级上升到了战略层面,企业开始追求在新领域内的技术话语权。国内手机厂商通过自身在技术上的追求,不仅获得了技术成果,实现了技术升级,而且核心技术实现形式发生了颠覆性变化,跟上了全球手机产业的智能手机时代,国内的智能手机技术体系代替了原有的传统手机技术体系,例如手机屏幕、处理器、摄像头等硬件配置和手机操作系统、应用程序等软件功能都发生了根本性的变革。如图5-33所示,我国手机产业实现了核心技术链间升级,目前正在努力实现在智能手机技术链上的链内升级。

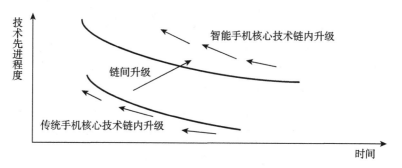

图 5-33 我国手机行业技术链升级模型

资料来源:由本文作者参考王发明、毛荐其,"技术链、产业技术链与产业升级研究——以中国半导体照明产业为例",《研究与发展管理》,2010年第3期,第19—28页中的产业技术链升级模型,并结合手机行业的发展所绘制。

本节选取了中兴通讯股份有限公司(以下简称"中兴")、华为投资控股有限公司(以下简称"华为")、联想集团(以下简称"联想")、TCL集团(以下简称"TCL")、酷派集团(以下简称"酷派")等国内著名手机制造商作为国内手机产业的代表,来分析我国手机产业在综合成本上涨期间核心技术的发展情况。如图5-34所示,从2008年起,我国手机产业的研发经费投入不断增加。其中,华为是国内手机行业研发资金投入最多的企业,基本保持了"将10%的销售收入投入研发"的状态。不断的研发投入保证了我国手机产业核心技术的发展,在智能手机核心技术相关领域获得了大量的专利,一步一步奠定了我国智能手机技术链的基础。研发投入在2013—2015年大幅增加,但是每年所申请的专利数量并未一路走高,而是出现上下波动,主要原因在于随着智能手机产业核心技术的不断发展,研发投入的边际回报率也在下降。

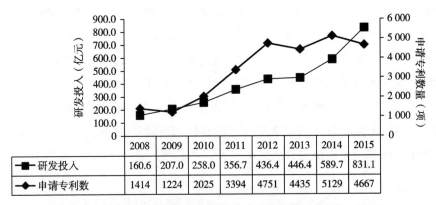

图5-34 我国手机产业智能手机核心技术发展情况(2008—2015)

资料来源:2008—2015年研发投入数据来自对应年份五个代表主体的年报。联想集团年报中的年度数据以上一年度的3月31日至本年度的3月31日作为上个年度的数据,由于其以美元为计量单位,故根据国家外汇管理局(http://www.safe.gov.cn/wps/portal/sy/tjsj_hlzjj_inquire,访问时间2018年12月)显示的该年3月31日美元兑人民币汇率中间价折算为人民币。酷派集团年报以港元为计量单位,故根据国家外汇管理局显示的该年12月31日港元兑人民币汇率中间价折算为人民币。除了TCL集团的数据为开发支出数据,其他公司均为研发费用数据。申请专利数表示该年申请的专利数量,来自CNIPR中外专利数据库服务平台(http://search.cnipr.com/,访问时间2018年12月22日),以能够反映智能手机技术标准的IPC代码检索式IP=(H04Q-007/032ORH04W-088/002ORH04W-088/004ORH04W-088/006ORH04M-001/073ORH04W-052/002ORG06F-003/041ORG06F-003/042ORG06F-003/043ORG06F-003/044ORG06F-003/045ORG06F-003/046ORG06F-003/047)进行专利数据搜索,同时限定专利的申请人为中兴通信股份有限公司、华为投资控股有限公司、酷派集团、TCL集团、联想集团,专利数量包括在国内申请的数量及在国外申请的数量。

我国手机产业以智能手机技术体系代替传统手机技术体系,促使我国手机厂商在国际上形成竞争优势,如表5-4所示,2010年、2011年智能手机席卷全球,然而在当时国际调研公司IDC公布的全球手机出货量前五名的排行榜上并没有我国企业。从2012年起,我国手机产业不断取得佳绩,2012年华为、联想上榜,从 2014 年起又多了小米手机。

表 5-4　全球智能手机出货量情况

年份	全球智能手机出货量 (百万部)①	全球前五名的中国品牌		
		排名	手机品牌	市场份额(%)
2010	304.7	无上榜中国品牌		
2011	491.4	无上榜中国品牌		
2012	725.3	3	华为	4.0
		5	联想	3.3
2013	1 004.2	3	华为	4.9
		5	联想	4.5
2014	1 301.7	3	华为	5.7
		4	联想	4.6
		5	小米	4.4
2015	1 432.9	3	华为	7.4
		4	联想	5.2
		5	小米	4.9

资料来源:为保持统计数据的可靠性和可比性,本表选择国际调研机构 IDC 的报告作为数据来源,2010 年、2011 年数据来自 199IT-互联网数据中心,"IDC:2011 年全球智能手机总出货量为 4.914 亿部",http://www.199it.com/archives/23609.html;2012 年、2013 年数据来自腾讯科技,"IDC:2013 年全球智能手机出货量首超 10 亿部",http://tech.qq.com/a/20140128/016290.htm;2014 年、2015 年数据来自零趣网络科技,"IDC 发布〈2015 年全球智能手机出货量分析报告〉",http://mt.sohu.com/20160218/n437740830.shtml,以上网站访问时间为 2018 年 12 月。

二、抑制作用

我国部分产业在综合成本上涨的过程中并未实现产业核心技术的升级,反而发展缓慢,甚至相较于其他国家的进步,产生不进则退的一种技术"退步"现

---

① 2010 年、2011 年显示的为全球手机出货量,2012—2015 年显示的为全球智能手机出货量。

综合成本上涨对我国产业核心技术升级影响的研究

象。尤其是以低成本著称的劳动密集型产业和受原材料价格影响密切的资源型产业在十多年综合成本上涨期间,其产业核心技术升级往往受阻,在产品价格长期难以跟上成本上涨的幅度时,产业无法有效消化成本压力从而被迫收缩产业规模,产业中部分企业入不敷出、难以为继,产业主体通常转移到综合成本较低的区域或是日益走向消亡。

(一) 核心技术难升级引发产业转移效应

本节以我国劳动密集型产业的典型代表——纺织工业[①]作为案例行业来分析由核心技术难升级而引发的产业转移效应。纺织工业一直以来是我国工业经济中的重要组成部分,也是我国出口贸易的重要支柱,2014年纺织工业的进出口顺差高达2 739.83亿美元,比2001年增长了574.7%,占全国总出口额的13.1%。[②] 但是,国内纺织工业面临着综合成本上涨的产业环境,据图5-4可知我国纺织原料类工业生产者购进价格指数在2001—2014年间不断上涨。据图5-1和图5-5可知我国的人力成本和工业用地价格也在连年上涨。

我国纺织工业的核心技术并未在综合成本上涨的压力下取得突破。表5-3表明国内专利数量排名前列的行业中并未有纺织工业类。另外,如图5-35所示,2001—2014年间,我国纺织工业(此处以纺织业和纺织服装、鞋、帽制造业的综合来表示纺织工业)拥有的发明专利数量在所有行业中的占比较低,除在2003—2006年间曾出现过增长,其余年份发明专利数量出现下降趋势,特别是2006—2013年间的降势明显。在所有行业发明专利数量排名中纺织业的排名于2003—2011年处于上升趋势,其余年份则基本不变,而纺织服装、鞋、帽制造业的排名在2002—2012年间处于低谷期,排名落后,2013年、2014年则出现好转。这表明我国纺织工业尤其是其中的纺织服装、鞋、帽制造业的核心技术水平并不高,不仅如此,纺织工业的核心技术发展也有待加强。

[①] 此处纺织工业是指化学纤维、棉纺织、毛纺织、丝绸、麻纺织、长丝织造、印染、针织、服装、家用纺织品、产业用纺织品、纺织机械等12个行业的综合。

[②] 中国纺织工业联合会:《中国纺织工业发展报告》(2001—2015),中国纺织出版社,2001—2015年。

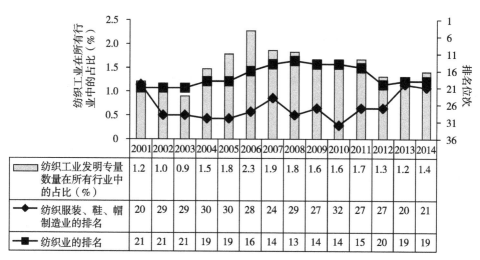

图 5-35 我国纺织工业拥有发明专利数量的情况(2001—2014)

资料来源:国家统计局科学技术部,《中国科技统计年鉴》(2001—2015),中国统计出版社,2001—2015 年;由于数据的可得性,本节 2004 年和 2011—2014 年采用的是分行业规模以上工业企业的有效专利数量数据,2001—2003 年和 2005—2010 年采用的是分行业大中型工业企业数据;排名中 2001 年、2002 年的总行业数均为 41 个,2003—2014 年间除了 2004 年总行业数为 39 个,其余年份均为 40 个。

综上所述,在综合成本上涨的压力下,纺织工业并未在技术上取得较大突破。不仅如此,纺织工业在成本上涨压力下形成了产业转移的发展态势。下文运用两个指标来说明纺织工业的产业转移现象。

第一个指标是区位熵,该指标可测度某一行业在某区域的聚集程度,本节通过主营业务收入来计算区位熵,计算公式如式(5.1)所示。

$$\beta_{ij}=(X_{ij}/X_j)/(X_i/X) \tag{5.1}$$

其中,X_{ij} 代表地区 j 的产业 i 的主营业务收入,X_j 是地区 j 的工业主营业务收入,X_i 是产业 i 的全国主营业务收入,X 是全国工业的主营业务收入。

该指标数值越大,表明该地区该产业的集聚化程度越高。图 5-36 表明,2001—2014 年间,我国东部地区纺织工业的集聚化程度最高,其次是中部地区,最末是西部。2006 年为一个分水岭,2006 年前东部地区集聚化程度略增大,而中部、西部地区则集聚程度有所下降,2006 年后中部集聚程度逐年增强,东部、西部地区呈现轻微的上下波动,总体变化不大。

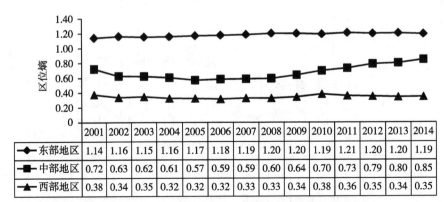

图 5-36 我国三个地区纺织工业区位熵的变化（2001—2014）

资料来源：中国纺织工业联合会，《中国纺织工业发展报告》（2001—2015），中国纺织出版社，2001—2015 年；国家统计局分省年度数据库，http://data.stats.gov.cn/easyquery.htm? cn = E0103，访问时间 2018 年 12 月。

第二个指标是市场份额，该指标可测度某地区的某产业在全国范围内的市场力量。由图 5-37 可知，2001—2014 年间，全国三个地区纺织工业的市场份额占比为东部地区最高，其次是中部地区，而后是西部地区。另外，2006 年是一个分水岭，2006 年前，中部、西部地区的份额呈现下降趋势，东部地区则稳步上升。从 2006 年起东部地区市场份额逐年下降，而中部地区则是节节攀升，西部地区也出现了小幅增长。

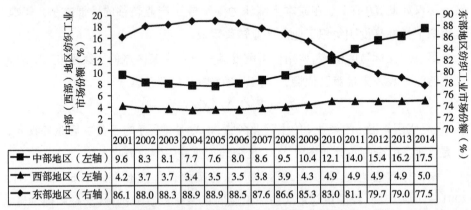

图 5-37 我国三个地区纺织工业市场份额的变化（2001—2014）

资料来源：中国纺织工业联合会，《中国纺织工业发展报告》（2001—2015），中国纺织出版社，2001—2015 年的数据计算而得，计算公式为"地区的纺织工业市场份额＝该地区所有省份的纺织工业主营业务收入总额/全国的纺织工业主营业务收入总额"。

第五章 我国综合成本现状及对产业核心技术升级影响的分析

结合这两个指标可以看出,东部地区企业仍为我国纺织工业的主要力量。以2006年为界限,2006年之前中、西部地区向东部地区转移,而从2006年起出现明显的从东部地区向中部地区转移的趋势,中部地区纺织工业开始成为当地工业的重要力量。西部地区也是纺织工业的转入地之一,但转入现象并不明显。

造成我国纺织工业采取转移而不是技术发展来应对成本上涨压力的原因繁多,从纺织工业本身来看,造成此种现象的主要原因有以下三点。

第一,纺织工业的产业特质导致技术研发意愿低的行业氛围。纺织工业属于劳动密集型产业,本身对于产业技术的要求并不苛刻,而劳动力成本和质量的变化则会对产业产生程度深、范围广、持续时间长的影响。技术发展可以为纺织工业企业取得竞争优势,但是基于产业特质,纺织工业企业对技术发展的重视程度并不高,而且发展核心技术所需的资本投入对于本身利润率不高的纺织工业企业而言是一个不小的负担。

第二,研发意愿低导致纺织工业投入技术发展的资源少。我国在纺织服装方面的新型材料、纺织技术等方面的研发经费、人员投入不够,同其他领先国家之间存在差异。例如,日本纺织企业建立了一个全球技术信息系统,快速进行技术模仿和赶超;欧盟纺织、服装生产企业在新型高功能纺织纤维及原料方面一直在进行钻研。我国纺织工业企业的关键设备、零部件大量依赖进口,在成本上涨的情况下难以自发产生技术投入产出的循环。

第三,发展核心技术的人才难寻。国内高校纺织工业相关学科的设置同市场需求之间存在较大的差异,且所培养的人才较少有意愿、前往纺织工业的一线工作,在岗人员中具备工匠精神的技术人员少,有意愿、有能力钻研技术的员工更是凤毛麟角。

从外部环境来看,造成此种现象的主要原因有以下三点。

第一,前文所说国内综合成本的上涨,尤其是同纺织工业密切相关的劳动力成本和土地成本,导致了区域间的差异,如表5-5所示。三个地区成本的差异很大,东部地区的成本远远高于另外两个地区,而中部地区的成本则一直以来都属于三个地区中的最低水平。而且,2006年是劳动力成本变化的一个分水岭,2006年之后劳动力成本出现了快速上涨,东、中、西部地区劳动力成本差距仍然存在。2009—2015年间,东部地区的综合地价约是西部地区的2倍多,是中部地区的3倍多,且每年东部地区综合地价上涨幅度也远远大于另外两个地区。地区成本的变化趋势同纺织工业的产业转移趋势大致相同。

表5-5 我国三个地区的成本差异(2001—2014)

年份	综合地价(千元/平方米)			制造业在岗职工平均工资(万元/人)		
	东部地区	中部地区	西部地区	东部地区	中部地区	西部地区
2001				1.46	0.74	0.90
2002				1.61	0.85	1.00
2003				1.81	0.99	1.13
2004				2.02	1.13	1.28
2005				2.24	1.32	1.45
2006				2.24	1.32	1.45
2007				2.97	1.78	1.96
2008				3.41	2.11	2.29
2009	5.08	1.77	2.55	3.74	2.37	2.53
2010	5.74	0.95	2.71	4.32	2.77	2.92
2011	6.13	2.05	2.90	5.04	3.34	3.49
2012	6.36	2.13	2.97	5.69	3.85	3.96
2013	7.00	2.34	3.14	6.46	4.03	4.48
2014	7.69	2.47	3.22	7.10	4.42	4.95

资料来源:根据中国纺织工业联合会,《中国纺织工业发展报告》(2001—2015),中国纺织出版社,2001—2015年的数据计算而得,计算公式为"地区的纺织工业市场份额=该地区所有省份的纺织工业主营业务收入总额/全国的纺织工业主营业务收入总额"。

第二,政府对纺织工业科研的支持力度与知识密集型产业、技术密集型产业相比要弱许多,而且政府对产业转移方面的支持更加有力。纺织工业集群地区的公共服务机构的服务不全面,缺乏质量检测、技术及信息服务等方面的服务。同时,促进纺织工业转移的政策则不断出台,例如《国家纺织工业调整和振兴规划》《关于推进纺织产业转移的指导意见》等,这在一定程度上促成了纺织工业以产业转移的方式应对综合成本的上涨。①

第三,随着国内环保事业的不断深入,东部地区在环保事业上比另外两个地区走得更远。许多纺织工业企业因处理污染技术不过关而转移厂址,以节省研发或者购进环保技术的费用,这促使了产业转移而阻碍了技术发展。纺织工业存在严重的废水污染和大气污染问题,2013年纺织工业废气治理设施年运行费用为104 065万元、工业废水治理设施年运行费用为1 271万元。② 2010—2013年我国纺织产业在有限环境成本投入约束下,环境成本规模效益已无上升空间,需提高技术来获得技术效应。③ 在纺织工业的污染处理技术迫切需要提高的时候,纺织工业企业本应选择技术研发或者引进之路,然而我国中西部地区环保建设中的漏洞成为纺织工业企业的避风港,为躲避高额研发投入和引进费用产生了产业转移。

产业转移本是产业发展的一种正常现象,但是纺织工业因为产业核心技术一直未能实现突破而采取产业转移来缓解成本压力。同时,追求低成本的大规模产业转移容易让纺织工业企业忽视对前沿科技和产品设计的追求,在一定程度上抑制了技术研发投入与成果创新,最终难以提高产业生产技术及生产产品附加值,不能真正解决国内纺织工业转型的问题。

(二) 核心技术未升级引发产业转产效应

本节以温州市制造业作为案例行业进行分析核心技术升级而引发的产业转移效应。20世纪90年代是温州市制造业的黄金时代,服装业、鞋业、打火机业、电器业、泵阀业等制造业飞速发展。然而,进入21世纪后,随着原材料成本上涨、人口红利逐渐消失,以劳动密集型为代表的温州市制造业遭遇了极大的成本压力。如图5-38所示,从2001年起温州市制造业在岗职工平均工资一路走高。

---

① 王仲智、孟浩、华瑾、马彦珺、杨晶晶:"泛长三角地区纺织业的集聚与转移",《世界地理研究》,2015年第2期,第123—131页。
② 此处用纺织业、纺织服装、服饰业的数据简单加总来代表整个纺织工业,数据来源为国家统计局环境保护部:《中国环境统计年》,中国统计出版社,2014年。
③ 王瑞荣:"低碳经济下中国纺织业环境成本评价研究",《毛纺科技》,2016年第44期,第73—77页。

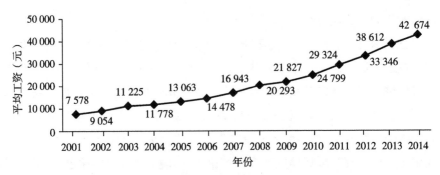

图 5-38 温州市制造业劳动力成本(2001—2014)

资料来源:温州市统计局、国家统计局温州调查队,《温州统计年鉴》(2001—2015),中国统计出版社,2001—2015 年。

在综合成本上涨导致制造业的利润日渐微薄之时,伴随着城镇化的大步推进,房地产业进入了蓬勃发展的时代,2005 年时房地产业的税后利润比所有行业平均水平高 5 倍左右。[①] 面对着因为综合成本上升而越来越低的利润率,很多制造业企业包括康奈鞋业、奥康鞋业、报喜鸟服装、庄吉服装、德力西电气、人民电器等知名制造业企业纷纷将资本投向了高利润的房地产。不仅各个制造业中的领头羊企业将资源投向了房地产,许多中小企业也纷纷将资金投向房地产开发领域,产生了"大企业盖楼,小企业炒房"的情况,一些制造业企业甚至直接退出原本的产业,将本业的固定资产等变卖或者抵押以获取资金来进入房地产行业。

下文以温州市的打火机行业为例,来分析综合成本上涨期间温州市制造业的转产风波。在各类成本上涨的时期,温州市打火机制造业的核心技术未能取得良好的发展,整个产业出现了转产现象。在 21 世纪初温州市的打火机凭借其低成本一下子打开了欧美、日本等国的市场,但在综合成本增长期间其制作工艺一直未能取得进步。工业品产品的技术含量不高会使其功能价值、美观价值在同类产品中不具备竞争优势或者在替代品比较中落入下风,从而造成附加值偏低。因此,可由某产业产品的附加值来表示该产业的核心技术水平。本节采用进出口价格比来表示产品附加值的高低。温州市打火机产业的进出口价格比无

[①] 宋方灿:"中国私营暴利行业:房地产利润最高卫生体育不低",http://www.chinanews.com/news/2005/2005-02-13/26/539634.shtml,访问时间 2018 年 12 月 23 日。

法获得,但其一直是我国打火机产业的中流砥柱,国内打火机工艺的相差并不大,因此我国打火机产业的进出口比在一定程度上可以反映温州市打火机产业的进出口价格比。

如图 5-39 所示,我国打火机的进出口价格比在 2007—2014 年间一直都处于非常低的水平,距离分水岭 1 相差很多(大于 1 表明这个产品具备强竞争力,反之则处于竞争弱势),说明我国打火机在全球打火机产业链中处于低价值区位。在 2007—2012 年间打火机进出口价格比上下波动但是变化幅度很小,而在 2012—2014 间则出现了小幅的提高趋势,说明我国打火机的附加值在 2012 年前基本不变,而从 2012 年后产品附加值略有点提高。由此可以发现,2007—2014 年温州市打火机产业核心技术发展的速度慢、水平低。

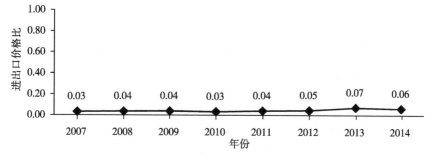

图 5-39　我国打火机进出口价格比(2007—2014)

注:本文在《国际贸易标准分类》(SITC Rev.4 版)中选取了编码为 899.33 产品(香烟打火机和其他打火机,包括机械打火和电打火)来做代表。

资料来源:根据联合国商品贸易统计数据库(https://comtrade.un.org/data/,访问时间 2018 年 12 月)的数据计算而得。

温州市打火机制造业不仅在核心技术上未能有所突破,而且行业规模在不断缩小。21 世纪初温州市打火机制造业企业共有 500 家左右,然而到了 2014 年只有 70 家,在 2015 年时整个行业真正能够维持正常生产的仅有 40 家。[①] 如图 5-40 所示,温州市打火机行业的企业数量从 2006 年起开始逐年下降,虽在 2013 年出现过短暂的回升但在 2014 年又再次骤降。企业数量减少的可能原因

---

① 任明杰:"温州制造业谋划升级艰难'求生'",http://www.cs.com.cn/ssgs/hyzx/201412/t20141204_4580423.html,访问时间 2018 年 12 月 24 日。

一是产业规模的缩减,二是产业集中度的提高,造成"大鱼吃小鱼,小鱼吃虾米"的结果。从图5-40中可以发现伴随着企业数的减少,温州市打火机产业的出口规模从2004年起经历了扩大、减小、回升、下降。之后在2014年又达到了与2004年差不多的水平,说明温州市打火机产业既出现了集中化也出现了规模的缩小。2008年后,温州市打火机制造企业的总体规模进入明显的萎缩态势,说明从2008年起温州市打火机产业内的许多企业纷纷退出了该产业,例如温州市打火机产业的龙头企业——东方打火机厂就在2016年年初亏损几千万元后退出该产业。

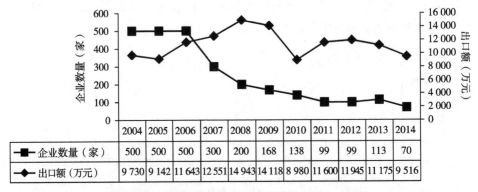

图5-40 温州市打火机产业变化情况(2004—2014)

资料来源:温州市统计局、国家统计局温州调查队,《温州统计年鉴》(2001—2015),中国统计出版社,2001—2015年,其中出口额采用国家外汇管理局(http://www.safe.gov.cn/wps/portal/sy/tjsj_hlzjj_inquire,访问时间2018年12月24日)显示的年末人民币汇率中间价折算为人民币。

造成上述现象的主要原因有以下几点。

第一,温州市打火机产业属于劳动密集型产业,其产业特质和低成本取胜的发展历程使得该产业在综合成本上涨时,选择压低成本而不是技术升级来应对。温州市打火机产业主要以代工的方式参与到全球打火机产业链中,在大多数打火机生产企业眼里提高技术水平的必要性和重要性并不高。目前,该产业仍然凭借着价格优势在全球金属打火机市场中捍卫着半壁江山,而这种价格优势的来源就是国内的综合成本低于主要出口国如欧美、日本等。低价优势向技术优势转变并不容易,因此,该产业在核心技术的投入上没有因为成本压力而有所增

第五章 我国综合成本现状及对产业核心技术升级影响的分析

长,自然也不会有技术的升级。

第二,资本逐利性让温州市打火机产业错失发展技术的黄金时期,在兴盛期就埋下了隐患。技术的发展需要大量的持续的资源投入,然而,温州市打火机产业在产业发展的繁盛时期没有趁热打铁提高自身技术,而是出现了产业资源外流的情况。在2001—2006年打火机产业兴盛期间各个打火机制造商的利润积累较多,且整个行业在温州市打火机协会的团结下呈现较强的产业信心,有意愿且有能力为产业的长远发展做前期投资。但是,此时国内房地产业的巨额利润让各个企业主都为之心动,逐利性导致温州市打火机产业资本流进高利润的房地产业,这在一定程度上抑制了打火机产业的创新投入。

第三,整个地区的工业环境和配套工业基础降低了技术研发投入产出比,进一步打击了本已不堪成本压力的温州市打火机制造企业的技术研发意愿。温州市工业基础薄弱,大部分产业属于劳动密集型产业,且打火机产业的产业链配套工艺落后,这在一定程度上限制了打火机产业核心技术的发展。很多制造企业花重金引进一条先进的生产线,但是生产线只能改善部分工艺,其他工艺如电镀等依然要外包。而且,能够熟练使用国外先进生产线的人才严重稀缺,机器的后期维护升级成为问题。

第四,综合成本上涨对温州市打火机产业的冲击过大,即使行业有心将压力转化为动力也只能是心有余而力不足。国内劳动力成本的节节攀升、原材料成本的一路走高、信贷成本的增加导致产业的利润被严重挤压。在2001年时,一个打火机出厂价为5—8元,利润为3元[1],而到了2012年产业平均利润率水平只有3%—5%,境况相对好一些的领头羊企业年利润也仅仅达到百万元数量级[2],利润的大幅下降导致企业没有足够的资本进行技术升级。

第五,反倾销等国际贸易摩擦和技术壁垒在一定程度上有助于温州市打火机产业的技术升级,然而外需的大幅减少降低了温州市打火机产业抵抗成本压力的能力。在内忧外患中根基不稳的温州市打火机产业更多地关注于求生存,中小企业纷纷关闭转产其他产业,而留存的大型企业只能以低利润模式维持勉

---

[1] 小刘:"打火机行业的风光与落寞",《名人传记》(财富人物),2016年第4期,第68—69页。
[2] 周瑜:"温州打火机:落寞的昔日巨头",http://finance.ifeng.com/news/region/20120119/5488320.shtml,访问时间2018年12月22日。

综合成本上涨对我国产业核心技术升级影响的研究

强运转。

温州市打火机产业所代表的部分温州市制造业的转产效应在近几年来有所减弱,不少温州市企业家们希望回归原来的老本行,重振制造业的光辉。然而,因为企业前期并未通过技术研发来提高产品的附加值,在更高的人力成本及要素成本的压力,国内经济增速放缓及国外市场萎缩的环境压力下,回归老本行异常艰难。可喜的是,越来越多的企业认识到科技创新的重要性。

第五节 对策建议

一、政府层面

(一) 减缓要素成本的上涨速度

1. 完善市场环境下的"五险一金"体系以应对劳动力成本的上涨

政府完善市场环境下"五险一金"体系的核心要点在于如何在保障参保职工的待遇水平和降低企业用工成本之间找到一个微妙的平衡点。这要求政府不仅要因时制宜,阶段性地降低各类社会保险缴费和住房公积金缴存的比例,而且要因地制宜,不同省市的降幅应匹配该省市的实际情况,不同的降幅都必须有充分的科学论证和实施后的反馈机制。除了改变缴存的比例,政府也可使用改变缴费时间节点等方法来优化"五险一金"体系,例如适度延长缓缴期和适度放宽缓交前提要求。政府必须在全国范围内统筹协调"五险一金"的变化,从中央到地方相辅相成,以综合措施应对由此产生的资金缺口。"五险一金"体系的优化减小了企业劳动力负担,有利于减缓企业成本上涨的压力。

2. 完善资源的价格机制以应对原材料成本的上涨

政府应进一步推进市场化改革,增强市场对资源的配置作用。同时,政府应适度监管市场秩序,加强防范各类破坏正常资源价格体系的投资机构行为。针对主要依靠进口的原材料,政府可牵头建立行业组织,齐心协力应对国际原材料的涨跌。同时,政府应鼓励并扶持国内企业以战略投资入股等方式参与国际大宗原材料的价格形成体系。对于国内原材料成本的上涨,政府可在企业使用能源方面发挥其"看得见的手"的作用,其中最为重要的是加强能源体制改革,更快、更有力地推动能源市场价格机制的形成和完善,突显能源的商品属性,破除资源的垄断,逐步引入市场竞争,坚持弱化乃至杜绝能源政策中的行政利益分割。以我国用电价格为例,政府可通过双边协商等方式来扩增用电方与发电方直接交易的规模以降低重点发展企业的用电成本。资源价格机制的完善,将使原材料成本的变化更加基于真实的市场供需变化。

3. 完善土地供应制度以应对土地成本的上涨

土地价格上涨对产业的挤出效应不利于产业核心技术的升级,纺织工业等产业纷纷通过转移来应对综合成本上涨。因此,中央政府及地方政府都应弱化增量土地创收的财政收入的地位,逐步增强存量土地征税的财政收入的地位,从而完善土地供应制度以应对土地成本的上涨。第一,在土地供应方面,政府应优化现有的产业用地政策,促进用地标准的科学化和精细化。优先用地的重点保障产业项目清单应与时俱进,可每年进行检查以判断是否需要更改。政府应结合当地的整体用地状况、产业政策现况、企业所处产业周期,经科学论证并与用地企业进行充分商洽后再提出可供选择的长期租赁、租让结合及弹性出让等供地方案。第二,政府应积极推动各类用地的再开发,综合协调提升用地效率,引导市场降低用地成本,深化各类用地的节约使用,由此来缓和土地成本上涨速度,防止土地价格过度上涨。

(二)优化环境成本的价格机制

1. 理性认识环境成本上涨对产业发展的影响

随着全球环保活动的普及、国民环保意识的提高、可持续发展理念的深化,政府部门日益重视环境保护并持续加强国内的环境管制。环境管制的强化导致企业环境成本的不断上涨。不少学者及企业家都认为环境成本的上涨对企业竞争力产生了负面影响,尤其是在国内劳动力成本、原材料成本等要素成本也处在上涨趋势的时候,环境成本上涨会进一步降低企业的利润,从而引发企业发展的危机。但是,这种负面影响是短期的,从长远角度来看,环境管制的适度加强将

综合成本上涨对我国产业核心技术升级影响的研究

会促进产业的发展。合理的环境管制下无法化解环境成本增加额的企业将会被淘汰,只有完成内部改造与技术升级的企业才能继续保留下来。由此,产业内的资源将流向这些保留的优质企业,从而促进了产业内部的升级。同时,重污染的粗放型产业由于难以有效消化高额的环境成本将会被迫转移、转产,从而助推了产业间的结构升级。随着越来越多的重污染企业被淘汰,自然环境遭受的破坏相对就减少,社会总体环境治理成本下降。长此以往,当社会环境治理成本降低至一定程度时将会降低企业的环境成本。

2. 不断完善政府的环境管制机制

政府在完善环境管制机制之时应更多考虑整个社会的环境成本,而不仅仅是企业的成本。但是,企业化解环境成本上涨的能力是有限的,所以政府在制定、执行相关环保法律法规时应既具有前瞻性,又具有阶段性,以便在环境保护与产业发展之间找到一个平衡点,达到社会福利的最大化。同时,政府应针对不同的排放物采取差异化的环境管制强度,以达到效益的最大化。例如,针对二氧化硫、二氧化碳、废水、重金属、烟尘粉尘等不同的排放物,应制定不同的排放标准、管制对象和有效时期。环境管制机制的完善将有助于以更小的环境成本获得更大的环境效益,从而促使环境成本价格合理化。

3. 完善与环保相关的交易市场

政府可建立综合的排放权交易信息平台,借鉴现有的国内外排放权交易经验,逐步引导、支持形成交易透明化、标准规范化、监管一体化的综合交易平台。政府应主动为环保设备交易市场、节能服务合同交易市场等各类交易市场的建设提供服务支持,引导建立有序市场,以降低信息不对称性等原因造成的环境成本增加值。

(三) 有效降低交易成本

1. 降低物流成本等市场性交易成本

政府应通过完善道路等相关基础设施和整合各项物流资源来促进物流成本的下降。

第一,不断完善基础设施的建设,给企业提供更加规范和优质的道路服务。依据海、陆、空三个领域各个环节中政府参与的程度不同及我国运输体系的特点,逐步合理减少乃至取消相关港口、机场、铁路、公路等各项运输收费和经营性收费项目,或者在各收费项目中尝试市场化优惠方式(例如阶梯制通行费、缴费积分返利制、ETC用户优惠等),来有针对性地降低某些运输路径、某些企业或某些交易活动的运输缴费费用。同时,政府应保证各类道路的畅通,通过升级硬件设施、科学软件制度来优化物流环境,以降低因道路拥堵等原因造成的额外成本。

第二,积极推动物流信息化及物流资源整合化,在物流的各个环节推广大数据、人工智能等新技术,牵头引导海、陆、空各类物流途径的整合,构建更大、更有效的平台以促进物流基础设施的建设及相关标准的深化,真正推动多式联运的无缝连接,提高物流效率,降低物流成本。

2. 减少企业为配合政府法规而发生的政治性交易成本

第一,我国政府需不断深化简政放权,从"全能政府"到"有限政府"有序推进,进一步改革"放管服"的行政作风。政府应提高行政人员的服务意识,严厉打击尸位素餐、吃喝拿要等不良作风;增强公职人员的服务能力,通过自我学习与外部监督相结合的方式督促其更快、更好地提升工作水平;快速精准地减少冗杂的行政审批,继续深化全国统一的政府部门权力清单,例如精简企业创办、运营、破产等各个环节的行政审批流程;完善监督机制,创建并且公开民众监督渠道,让企业同政府打交道时拥有投诉等权利,且投诉必须有程序化和公开的处理过程。这些革新必须具备持续性,才能推动"小政府,大市场"的实现,发挥市场在资源配置中的决定性作用,提高企业活力,避免寻租活动的兴起。

第二,政府应有针对性地降低企业税负。例如不断深化营改增、减少部分政府性基金等都在一定程度上有利于减小企业税负水平,同时政府也应降低本身的运行成本,提高行政效率,减少政府机构给企业的经济压力。政府自身运行成本主要通过税收的方式由整个社会来承担,有效降低政府行政运行成本不仅能够减少社会经济负担,而且可以将更多资源投入产业创新活动中。

(四) 完善支持技术升级的财税金融政策

1. 采用多样化的财税政策手段以激励产业技术升级

第一,深化产业科技专项基金的管理改革。政府应推进透明公开、全国统一的国家科技管理信息化平台,优化从顶层设计至部门分工各环节,高效配置资源,完善项目筛选、项目跟踪、项目审查等机制来保证资金流向高质科技项目,激发科研机构、行业协会和企业个体申报科技项目的热情,提高项目的科技产出成果。

第二,加大财政补偿企业创新成本的力度。对于企业在技术研发和职工培训上的投入,政府可以依据情况进行适当的奖励,例如地方政府对于在国际上或者国家级的科技比赛中获奖的当地企业可奖励一定数额的奖金,对于参赛的企业进行一定比例的财政补贴。

第三,落实税收优惠政策。例如,实施以鼓励企业技术创新为目的的所得税优惠政策时,按照规定审核研究开发费用和所产生的无形资产,保证加计扣除合规的费用50%、150%的摊销资产,不额外增加审核难度。

2. 支持金融机构提高服务水平以解决中小企业融资难问题

企业是国内科技研发投入的主力军,也是产业核心技术成果的主要产出者,但主要贡献集中于少数规模以上的大企业,中小企业的活力并没有很好地发挥出来,造成这种现象的一大原因在于中小企业的资金不充裕,难以支撑技术研发的大量投入。因此,政府应凭借自身资源来增强金融市场对企业的服务水平,具体如下:第一,鼓励金融机构多元化经营,借鉴国外立足国内,引导优化现有金融机构的同时发展新型金融机构,例如鼓励并规范小额贷款公司、融资租赁服务机构、资金互助社等的发展。第二,结合地区市场情况因地制宜地发展区域特色金融市场,例如基于温州地区民间资本多和当地民营企业融资难的特征,建立金融综合改革试验区,引导民间金融市场规范发展。第三,丰富金融服务平台,例如非上市股权交易平台,在严格科学论证和充分考虑民意的基础上明确其监管模式及平台交易细则,鼓励更多的企业进入平台进行交易。第四,强化银行和政府的合作,拓宽合作广度、加深合作程度、提升合作层次、丰富合作模式,通过奖励和风险补偿等方式激励银行增加放贷金额及对象。

(五) 优化产权保护机制

1. 加强对投资者的产权保护

企业已成为产业核心技术升级的主力军,而企业的发展离不开资本投入。因此,促进产业核心技术升级的必要条件之一便是法律对投资者的保护,让投资者不再担心投资被挪作他用或是被侵吞圈走。尤其是在综合成本不断上涨的现阶段,众多企业资金压力巨大,需要优质资本的支持,加强对投资者的产权保护可以激发投资者对企业的投资。对投资者的保护越完善则投入技术研发的资金越多,研发人员占总员工比重越高,技术专利产出也越多。对投资者的保护需要有法律作为依靠,因此政府必须加强法治,从知情权、参与权、所有权、收益权等方面提高对投资者的保护力度,完善《公司法》等法律法规,严惩各种损害投资者的恶劣行为。长期有效的投资者产权保护在一定程度上能激发投资者对长周期技术创新的投入热情,减少投资者在进行技术创新投入时的焦虑心情,给予产业核心技术升级更多的发展时间。

2. 着重完善知识产权保护体系

我国大多数区域已经跨过了知识产权保护水平的门槛,已然不存在因为加强知识产权保护而不利于产业核心技术创新的情况。完善知识产权保护体系不会产生反向作用,而且能在一定程度上同研发资本投入产生互补作用,同研发人员投入产生替代作用。因此,完善我国知识产权保护可以推动产业核心技术升级,尤其在综合成本上涨的发展阶段,技术创新成果得到适度保护能够激发企业创新的热情。我国虽然已经明显加强知识产权保护的立法,且在全球范围内属于较高的水平,但在执法力度上仍有所欠缺,知识产权保护水平较低。政府应该根据现阶段的经济发展水平、产学研各主体的创新能力、各个产业间的差异,构建层次分明、详实有效、动态化的知识产权保护机制,从执法队伍、执法流程、执法反馈等方面改善执法力度,驱动我国产业核心技术前行发展。

综合成本上涨对我国产业核心技术升级影响的研究

(六) 引导科技创新资源向优质企业聚集

1. 加强市场的优胜劣汰

政府应促进产业市场化,让市场筛选出具备创新理念的有活力的企业,激发所有企业的创新意识。我国的部分产业市场化程度低,产业中的企业依赖于政府力量,在政府的保护下竞争压力较小,不在技术上精益求精反而将企业发展重点放在维持市场垄断、获得财政补贴等方面,部分企业甚至成为"僵尸"企业。这些企业汲取了大量的优质资本、优秀人才、政府资源,而有活力、有创新意识的企业的健康发展却受到阻碍。政府应继续推动产业市场化的进程,以坚定的决心和科学的规划逐步放开市场管制,以"壮士断腕"的魄力去处理各产业中的"僵尸"企业,避免资源浪费,向那些有一定技术积累的产业注入新鲜力量。

2. 引导高精尖科技人才向优质企业聚集

人才是一国工业发展的基石,也是我国产业核心技术升级的重要战略资源,政府应重视人才的作用,并且通过自身的能力打造吸引人才、集聚人才的环境。首先,政府应完善人才筛选机制,以市场为导向、以全球为范围、以产业为核心建立人才评价体系,明确所需招募的人才对象;其次,政府应组建具有公信力的团队评审创新人才,有针对性地提供人才集聚政策;最后,政府应制定并实施多样化的人才吸引方案,例如为引进的技术骨干、管理精英等提供户口、住房优惠甚至免费房屋,为高端人才的子女提供优质教育资源,为外籍人才提供优先的落户政策等。高端科技人才的聚集,能够为企业的技术升级打下最坚实的基础。

3. 加强研发成果向优质企业流入

政府可通过政产学研合作以促进核心技术的创新:第一,由市场需求决定创新,政府作为一个桥梁,搭建起企业、高等院校、科研院所三者之间的合作关系。在该模式之下,政府主要是利用自身的信息优势及平台优势,辅助另外三个主体寻找更多的潜在合作伙伴,为其提供沟通的机会,促成三方的合作,加深合作基础、提高组织协调。第二,行政主导创新,政府提供支持,通过政府"偏好"影响产业技术创新方向和升级内容。政府应选择那些对全社会有益但是企业不能单独承担的项目,例如多数的基础性研究项目、风险高的部分应用性研究项目,从而有效引导科研院所、高等院校的研发成果流向优质企业,形成优势互补、成果共享的合作机制。

二、企业层面

(一)树立正确的技术创新理念

虽然企业已经成为国内研发投入的主力军同时也是国内专利成果的主要享有者,但是主要集中于少数的规模以上的大企业。这一是因为大型企业的创新资源较多,二是因为中小企业技术创新意识不强。因此,国内企业的技术创新意识仍待加强,尤其是在综合成本上涨时,更需要形成正确的技术创新理念,在重视技术创新的同时又不陷入"技术至上"的意识陷阱。

1. 坚定领导者的创新理念

一个企业技术创新意识的培养主要依靠企业领导层的推动,企业领导坚定的技术创新决心是企业核心技术升级的根基。企业领导者首先应产生"我要创新"的内在理念,形成创新思维,在兼顾企业经营短期目标的同时注重长期技术升级需求,不断追求技术创新。同时,当企业处于不同时期时,企业领导者的创新理念应与时俱进,在企业发展黄金时期不懈怠,在发展瓶颈时期不放弃,推动创新意识融入企业文化。

2. 培养全员的创新意识

通过企业领导层的推动,在整个企业树立正确的技术创新理念。企业的创新理念需要一个由上至下的过程,由企业领导者至公司基层员工,最终形成企业全员的创新意识。通过企业内部的制度引导、文化熏陶,促使企业职工将创新意识渗入日常工作中,在完成工作的同时思考是否有更好的方式以实现目标。

3. 防止"技术至上"意识陷阱

企业在培养自身技术创新意识的同时还需要注意不落入"技术至上"的意识陷阱。企业不可过分注重技术的升级,认为只要获得技术上的优势就可以为企业带来丰厚利润,而忽略了对市场需求的把握和技术的商业化运作。一味加大技术研发只求做到技术上的最先进并不意味着企业的成功,许多过度创新为企业带来了巨额的沉没成本又无法为企业所用,导致资源的浪费和机遇的错失。因此,企业在培养组织内的技术创新意识时必须适度,防止过犹不及。

(二) 制定科学的技术升级战略

1. 需考虑产业特征、企业发展阶段及在价值链上的地位

企业在制定战略时必须将以下三点纳入分析范围:一是所在产业的特征,能源资源密集型产业、劳动密集型产业、资本密集型产业、技术密集型产业等不同类型的产业由于其产业特性不同,所需要的核心技术特征也不同,技术升级模式不能一概而论;二是企业所处的发展阶段,处在幼稚期、成长期、成熟期、衰退期的企业,所积累的技术成果不同,所需要的技术升级路径也不同;三是企业在价值链上的地位,处在价值链高端的企业核心技术竞争力强,处在价值链低端的企业则核心技术竞争力弱,同行业竞争者的技术水平的差距也不同,强者自有强者的技术升级方式,弱者也有弱者的弯道超车之法。

综上所述,企业在综合以上三点后,方可在制定战略时做到既把握自身所在产业技术发展路径的一般规律,又符合企业自身技术升级路径的特殊性,即企业技术发展策略符合一般规律的同时具有企业特色。企业制定的技术升级策略应符合所属产业类型的特质,适应当时所处的产业周期,与企业所拥有的资源禀赋及组织结构等特性相适合。

2. 战略需突显企业优势并规避劣势

企业在制定技术战略时应规避劣势、发挥优势,注重企业的核心优势,重点培养自身的技术优势。在构建技术升级策略时,中小企业应在某领域内不断深入,考虑到自身资源有限,积极向行业成功企业学习,主动搜索产业技术方面的最新消息,把握技术扩散的机会,根据自身的技术特点抓住某一个核心技术的某一方面进行深入研究,做到精而专。大型企业应整合技术资源形成连带效应,利用自身整合资源的能力、良好的市场敏感度,通过注资入股、购买、战略合作等手段获得同行业企业的最新技术成果。

(三) 选择恰当的技术升级路径

技术的发展,尤其是发展中国家的技术发展,离不开技术引进和自主创新这

两条主要途径。企业应妥善处理技术引进和自主创新间的平衡。技术引进与自主创新两者之间具备对立性、匹配性、耦合性、关联性、互补性,实现两者的有机协同才可促进产业核心技术的发展,缩小我国同发达国家的技术差距,最终实现技术追赶。

1. 充分学习全球领先技术并消化吸收

国内企业应借鉴日本、韩国等国外企业的经验,并结合我国企业现阶段的特点,充分利用全球资源,学习领先的技术。我国企业大多处于技术后发阶段,应充分利用技术后发优势,着重推动核心技术的再创新。在技术引进环节,企业必须具备前瞻性,不仅需要注重短期内的技术提升效果,而且必须兼顾长期的技术升级能力。

企业在引进技术后必须实现消化吸收,将存储在他人头脑中的知识转化吸收进入自己的知识体系。企业作为吸收技术的主体,必须建立学习机制以掌握引进的技术,构建学习型组织机构,积累吸收能力。

2. 不可忽视技术再创新并自主研发

企业不能长期依赖技术的引进吸收,应在吸收之后进行再创新,将企业的资本、人力等资源投入技术再创新,以形成技术核心竞争力,从价值链低端向价值链高端升迁。

不仅如此,针对例如新能源汽车等新兴领域,企业更应注重通过自主研发来实现核心技术的升级。因为国内企业同国外企业在新兴领域内核心技术上的差距是相对较小的,更有可能实现技术的弯道超车,从而形成企业的核心竞争力。

3. 防止技术升级路径一成不变

企业技术升级的路径不应该是一成不变的,而应在不同的阶段选择不同的路径,即企业应根据不同时段企业内外部环境及自身的技术水平选择最优路径。但是,无论是技术引进还是自主研发,最后的目的都在于形成具备产权的核心专利技术。在综合成本不断上涨之时,加大技术升级的资金、人力投入的同时必须有高效率,才能形成良性循环。

(四)建设强大的科技人才队伍

人才是推动企业发展的重要力量,企业间的竞争从根本上来说是人才的竞争。企业的创新驱动实质上是人才驱动,因此建设强大的科技人才队伍是实现企业核心技术升级的基本要求。强大的科技人才队伍体现在合理的人才结构、适度的人员规模、富有创新精神的团队成员等方面。为了建设强大的科技人才队伍,企业应从以下两个方面入手。

1. 积极引进高端科技人才

引进人才的方式应灵活化,可根据企业的人才需求与不同人才的个体情况选择合适的方式,可选择聘用式、兼职式、合作式(例如技术入股)、租用式等方式引进不同类型的人才。应扩大引进人才的来源地,不应局限于某个地方,还应放眼全球,从全球的人才市场上寻找适合的人才。

引进人才的标准应层次化,结合企业技术升级战略的长期目标及短期目标,根据需求的迫切性建立引进人才的阶梯标准。另外,企业应实施人才引进反馈体系来完善人才引进计划,对于企业的人才引进必须建立评价机制,尤其在综合成本上涨时,以更低的成本、更高的效率引进所需人才尤为重要。

当出现人才缺口时,除了人才引进,还可以通过对内部人员的培训来满足企业的人才需求。另外,还应该在日常工作中使员工培训常态化,尤其对于技术领域,技术的习得需要大量的时间和精力,仅靠临时培训不能很好地解决企业人才缺口的问题。

2. 完善针对科技创新人才的激励体系

一般而言,企业的激励手段包含有两种类型:一种是物质激励,另一种是非物质激励。物质激励主要通过工资、奖金、补贴等来实施,而非物质奖励则多表现为授予荣誉称号、开展员工培训、晋升职位等级等形式。在组合使用两种类型的奖励时应注意:第一,长短期相适应,合理分配短期激励与长期激励的比重,灵活运用年薪制、股票期权、技术入股等长期激励方式。第二,巧妙运用非物质奖励。科技人才多为知识型人才,较注重自我价值的实现。这类人才对于企业所提供的个人发展空间、职位权限程度、学习环境有着更高的要求。企业可通过建设扁平化组织、学习型组织等途径构建有利于创新的企业治理结构,更好地培养科技人才的能力,以成就激励来加强员工忠诚度与工作热情,取得最长效的激励作用。

（五）开展多样的技术合作活动

企业应依据所在产业的核心技术特征来决定企业开展技术合作的频率、深度和广度。鉴于不同产业技术溢出效应强度的不同，企业通过参与技术合作来强化企业核心技术升级能力并不总是有效的，只有在特定的产业和环境之下才能达到预期的效果。例如，在技术密集型产业，其技术变化速度相对较快，企业间的技术合作也较为普遍，协同创新成功的案例也较多，但是对于技术已经很成熟的产业，技术合作的频率一般较小。

1. 秉承共赢理念开展技术合作

企业不能孤立地应对综合成本上涨的压力，尤其是企业领导者不能局限于短期的技术发展，而应从长远的目标着手，主动开展灵活多样的技术合作活动，且应以共赢为目的开展技术合作活动，形成合作主体间的良性互动，增加合作的产出。

2. 打破技术合作活动的地域限制

国内企业应主动走出国门，积极开展国际技术创新合作，例如可通过委托研发、专利交叉许可等方式参与国际化科技创新历程。另外，企业应建立信息收集分析体系，积极搜寻可获得的国际科技合作项目和可参与的国际技术标准制定、修订会议等信息，不仅从国内获得科技资源，而且从国外探寻科技发展机会。

3. 发展多方合作对象形成优势互补

政府、研究院所、高等院校、其他企业、个人等主体都可以发展成为技术合作的对象，企业应根据自身的发展需要积极寻找适宜的合作伙伴，通过技术合作联盟、产业共性研发基地等合作载体开展活动。

附 录

表 A1 2000—2012 年各省(市)大中型(规模以上)工业企业研发经费内部支出

单位:千万元

年份 地区	2000	2001	2002	2003	2004	2005	2006	2007	2008	2009	2010	2011	2012
北京	335.72	386.57	400.59	467.02	822.32	755.06	907.24	964.62	1 593.26	1 137.03	1 061.36	1 648.54	1 973.44
天津	206.27	237.25	283.34	326.42	656.36	732.33	1 012.43	1 353.15	2 332.61	1 238.39	1 392.21	2 107.77	2 558.69
河北	233.07	209.28	278.86	370.85	560.66	690.15	854.28	1 050.49	1 367.95	933.02	1 078.94	1 586.19	1 980.85
山西	153.47	154.80	231.68	251.05	470.65	551.88	967.85	1 262.46	1 576.71	603.93	675.66	895.89	1 069.59
内蒙古	35.97	50.41	73.42	102.72	187.05	224.70	305.52	348.26	631.40	390.61	474.30	701.64	858.48
辽宁	386.07	468.91	685.57	855.33	1 184.24	1 296.76	1 367.15	1 923.87	2 551.26	1 654.32	1 913.44	2 747.06	2 894.57
吉林	103.78	117.52	249.08	177.73	292.61	502.03	530.89	592.81	693.15	329.62	355.41	488.72	604.33
黑龙江	180.93	218.36	244.66	287.92	370.04	383.80	494.21	611.54	820.70	627.24	728.45	838.04	906.17
上海	961.60	988.19	1 149.05	1 402.91	2 089.37	2 082.72	2 288.46	2 739.75	3 457.33	2 365.15	2 377.47	3 437.63	3 715.08
江苏	943.12	1 103.14	1 419.88	1 930.09	3 647.48	3 588.77	4 692.61	6 460.00	9 495.96	5 707.11	5 513.46	8 998.94	10 803.11
浙江	297.23	361.98	396.80	814.42	1 820.84	1 722.90	2 197.88	2 801.66	4 923.51	3 301.03	2 723.45	4 799.07	5 886.07
安徽	200.94	267.31	380.44	479.08	750.03	858.76	1 078.89	1 423.48	1 998.52	907.54	1 040.24	1 628.30	2 089.81

（续表）

年份 地区	2000	2001	2002	2003	2004	2005	2006	2007	2008	2009	2010	2011	2012
福建	133.16	237.39	233.13	401.51	665.78	700.43	890.60	1 040.46	1 668.07	1 144.35	1 161.17	1 943.99	2 381.66
江西	93.17	102.21	128.76	201.95	261.48	315.32	439.81	575.02	792.59	582.65	589.37	769.83	925.99
山东	1 023.04	1 278.01	1 485.31	1 702.97	2 436.01	2 913.99	3 606.90	4 818.10	6 440.13	4 567.14	5 269.24	7 431.25	9 056.01
河南	263.73	280.81	308.88	390.05	812.00	794.15	1 224.98	1 576.24	1 979.69	1 334.94	1 485.88	2 137.24	2 489.65
湖北	409.31	403.56	410.38	463.76	704.23	719.39	829.75	1 016.23	1 807.02	1 205.73	1 429.05	2 107.55	2 633.10
湖南	183.39	205.60	214.48	310.72	524.57	453.06	615.85	801.78	1 465.94	1 096.14	1 137.69	1 817.77	2 290.88
广东	1 031.66	1 430.85	1 623.90	1 963.04	2 827.18	2 973.62	3 852.03	5 254.94	7 098.47	5 523.73	6 268.81	8 994.41	10 778.63
广西	95.81	114.57	130.46	197.77	272.25	356.48	279.39	403.24	627.72	324.19	358.92	586.79	702.23
海南	8.47	6.30	7.53	7.07	17.24	45.81	49.60	48.15	71.60	22.62	18.33	57.76	78.09
重庆	146.89	186.02	202.97	264.80	409.07	475.41	594.26	787.27	1 113.97	564.86	672.42	943.98	1 171.05
四川	271.89	361.74	461.13	551.35	887.77	1 115.69	1 055.77	1 307.96	1 765.53	817.66	809.77	1 044.67	1 422.31
贵州	54.25	69.42	89.90	93.26	150.33	159.00	226.12	252.28	380.58	187.70	217.79	275.22	315.08
云南	64.77	52.98	71.01	68.10	177.48	153.36	243.73	318.82	505.95	151.15	180.69	299.28	384.43
西藏	0.00	0.00	0.00	0.00	0.18	0.00	0.00	0.00	10.52	6.38	1.16	1.64	5.13
陕西	233.56	293.13	277.67	365.81	610.93	441.53	590.47	728.93	1 214.05	682.50	710.18	966.77	1 192.77
甘肃	73.94	76.13	73.72	79.93	145.02	160.99	229.59	332.04	381.58	189.93	208.65	257.92	337.79
青海	24.64	27.25	34.17	34.48	46.34	57.13	64.17	78.24	116.49	41.32	60.21	81.97	84.20
宁夏	27.10	30.13	29.68	32.35	48.23	66.89	90.52	146.46	155.96	77.59	73.02	118.88	143.70
新疆	60.24	59.66	64.28	83.27	173.20	141.12	177.08	219.10	378.29	140.93	167.25	223.35	273.43

表 A2 2000—2012 年各省（市）工业房屋平均造价指数

年份 地区	2000	2001	2002	2003	2004	2005	2006	2007	2008	2009	2010	2011	2012
北京	0.1950	0.1850	0.1771	0.1781	0.1802	0.2153	0.2393	0.2389	0.2624	0.2406	0.2412	0.2806	0.3082
天津	0.0969	0.1022	0.0971	0.1317	0.2250	0.1406	0.2327	0.2596	0.2244	0.2734	0.3196	0.3153	0.2533
河北	0.0899	0.0906	0.1058	0.1089	0.1209	0.1216	0.1423	0.1647	0.1903	0.2099	0.2258	0.2475	0.2314
山西	0.0801	0.0916	0.1102	0.1127	0.1217	0.1375	0.1350	0.1480	0.1446	0.1864	0.1729	0.1857	0.2304
内蒙古	0.0797	0.0871	0.0887	0.0862	0.1021	0.1091	0.1120	0.1314	0.1453	0.1764	0.1926	0.2028	0.2144
辽宁	0.0931	0.0987	0.1039	0.1075	0.1171	0.1200	0.1336	0.1423	0.1673	0.1866	0.2159	0.2400	0.2404
吉林	0.0969	0.1084	0.1149	0.1154	0.1102	0.1086	0.1201	0.1155	0.1388	0.1442	0.1676	0.2032	0.2002
黑龙江	0.0905	0.0944	0.0929	0.0984	0.1091	0.1089	0.1230	0.1404	0.1195	0.1628	0.1718	0.166	0.1977
上海	0.2165	0.2118	0.2137	0.2991	0.3006	0.3058	0.3089	0.3074	0.2508	0.3353	0.4018	0.4796	0.4599
江苏	0.0921	0.0990	0.1001	0.1045	0.1253	0.1380	0.1502	0.1606	0.1877	0.2281	0.2653	0.2654	0.2789
浙江	0.1228	0.1244	0.1336	0.1487	0.1518	0.1625	0.1679	0.2040	0.2133	0.2221	0.2596	0.2764	0.2895
安徽	0.0699	0.0688	0.0762	0.0825	0.0979	0.1116	0.1235	0.1402	0.1617	0.1940	0.2244	0.2213	0.2409
福建	0.1167	0.1114	0.1037	0.1113	0.1167	0.1268	0.1372	0.1382	0.1538	0.1600	0.1852	0.2013	0.2269
江西	0.0654	0.0644	0.0663	0.0742	0.0766	0.0839	0.0867	0.1006	0.1284	0.1425	0.1657	0.1828	0.2116
山东	0.0894	0.0934	0.1027	0.1041	0.1167	0.1304	0.1279	0.1469	0.1737	0.2033	0.2124	0.2121	0.2141
河南	0.0679	0.0710	0.0760	0.0854	0.0889	0.1056	0.1100	0.1173	0.1335	0.1277	0.1424	0.1671	0.1804

综合成本上涨对我国产业核心技术升级影响的研究

（续表）

年份 地区	2000	2001	2002	2003	2004	2005	2006	2007	2008	2009	2010	2011	2012
湖北	0.0821	0.0977	0.1029	0.1076	0.1074	0.1468	0.1608	0.1836	0.2017	0.2336	0.2222	0.2502	0.2677
湖南	0.0717	0.0864	0.0952	0.0976	0.0915	0.1030	0.1172	0.1332	0.1341	0.1840	0.1932	0.2097	0.2299
广东	0.1618	0.1499	0.1669	0.1666	0.1810	0.1891	0.2142	0.2175	0.2588	0.2611	0.2805	0.2899	0.3272
广西	0.0726	0.0770	0.0796	0.0764	0.0945	0.0878	0.0914	0.0997	0.1225	0.1419	0.1475	0.1707	0.2101
海南	0.1516	0.1563	0.1816	0.1673	0.1910	0.1846	0.1491	0.1805	0.2358	0.2600	0.2959	0.3236	0.4227
重庆	0.0904	0.0854	0.0912	0.0938	0.1008	0.1154	0.1415	0.1412	0.1699	0.2111	0.2467	0.2698	0.2811
四川	0.0743	0.0782	0.0862	0.0811	0.0825	0.0807	0.0948	0.1041	0.1310	0.1601	0.1872	0.2151	0.2247
贵州	0.0720	0.0698	0.0658	0.0833	0.0931	0.0878	0.0943	0.0958	0.1197	0.1490	0.1613	0.1805	0.1965
云南	0.1307	0.1119	0.0928	0.1027	0.1049	0.1272	0.1431	0.1432	0.1612	0.1914	0.2150	0.2073	0.2254
西藏	0.0669	0.0883	0.1530	0.1283	0.1453	0.1625	0.1620	0.2425	0.2200	0.1821	0.2225	0.2452	0.4073
陕西	0.0801	0.0974	0.0971	0.1214	0.1316	0.1587	0.1587	0.1677	0.1816	0.2443	0.2446	0.2623	0.2597
甘肃	0.1013	0.0948	0.0974	0.0988	0.1204	0.1125	0.0975	0.1077	0.1303	0.1619	0.1828	0.2130	0.2107
青海	0.0998	0.0869	0.0998	0.0972	0.1160	0.1216	0.1311	0.1453	0.1596	0.1569	0.1862	0.2437	0.2592
宁夏	0.0692	0.0769	0.0893	0.0845	0.0929	0.1040	0.1021	0.1134	0.1271	0.1392	0.1873	0.2651	0.2254
新疆	0.0997	0.0939	0.1024	0.1151	0.1119	0.1131	0.1076	0.1159	0.1304	0.1482	0.1458	0.1632	0.2115

表 A3　2000—2012 年各省（市）工业职工年平均工资

单位：万元

年份 地区	2000	2001	2002	2003	2004	2005	2006	2007	2008	2009	2010	2011	2012
北京	1.30	1.56	1.60	1.98	2.33	2.65	3.07	3.44	4.47	4.64	5.06	5.56	6.40
天津	1.25	1.39	1.54	1.82	2.27	2.68	3.31	3.69	3.99	4.26	5.10	5.46	6.34
河北	0.80	0.87	0.98	1.08	1.25	1.49	1.80	2.12	2.40	2.90	3.37	3.73	4.13
山西	0.68	0.76	0.85	0.99	1.20	1.48	1.87	2.09	2.42	2.78	3.26	3.84	4.39
内蒙古	0.67	0.73	0.82	1.04	1.28	1.53	1.81	2.09	2.27	2.95	3.40	3.87	4.50
辽宁	0.84	0.98	1.09	1.19	1.39	1.57	1.88	2.18	2.59	2.63	3.05	3.58	3.95
吉林	0.61	0.81	0.90	1.00	1.13	1.31	1.60	1.86	2.15	2.36	2.75	3.02	3.50
黑龙江	0.59	0.82	0.88	1.04	1.22	1.43	1.65	1.85	2.07	2.64	3.04	3.44	3.95
上海	1.73	2.07	2.34	2.78	3.16	3.70	4.69	5.00	5.81	7.10	7.17	6.86	7.16
江苏	1.04	1.15	1.28	1.44	1.73	2.02	2.42	2.73	2.94	3.44	3.95	4.54	4.97
浙江	1.23	1.41	1.62	1.87	2.13	2.38	3.03	3.10	3.10	3.50	4.08	4.52	5.10
安徽	0.68	0.76	0.87	1.01	1.23	1.48	1.88	2.21	2.50	2.90	3.42	3.99	4.56
福建	1.02	1.12	1.21	1.48	1.56	1.78	2.02	2.35	2.52	2.86	3.44	3.98	4.55
江西	0.65	0.72	0.80	0.93	1.05	1.26	1.45	1.72	1.79	2.26	2.61	3.22	3.55
山东	0.87	0.98	1.10	1.23	1.39	1.63	1.96	2.21	2.48	2.85	3.35	3.75	4.17
河南	0.69	0.76	0.89	1.06	1.23	1.46	1.84	2.08	2.35	2.67	2.99	3.39	3.77

(续表)

年份\地区	2000	2001	2002	2003	2004	2005	2006	2007	2008	2009	2010	2011	2012
湖北	0.80	0.91	0.95	1.09	1.19	1.40	1.61	1.91	2.16	2.62	3.16	3.52	4.01
湖南	0.78	0.90	1.02	1.05	1.21	1.42	1.58	1.90	2.19	2.49	2.74	3.15	3.64
广东	1.14	1.24	1.40	1.61	1.87	2.13	2.48	2.78	2.94	3.33	3.84	4.32	4.81
广西	0.83	0.97	1.11	1.21	1.40	1.59	1.72	2.02	2.20	2.46	2.79	3.02	3.44
海南	0.74	0.76	0.81	0.91	1.12	1.28	1.51	1.69	1.79	2.18	2.51	3.13	3.42
重庆	0.73	0.84	0.94	1.09	1.33	1.60	1.85	2.09	2.31	2.77	3.59	3.70	4.08
四川	0.79	0.88	1.01	1.14	1.29	1.51	1.74	1.97	2.41	2.78	3.16	3.56	4.04
贵州	0.78	0.87	0.94	1.06	1.24	1.40	1.64	1.96	2.14	2.74	3.03	3.62	4.00
云南	0.92	1.01	1.12	1.25	1.47	1.75	1.97	2.14	2.41	2.52	3.09	3.63	4.13
西藏	0.92	1.02	1.34	1.56	2.08	1.79	2.03	2.49	2.43	2.36	2.99	3.31	3.51
陕西	0.74	0.81	0.88	1.04	1.23	1.44	1.75	1.99	2.16	2.65	3.01	3.66	4.17
甘肃	0.90	0.95	1.03	1.12	1.32	1.44	1.51	1.91	2.22	2.52	2.92	3.52	4.05
青海	0.88	1.09	1.17	1.49	1.65	1.66	1.96	2.13	2.57	2.76	3.30	3.70	4.54
宁夏	0.99	1.13	1.05	1.25	1.45	1.79	2.50	2.82	3.08	3.41	3.79	4.60	5.32
新疆	1.00	1.10	1.22	1.33	1.52	1.67	1.97	2.35	2.58	2.87	3.32	4.23	5.04

表 A4　2000—2012 年各省(市)工业投资治理污染资金金量

单位:千万元

年份 地区	2000	2001	2002	2003	2004	2005	2006	2007	2008	2009	2010	2011	2012
北京	47.69	53.51	64.07	47.90	108.90	101.40	81.21	78.48	34.42	19.34	10.95	32.84	42.77
天津	26.26	99.23	87.15	72.55	186.30	149.53	150.53	168.27	180.05	164.68	152.85	125.56	148.37
河北	64.30	99.00	98.68	130.88	251.50	190.69	215.49	205.68	132.27	108.59	243.40	236.29	511.77
山西	63.91	81.01	64.41	177.00	197.90	367.60	457.24	529.37	380.71	279.57	279.45	323.27	555.61
内蒙古	26.71	21.13	27.70	42.86	25.70	177.24	167.49	219.19	178.26	132.40	310.16	189.72	626.75
辽宁	114.66	102.43	154.30	226.58	369.50	520.47	237.00	201.65	196.56	147.71	116.03	119.45	276.91
吉林	36.59	49.19	26.40	42.20	51.50	39.81	80.31	93.87	79.26	63.37	65.62	57.27	93.73
黑龙江	102.02	151.25	48.91	54.30	45.60	58.19	102.11	95.08	99.32	49.49	100.89	39.29	206.99
上海	26.46	13.38	28.09	45.21	87.50	59.27	164.32	103.90	68.36	94.11	63.60	115.92	52.08
江苏	103.52	75.39	150.28	219.82	389.50	280.05	537.03	397.13	270.55	186.00	310.06	390.14	593.78
浙江	111.28	104.86	104.53	112.51	199.50	250.36	213.77	148.01	193.57	119.57	178.37	283.02	576.64
安徽	36.51	44.22	58.09	61.05	45.40	54.56	113.85	115.34	108.28	58.90	92.79	127.35	413.20
福建	45.76	63.37	128.84	224.54	345.40	196.04	138.01	155.76	128.69	153.30	142.60	237.64	383.96
江西	16.71	10.20	9.18	59.51	72.30	68.58	82.69	50.67	39.54	63.78	66.24	39.48	155.19
山东	280.86	334.98	351.55	402.53	605.10	596.64	673.42	844.16	515.83	456.76	624.47	670.63	843.49
河南	57.56	73.10	94.86	141.72	206.80	247.34	338.13	246.11	154.24	125.12	213.73	148.35	439.72

(续表)

年份 地区	2000	2001	2002	2003	2004	2005	2006	2007	2008	2009	2010	2011	2012
湖北	56.74	71.08	94.31	98.26	148.10	148.87	188.63	161.45	281.33	277.42	92.87	148.96	251.74
湖南	60.09	45.97	34.06	78.98	141.20	173.31	133.64	143.91	133.81	137.95	97.04	179.56	233.65
广东	215.25	108.20	250.65	260.63	370.40	313.71	462.76	403.28	227.46	310.58	166.42	281.00	324.63
广西	25.19	16.17	24.03	35.67	103.70	86.60	181.94	149.75	117.12	92.85	86.23	85.64	183.22
海南	1.69	1.01	2.70	1.92	3.80	21.39	3.89	3.77	3.56	4.35	27.53	48.28	35.09
重庆	26.31	16.29	14.19	28.63	39.10	36.74	100.07	97.40	70.75	77.50	49.38	38.23	78.88
四川	35.40	67.89	99.05	221.56	200.40	203.01	201.03	193.81	96.19	71.63	166.54	110.61	188.39
贵州	16.04	18.68	25.37	40.52	59.30	100.77	45.65	102.03	89.48	68.08	131.97	124.66	195.56
云南	34.66	35.17	44.83	46.02	67.50	94.09	86.42	102.68	94.88	106.27	137.33	197.26	238.93
西藏	0.80	0.00	0.39	0.00	0.00	0.13	0.22	0.00	0.00	0.00	1.63	1.78	9.89
陕西	26.59	32.81	55.27	54.01	126.90	73.75	97.05	106.58	206.00	336.54	237.25	271.27	417.56
甘肃	20.74	51.49	35.74	59.88	66.60	136.47	149.09	118.44	123.30	146.48	105.34	210.98	182.14
青海	3.86	2.83	2.40	2.61	4.70	7.77	7.91	11.17	29.44	9.75	27.86	21.88	30.46
宁夏	29.12	22.89	11.75	53.18	17.70	39.89	46.27	90.63	43.47	40.90	38.74	69.16	165.49
新疆	32.01	16.95	26.51	38.06	44.00	45.23	66.75	88.88	143.50	66.81	106.28	79.11	220.05

表A5 34家上市公司2004—2013年专利数量

单位:十项

年份 企业	2004	2005	2006	2007	2008	2009	2010	2011	2012	2013
好当家	0.3	1.3	2.2	10	6.3	8.4	5.6	6.4	3.8	2.5
兖州煤业	0.6	0.5	1.5	2.0	1.5	3.9	2.5	6.5	7.5	3.3
中国石化	3.8	5.1	6.1	7.2	6.7	25.4	50.9	65.5	63.0	14.0
驰宏锌锗	0.2	0.2	0.2	0.2	2.5	1.3	0.5	1.3	2.0	1.9
大亚科技	0	0.1	0.3	2.0	8.8	6.0	4.6	3.3	2.2	1.9
晨鸣纸业	0	0	0.1	0	1.2	0	1.4	0.5	1.4	0
烟合万华	0.2	0.1	1.1	0.1	1.2	1.1	3.0	3.1	2.7	1.3
两面针	0.6	0.9	1.1	1.1	0.7	0.2	0.3	0.1	1.1	2.0
海正药业	0.2	1.1	1.3	0.9	1.1	1.3	1.6	1.9	2.0	0.7
金发科技	0.3	0.2	3.8	12.4	12.3	4.3	8.5	16.1	23.7	13.0
福耀玻璃	0.6	1.3	0.6	1.4	1.5	1.4	1.3	4.5	3.2	1.6
鄂尔多斯	0.1	0.7	0.2	0	0.1	1.4	2.1	3.0	2.1	0
东方钽业	0	0	0.5	0.3	0.2	0.3	0.8	1.3	2.8	1.9
新兴铸管	1.1	1.2	0.4	0	0.4	10.1	12.7	13.9	19.2	14.8
东方电气	0	0	0.7	2.7	3	3.4	3.0	3.4	6.9	2.6
中国重科	0	0	0.1	0	0	0	0.1	101.1	127.0	102.8
三一重工	4.6	5.6	6.7	10.4	13.8	19.3	34.5	55.2	107.0	5.2

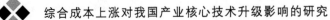综合成本上涨对我国产业核心技术升级影响的研究

（续表）

企业\年份	2004	2005	2006	2007	2008	2009	2010	2011	2012	2013
江淮汽车	0.8	2.9	4.1	8.7	16.6	17.5	23.8	38.1	65.5	115.1
宇通客车	3.9	5.0	1.8	6.0	3.6	3.2	3.5	12.9	16.2	13.1
洪都航空	1.1	1.2	1.9	2.4	2.3	2.2	4.5	6.8	10.7	8.2
科达机电	1.4	3.2	3.7	7.9	7.2	2.8	5.5	8.3	9.0	3.6
小天鹅	2.0	4.6	1.4	2.2	3.3	6.4	5.8	10.6	16.9	23.5
享通光电	2.1	0.5	1.1	1.5	1.1	0.8	1.4	2.2	4.0	6.1
安徽合力	0.6	0.3	1.7	1.3	1.7	1.8	5.1	5.2	5.9	12.5
豪豪科技	1.7	3.3	4.5	5.0	5.9	8.7	8.5	7.6	6.0	1.8
宁波韵升	0.1	0.4	0.7	0.5	0.6	0.1	1.3	3.1	1.6	3.8
百利电气	0	3.5	4.1	6.9	4.4	2.4	2.4	2.9	3.8	4.1
航天信息	0.3	1.0	1.0	1.5	3.1	4.1	7.0	13.2	11.8	2.8
烽火通信	3.9	2.7	3.2	3.6	5.5	7.6	10.4	12.3	16.9	17.2
生益科技	0.2	0.3	0.4	1.2	2.7	3.2	10.6	11.3	10.1	7.7
长电科技	1.3	1.7	0.6	1.6	1.8	1.5	44.1	9.8	21.8	4.0
老凤祥	9.4	12.0	16.0	17.6	15.8	17.0	15.9	15.8	15.2	1.6
葛洲坝	0.5	1.1	3.9	1.8	6.3	7.0	20.5	46.0	42.7	43.4
北京城建	0.1	0.1	0.8	1.0	1.4	0.1	0.1	0	0.8	1.1

表A6　34家公司2004—2013年劳动力成本

单位：千万元

企业\年份	2004	2005	2006	2007	2008	2009	2010	2011	2012	2013
好当家	4.5	4.6	7.3	8.5	163.8	7.8	11.2	15.4	19.8	19.0
兖州煤业	170.2	178.6	181.3	355.3	379.8	507.8	683.0	837.8	1047.7	1071.5
中国石化	1630.4	1871.0	2041.4	2225.5	2785.3	2865.6	3075.4	4171.8	5172.4	5573.1
驰宏锌锗	14.2	21.2	39.3	62.9	73.7	81.3	86.1	101.8	102.6	96.2
大亚科技	7.6	8.8	16.6	25.1	30.0	33.2	43.8	50.7	58.2	63.0
晨鸣纸业	35.7	42.5	41.3	48.7	69.7	58.4	85.9	85.9	98.0	101.8
烟台万华	13.8	14.1	23.2	29.0	27.9	27.2	15.0	23.3	67.4	85.7
两面针	3.7	4.8	4.2	7.4	4.0	5.9	14.2	17.0	17.9	21.0
海正药业	20.0	11.1	13.4	17.9	21.2	25.2	33.7	37.1	47.4	79.6
金发科技	3.6	4.4	6.6	9.4	13.3	14.2	22.3	25.1	32.6	40.9
福耀玻璃	15.2	14.9	18.0	29.4	35.5	37.2	67.8	93.7	115.4	143.2
鄂尔多斯	28.3	28.6	27.9	37.6	46.8	53.2	79.0	91.2	111.3	109.1
东方钽业	6.3	6.2	7.4	9.4	9.3	7.2	10.3	17.3	18.6	17.5
新兴铸管	56.5	54.6	63.8	62.6	74.9	84.1	103.3	64.3	154.4	168.7
东方电气	33.2	44.9	57.3	164.6	199.2	252.1	274.5	304.8	347.8	377.3
中联重科	14.2	29.4	32.6	57.4	100.2	156.0	193.8	286.6	3664.2	342.4
三一重工	17.1	19.2	23.9	55.4	81.4	1657.7	220.5	360.8	423.7	390.8

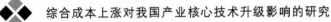

(续表)

年份 企业	2004	2005	2006	2007	2008	2009	2010	2011	2012	2013
江淮汽车	26.6	28.2	37.7	51.0	54.4	68.8	108.0	145.8	175.9	194.9
宇通客车	20.5	23.0	29.1	36.0	38.0	55.8	68.9	75.3	94.6	120.4
洪都航空	5.0	5.6	12.4	16.1	16.8	18.8	29.6	56.9	64.8	81.5
科达机电	4.3	5.1	6.0	10.5	10.4	11.6	17.1	24.3	28.9	32.3
小天鹅	10.5	11.8	13.0	20.2	30.6	21.3	44.6	55.0	51.6	62.7
亨通光电	2.3	2.6	3.1	3.9	5.5	7.5	10.8	31.7	43.3	51.1
安徽合力	13.0	16.4	20.0	26.5	29.8	28.4	38.8	49.5	52.3	61.8
泰豪科技	4.3	5.1	7.1	15.2	17.6	16.5	16.4	21.6	20.4	20.6
宁波韵升	6.6	8.7	10.5	13.3	15.5	15.5	28.7	31.5	32.2	27.7
百利电气	6.2	4.1	5.3	6.1	6.0	6.0	10.7	10.9	10.8	11.6
航天信息	13.4	14.8	22.7	33.8	40.7	54.4	66.2	82.8	97.1	107.9
烽火通信	14.4	16.0	19.0	23.3	36.5	43.0	56.9	70.7	86.2	103.9
生益科技	9.4	11.0	14.8	22.2	26.5	22.9	31.6	41.0	46.2	54.6
长电科技	11.3	14.5	17.9	24.3	31.5	33.0	48.4	60.5	73.3	86.7
老凤祥	7.6	11.6	11.4	14.9	17.5	21.7	27.2	40.0	44.9	54.1
葛洲坝	15.6	14.1	16.3	128.4	163.8	181.5	231.1	290.7	376.6	417.1
北京城建	7.2	8.2	9.7	9.4	12.2	14.4	18.8	36.3	31.5	41.9

表 A7　34 上市家公司 2004—2013 年资本成本

单位：千万元

企业 \ 年份	2004	2005	2006	2007	2008	2009	2010	2011	2012	2013
好当家	8.6	8.8	11.3	23.6	31.4	22.5	17.1	25.8	24.2	20.7
兖州煤业	212.7	284.4	117.3	603.4	498.3	828.7	701.5	1100.1	941.1	473.0
中国石化	3255.6	4487.0	5750	6954	5354.2	5920.5	7905.5	8606.3	8399.3	8491.3
驰宏锌锗	9.9	13.6	70.8	133.2	80.1	38.3	50.0	84.1	97.8	124.1
大亚科技	10.3	12.3	22.5	43.9	60.7	55.9	58.3	57.9	54.5	53.3
晨鸣纸业	96.6	82.0	101.1	144.8	192.1	160.2	168.0	187.6	156.5	176.8
烟台万华	45.9	62.1	85.2	153.0	167.3	159.6	164.1	251.3	342.7	450.2
两面针	6.5	2.4	8.9	47.1	19.5	1.7	2.2	3.1	5.0	4.8
海正药业	23.4	22.1	14.9	17.5	28.5	35.7	41.7	58.4	54.3	55.0
金发科技	16.8	16.6	27.3	51.4	46.2	51.7	63.1	100.2	122.1	97.1
福耀玻璃	54.7	59.8	73.5	109.2	128.8	136.2	174.3	196.5	178.5	203.9
鄂尔多斯	29.7	28.1	53.5	81.5	128.9	139.6	178.3	252.2	237.9	221.8
东方钽业	3.4	4.4	4.3	6.4	9.1	8.4	10.2	24.4	25.8	14.5
新兴铸管	66.0	63.0	57.7	69.6	96.9	116.6	175.4	218.8	243.3	231.3
东方电气	18.8	44.4	71.6	267.0	195.4	126.0	243.1	299.9	275.9	247.1
中联重科	37.8	42.5	49.9	112.4	285.5	279.6	487.9	929.4	12409	663.0
三一重工	46.7	36.7	52.4	164.8	211.1	219.9	578.3	1043.9	1008.1	571.1

（续表）

企业\年份	2004	2005	2006	2007	2008	2009	2010	2011	2012	2013
江淮汽车	32.7	46.5	53.5	43.8	24.8	25.8	84.0	90.3	72.9	85.2
宇通客车	15.0	17.5	23.1	47.2	41.6	61.6	78.6	108.9	185.8	180.8
洪都航空	5.7	4.8	12.3	10.6	11.0	16.1	26.1	11.3	9.9	11.7
科达机电	5.0	5.8	5.3	9.0	80.3	113.6	25.9	38.7	34.6	36.0
小天鹅	7.2	8.4	9.0	24.1	19.7	14.8	56.0	63.9	44.6	45.3
享通光电	5.3	6.0	7.9	9.9	11.4	19.3	27.0	52.6	65.0	70.4
安徽合力	11.9	14.8	24.3	33.3	29.7	17.4	27.8	44.2	42.8	48.6
秦豪科技	6.9	8.1	9.0	13.7	13.3	16.1	15.4	13.1	16.4	12.9
宁波韵升	7.5	8.6	10.0	17.6	11.8	43.1	60.7	55.6	92.9	47.0
百利电气	2.4	3.1	2.0	20.8	3.8	4.4	4.2	5.7	5.4	5.0
航天信息	39.4	37.7	32.8	51.3	69.0	83.7	106.5	129.3	141.1	152.1
烽火通信	4.2	5.9	7.0	13.6	23.5	30.4	34.3	47.0	60.2	70.7
生益科技	20.8	26.7	38.3	60.7	34.5	29.4	54.7	65.0	46.5	53.6
长电科技	11.5	13.1	17.2	26.3	24.9	18.4	21.8	29.2	20.4	22.0
老凤祥	4.6	6.1	9.1	19.5	22.8	28.0	48.5	75.0	97.7	115.7
葛洲坝	89.9	17.2	26.4	83.7	131.8	204.9	256.6	288.8	321.8	335.9
北京城建	14.6	18.7	20.9	28.3	35.9	67.9	122.7	158.6	170.1	170.5

表 A8　34 上市家公司 2004—2013 年销售成本

单位：千万元

年份 企业	2004	2005	2006	2007	2008	2009	2010	2011	2012	2013
好当家	0.4	0.3	0.7	0.6	0.7	1.0	1.2	1.5	2.6	2.6
兖州煤业	147.3	99.7	103.8	68.6	68.7	57.8	177.4	243.9	324.5	299.1
中国石化	1947.7	2269.0	1959.0	2256.4	2498.3	2763.5	3198.1	3839.9	4029.9	4435.9
驰宏锌锗	2.5	2.6	9.3	11.6	12.4	11.6	12.8	11.7	4.0	2.9
大亚科技	15.1	18.8	28.3	42.6	44.7	63.5	72.3	74.1	90.1	91.7
晨鸣纸业	39.6	53.7	67.8	78.3	70.6	77.5	87.4	93.3	114.4	112.9
烟台万华	6.2	7.1	12.7	22.4	20.7	23.5	27.4	38.7	48.6	59.6
两面针	7.3	5.8	11.9	12.7	10.6	11.7	13.8	14.6	13.9	14.0
海正药业	6.3	8.2	8.3	11.4	18.8	23.2	28.2	28.2	37.7	125.4
金发科技	4.7	5.9	9.7	15.8	13.7	23.9	28.4	44.7	39.1	39.6
福耀玻璃	17.4	20.0	28.9	35.4	42.0	41.1	62.2	74.4	77.9	87.7
鄂尔多斯	30.7	25.5	36.5	54.4	54.0	48.6	74.8	90.8	72.4	81.9
东方钽业	1.4	1.1	1.5	1.5	1.6	2.0	3.0	2.9	2.6	2.5
新兴铸管	48.0	49.0	50.8	70.5	69.9	82.8	90.8	58.8	104.8	131.2
东方电气	1.6	2.1	3.0	38.5	46.4	78.8	80.7	88.9	85.1	96.1
中联重科	18.6	28.4	40.0	69.1	95.9	125.0	214.6	316.0	3376.1	363.1
三一重工	23.0	32.3	56.9	88.3	133.1	168.1	320.5	421.6	397.4	304.4

（续表）

年份 企业	2004	2005	2006	2007	2008	2009	2010	2011	2012	2013
江淮汽车	63.1	49.6	47.0	66.2	65.0	116.9	126.9	144.5	178.4	199.6
宇通客车	24.2	30.6	33.5	41.1	40.5	47.0	72.1	67.2	115.0	124.1
洪都航空	0.2	0.0	0.1	0.6	0.2	0.5	1.7	3.2	2.3	2.9
科达机电	3.5	4.4	5.1	7.2	7.5	5.9	8.1	11.0	11.9	17.4
小天鹅	34.7	46.5	59.4	59.3	51.3	50.5	73.8	89.4	84.1	126.7
亨通光电	2.9	3.8	5.0	4.5	6.7	10.7	11.8	28.7	36.6	41.8
安徽合力	5.8	10.3	12.4	14.5	16.0	15.4	21.0	27.0	27.6	29.7
秦豪科技	3.6	5.1	6.2	11.1	14.3	13.9	16.0	17.1	12.3	13.1
宁波韵升	5.8	8.6	13.5	12.9	5.2	3.7	6.1	9.3	6.9	6.6
百利电气	2.7	1.8	3.3	3.3	3.0	2.4	2.6	5.8	6.2	5.3
航天信息	11.7	8.7	14.5	7.4	19.7	20.7	24.9	28.3	29.8	38.7
烽火通信	20.7	21.4	24.6	32.8	35.2	37.4	47.0	57.0	69.8	83.3
生益科技	4.6	4.8	5.7	7.0	7.6	7.9	9.6	11.5	13.1	15.9
长电科技	2.6	3.2	3.4	4.0	4.5	5.3	6.9	6.7	6.7	8.3
老凤祥	7.5	9.0	11.6	14.7	18.4	21.5	33.3	36.3	42.8	57.7
葛洲坝	6.1	8.0	10.1	14.8	20.1	25.0	32.7	39.9	45.0	53.5
北京城建	5.6	8.8	7.1	6.0	3.9	8.1	13.3	18.3	20.7	23.2

后 记

本书得到了国家社会科学基金2012年度项目"综合成本上涨对我国产业核心技术升级影响的研究"(批准号:12BJY074)的资助,在此表示衷心的感谢。

中南财经政法大学工商管理学院的研究团队对该项目进行了系统研究,并形成了最终研究成果。感谢戴浩、胡威、武普元、刘杨、袁梦琛、林婵娟、刘美娟、韦院英等在研究过程中为项目研究提供的帮助。其中,戴浩博士参与了全书的统稿工作。

笔者们虽然对本书的研究题目进行了系统论述,但由于资料、时间等方面的制约,本书难免挂一漏万。在此,我们恳请读者指正。

此外,我们参阅了国内外许多文献,已经尽可能地注明或列出,我们对这些作者的辛勤劳动,致以深深的感谢!

著 者

2018.12